D0840076

À votre SANTÉ

À votre SANTÉ

Le Guide complet des jus sains et savoureux

Pat Crocker
& Susan Eagles

TRÉCARRÉ
QUEBECOR MEDIA

Catalogage avant publication de Bibliothèque et Archives Canada

Crocker, Pat

À votre santé : le guide complet des jus sains et savoureux
Traduction de : The juicing bible.
Comprend des réf. bibliogr. et un index.
ISBN 2-89568-275-5
1. Jus de fruits. 2. Jus de légumes. I. Eagles, Susan. II. Titre.

TX840.J84C7614 2005 641.8'75 C2005-940922-3

Remerciements

Les Éditions du Trécarré reconnaissent l'aide financière du gouvernement du Canada par l'entremise du Programme d'aide au développement de l'industrie de l'édition (PADIÉ) pour ses activités d'édition. Nous remercions la Société de développement des entreprises culturelles du Québec (SODEC) du soutien accordé à notre programme de publication. Gouvernement du Québec – Programme de crédit d'impôt pour l'édition de livres – gestion SODEC.

Couverture : Toxa
Conception graphique et illustrations : Kveta
Mise en pages : Claude Bergeron

ISBN : 2-89568-275-5

Dépot légal – 2005
Bibliothèque nationale du Québec

Éditions du Trécarré
7, chemin Bates, Outremont (Québec) H2V 4V7 Canada

À ma très chère amie

P.C.

Pour Patrick et Collen

S.E.

Dans la philosophie taoïste, le shen signifie l'état mental d'une personne que l'on peut observer sur son visage. Ce livre est dédié à la santé : Puissiez-vous dégager un shen éclatant et être en harmonie avec l'énergie qui provient d'un mode de vie sain.

Table des matières

INTRODUCTION

Depuis quelques années, les jus fraîchement pressés et les boissons énergétiques connaissent une popularité grandissante. La prolifération des bars à jus dans la plupart des grandes villes nord-américaines le démontre bien. Peut-on mettre cet engouement sur le compte d'une tendance profonde ou n'est-ce qu'une mode passagère ? Une chose est sûre, dans un monde où règnent encore en maître les aliments raffinés et les additifs chimiques, les jus représentent un moyen rapide et agréable de consommer les nutriments essentiels qui nous font parfois cruellement défaut.

Toutes les recherches prouvent que les personnes qui mangent beaucoup de fruits et de légumes sont celles qui courent le moins de risques de développer un cancer. Il n'est donc pas surprenant que la Société canadienne du cancer recommande de manger de 5 à 10 portions de fruits et de légumes par jour. Les composés phytochimiques contenus dans les fruits et les légumes jouent un rôle important dans la prévention de bon nombre de maladies modernes : pensons seulement aux maladies cardiaques, à l'asthme, aux allergies et à l'arthrite.

Pourtant, même la personne la plus disciplinée peut parfois trouver difficile de manger quotidiennement les portions requises de fruits et de légumes. Alors, pourquoi ne pas les boire ? Les jus frais apportent une solution rapide et agréable à ce problème. Un ou deux verres de jus par jour viendront équilibrer un régime alimentaire.

LES AVANTAGES DES JUS FRAIS

Assimilation plus facile. Une partie des enzymes, des éléments phytochimiques, des vitamines A, C et E ainsi que des minéraux comme le fer, le cuivre, le potassium, le sodium, l'iode et le magnésium contenus dans les légumes et les fruits sont emprisonnés dans leurs fibres indigestibles et ne peuvent être assimilés par le corps. Néanmoins, lorsque ces éléments sont « libérés » de la pulpe (cellulose) qui les emprisonne, ils sont assimilés par l'organisme en une quinzaine de minutes (lorsque la pulpe est intacte, l'assimilation requiert au moins une heure). La digestion des jus étant plus rapide, le corps économise de l'énergie tout en profitant des propriétés dépuratives des fruits, des légumes et des plantes.

Hydratation. Nos cellules se composent en grande partie d'eau, un élément essentiel au fonctionnement de l'organisme. C'est pourquoi on conseille de boire au moins huit verres d'eau par jour. En plus de plusieurs vitamines, minéraux, enzymes et composés phytochimiques essentiels, le jus frais, à la différence du café, des boissons gazeuses et de l'alcool (qui requièrent de l'eau pour être métabolisés) apportent de l'eau à l'organisme. Le jus alcalinise les fluides corporels et participe ainsi au maintien des fonctions immunitaires et métaboliques.

Action nettoyante. Parce qu'ils ne contiennent pas de fibres, les jus frais ont un effet laxatif (particulièrement les jus de fruits) qui aide l'organisme à éliminer les toxines. Lorsque le corps est désintoxiqué et que l'appareil digestif est nettoyé, l'esprit fonctionne mieux et l'humeur devient plus égale. Nettoyer l'organisme stimule le métabolisme et permet au corps de retrouver son poids naturel, à condition d'adopter une alimentation saine.

Une étincelle de vie. Le jus frais est un aliment vivant qui nous permet de bénéficier de toute la vitalité des légumes et des fruits frais. On ne peut en dire autant des jus pasteurisés.

Antioxydant. Les plantes, les fruits et les légumes sont riches en composés antioxydants qui luttent contre les effets dévastateurs (cancer, vieillissement) des radicaux libres sur les cellules.

Sucres naturels. Les sucres contenus dans les fruits et les légumes ne sont pas ingérés seuls, ils sont associés à des vitamines, à des minéraux, à des enzymes et à des composés phytochimiques que l'on ne trouve pas dans le sucre raffiné. Ils fournissent la même énergie que le sucre blanc, sans les inconvénients.

Chlorophylle. La chlorophylle est une substance qui provient des plantes. Sa structure unique favorise la production d'hémoglobine et améliore le transport de l'oxygène aux cellules.

LES AVANTAGES DES JUS À BASE DE PULPE

Apport important en fibres. Les fibres des fruits et des légumes contiennent quatre types de fibres importantes pour la santé : la cellulose, la pectine, la lignine et l'hémicellulose. Combinées, ces fibres ralentissent l'absorption des aliments (améliorant d'autant l'absorption des nutriments), abaissent le taux de cholestérol, réduisent les risques de maladie cardiaque, favorisent l'élimination des toxines et des substances cancérogènes, préviennent les hémorroïdes, les varices, la constipation, la colite (et les risques de cancer du côlon) ainsi que les calculs de la vésicule biliaire. La pulpe des jus de fruits et de légumes a conservé leurs fibres, leurs minéraux, leurs enzymes et leurs composés phytochimiques.

Sentiment de satiété. Un jus fait de pulpe de fruits ou de légumes, de noix, des graines, de grains entiers et de plantes fournit au corps une quantité importante de fibres. Celles-ci envoient au corps un signal de satiété, pourvu que vous ne consommiez pas de malbouffe, de boissons gazeuses ou de café.

Hydratation. Voir page 12.

Désintoxication. En raison de leur haute teneur en fibres, les jus de pulpe participent à la désintoxication de l'organisme en favorisant une élimination rapide des déchets. Ils freinent donc le développement de toxines et de bactéries indésirables.

LE JUS FRAIS, UN ÉLÉMENT IMPORTANT D'UNE ALIMENTATION SAINE

Les jus permettent de consommer quotidiennement une grande variété de fruits et de légumes frais. Un grand verre de jus frais par jour contribue à renforcer le système immunitaire, augmente l'énergie, consolide les os, éclaircit le teint et donne plus de résistance aux maladies. Pour profiter au maximum des bienfaits des jus, assurez-vous de consommer une grande variété de jus de légumes, de fruits et de plantes.

Puisqu'ils ne contiennent pas de fibres, les jus ne devraient pas remplacer complètement les fruits et les légumes entiers. Ils doivent être accompagnés d'une alimentation équilibrée et riche en fibres.

CONSIGNES POUR UNE ALIMENTATION SAINE

Consigne	Pourquoi ?	Comment ?
1. La majeure partie de vos repas, soit 60 % de votre apport calorique, devrait se composer de **glucides complexes.**	Les glucides complexes (que l'on trouve dans les fruits et dans les grains entiers) constituent une source de vitamines, de minéraux, d'enzymes, de composés phytochimiques et de fibres. Les glucides simples ou raffinés (que l'on trouve dans la farine blanche et le sucre blanc) ont été dépouillés de leur nutriment et ne contiennent que des calories vides. Le sucre blanc peut abaisser les défenses immunitaires.	Manger 5 légumes par jour, dont u de couleur rouge ou orange. Manger 2 fruits par jour, dont au moins un agrume. Boire au moins un verre de jus de légumes ou de fruits frais, ou un ju contenant beaucoup de pulpe.
2. Les **protéines** devraient fournir 20 % de l'apport calorique quotidien. Au moins la moitié de ces protéines seront de source végétale et proviendront, de préférence, d'aliments crus[1]. [1] Rohé, Fred, *The Complete Book of Natural Foods,* Shambhala Publications, 1983, p. 31.	Le corps a besoin de protéines pour assurer la reproduction et la santé des cellules. Pour plus d'information concernant les protéines, référez-vous au glossaire, page 316.	Manger plus de protéines végétale réduire l'apport en protéines animales. Pour obtenir des protéines complètes, faire de bonnes combin sons alimentaires : grains entiers + légumineuses, produits laitiers + n ou graines, légumineuses + noix o graines, produits laitiers + légumineuses. Remplacer les produits ani maux par du tofu, du lait de soja o des aliments à base de soja. Utilise de la poudre de protéines de soja. Rehausser la saveur de vos plats de légumineuses, de grains et de légumes avec un peu de volaille maigre ou de poisson.
3. Les **matières grasses** devraient fournir 20 % ou moins de l'apport calorique quotidien. Manger des gras polyinsaturés et restreindre votre consommation de gras saturés. Voir à ce que votre alimentation comporte des acides gras essentiels, dont des oméga-3.	Les protéines, les glucides et les graisses fournissent de l'énergie, mais à quantité égale, les gras contiennent deux fois plus de calories. Les gras mono-insaturés et polyinsaturés contiennent moins d'hydrogène et plus de lipoprotéines de haute densité (HDL) lesquelles, en éliminant le cholestérol, protègent les artères. L'huile d'olive constitue le meilleur choix parce qu'elle contient des gras stables mono-insaturés. Référez-vous au glossaire, page 311.	Réduire sa consommation de pro duits laitiers gras et de mets frits. miner ou réduire sa consommatic de gras saturés tels que l'huile de coton ou l'huile de palme, et plus particulièrement de graisses anim Pour la cuisson ou les vinaigrette utiliser de préférence de l'huile d'olive ou d'autres huiles extra-vierges et pressées à froid (chanv tournesol, carthame, soja ou maïs Quant aux acides gras, on les tro vera surtout dans les aliments sui vants : saumon (et autres poissons vivant en eau froide), avocats, gra de lin, noix et graines diverses.

Consigne	Pourquoi ?	Comment ?
Boire beaucoup d'eau, ainsi que des jus de fruits et des tisanes.	L'eau est essentielle à la santé du corps.	Boire huit verres d'eau par jour. Les jus frais contiennent de 80 à 90 % d'eau, c'est pourquoi un verre de jus frais peut compter pour un verre d'eau.
Éviter les aliments suivants… Sucre raffiné, farine [raf]finée	Ces aliments privent le corps de nutriments essentiels et abaissent les défenses immunitaires.	Consommer des aliments de grains entiers et substituez au sucre autant que possible le stevia ou de petites quantités de sirop d'érable, de miel ou de mélasse.
Viande rouge	Parce qu'ils contiennent des gras qui se déposent sur la paroi des vaisseaux sanguins.	Remplacer la viande rouge par des produits à base de soja et des protéines végétales combinées (voir **Consigne 2** ou l'entrée traitant des protéines dans le glossaire, page 316).
Charcuteries	Elles contiennent des gras qui se déposent sur la paroi des vesseaux sanguins. Elles ont une forte teneur en sel et en additifs alimentaires.	Ne consommer que du poulet et des poissons certifiés biologiques.
Crustacés	Ils contiennent souvent des toxines provenant de leur contamination.	Manger des crustacés le moins souvent possible.
Excès de sel	Le sel favorise l'hypertension et la rétention d'eau.	Manger du céleri et des légumes riches en potassium. Utiliser des mélanges d'herbes pour remplacer le sel.
Café, thé fort	Voir l'entrée café, pages 266-267.	Remplacer le café par des substituts de café (par exemple, la chicorée), des jus frais et des tisanes.
Excès★ d'alcool *[…]ne consommation modérée [d'alc]ool représente 1 verre de vin [ou un]e bière en mangeant, une ou [deux] fois par semaine.*	L'alcool est un dépresseur qui prive le corps de nutriments essentiels.	Boire des jus frais, adopter une alimentation macrobiotique pour réduire l'envie de boire de l'alcool.

Une alimentation équilibrée contient des protéines, des glucides, des gras, des vitamines, des minéraux, des enzymes, des composés phytochimiques, des fibres et de l'eau. Préférez les aliments frais et entiers aux aliments raffinés et transformés. Évitez les conserves, les aliments colorés, marinés, salés, sucrés ou qui contiennent des édulcorants artificiels et des saveurs artificielles.

Pour plus d'information, reportez-vous aux Consignes pour une alimentation saine, pages 14-15.

LES APPAREILS

Le jus se compose de 90 % d'eau et de nutriments extraits des fibres indigestibles contenues dans les végétaux. L'extraction du jus produit beaucoup de pulpe, et celle-ci peut être utilisée dans de nombreuses recettes (voir pages 225 et 226).

Plus de la moitié des recettes présentées dans ce livre font appel à un appareil pour extraire les jus. Pour faire des boissons à base de pulpe de fruits ou de légumes, de plantes, de graines, de céréales et de noix, un mélangeur ou un robot culinaire fera très bien l'affaire. Conserver la pulpe résiduelle, riches en nutriments, pour préparer d'autres boissons.

PRESSE-JUS OU CENTRIFUGEUSE

Presse-jus. Les végétaux sont fortement pressés et sont ensuite entraînés vers un filtre en acier inoxydable très fin, ce qui permet d'extraire plus de jus. Ce type d'extracteur recueille plus de nutriments et, comme il génère moins de chaleur due à la friction, détruit moins d'enzymes.

Centrifugeuse. Les végétaux tombent dans un panier qui tourne très rapidement et qui les déchiquette. Le jus est ensuite entraîné, par la force centrifuge, vers un filtre en acier. Ce procédé créé une plus grande oxydation, car il introduit de l'air dans le jus.

CRITÈRES DE SÉLECTION

Commodité. Plus un extracteur est facile à utiliser et à nettoyer, plus vous aurez envie de l'utiliser.

Rendement. Les extracteurs qui n'expulsent pas la pulpe en dehors de la machine produisent plus de jus.

Fiabilité. Achetez un extracteur avec une garantie de 5 à 10 ans et enquérez-vous du prix des pièces de rechange.

LES MÉLANGEURS

Avec certains fruits et légumes qui ne contiennent pas beaucoup d'eau, l'utilisation d'un mélangeur, qu'il soit ou non spécialement conçu pour les smoothies, est requise. Le mélangeur est également indispensable si l'on souhaite ajouter aux jus des graines, des plantes séchées ou du germe de blé.

La meilleure centrifugeuse ne pourra jamais restituer tous les nutriments d'un aliment, seul un mélangeur le peut parce qu'il réduit l'aliment en fines particules qui s'intègrent au jus. C'est pourquoi la plupart des smoothies sont faits avec des jus de fruits ou de légumes fraîchement extraits qui sont ensuite mélangés à d'autres ingrédients dans un mélangeur.

NETTOYER LA CENTRIFUGEUSE

Brosser les lames et le filtre sous l'eau chaude immédiatement après l'usage. Au fil du temps, les pièces en plastique risquent de se couvrir de taches résistantes. Pour les faire disparaître, laisser tremper les pièces dans un bassin remplit d'eau tiède additionnée de 2 c. à table (30 ml) d'eau de Javel. (Certains fabricants déconseillent l'utilisation de javellisant, lisez les instructions.) La plupart des pièces vont au lave-vaisselle, le javellisant contenu dans le savon devrait effacer ces vilaines taches.

Les ingrédients

LE CHOIX DES ALIMENTS

DES ALIMENTS FRAIS

Choisissez des fruits et des légumes qui sont à la fois mûrs et fermes. Évitez d'utiliser des herbes flétries ou dont les feuilles sont jaunies ou brunâtres. Les aliments destinés à faire des jus doivent être très frais, il est donc préférable de ne pas les acheter plus de deux jours à l'avance. Au-delà de cette période de conservation, les enzymes vivantes contenues dans les plantes risquent d'être détruites. Dans la mesure du possible, essayez d'acheter vos fruits et vos légumes la journée même, dans tous les cas ne les conservez pas plus de deux jours au réfrigérateur.

1 lb (500 g) d'aliments frais produit de 1 à 1 1/2 tasse (250 à 375 ml) de jus frais.

PRÉFÉREZ LES ALIMENTS BIOLOGIQUES

L'agriculture biologique est un mode de culture fondé sur les principes de l'écologie et qui a pour objectif principal le développement durable. Elle a pour mission « de favoriser la santé et la productivité en mettant l'accent sur l'interdépendance des plantes, des animaux, des sols et de l'être humain. Ses pratiques sont orientées vers la restauration et la préservation des écosystèmes. Les fermes sont intégrées à leur environnement, elles sont en harmonie avec leur milieu, voire avec l'écosystème planétaire ». *(Ministère de l'Agriculture des États-Unis.)*

L'agriculture biologique s'appuie sur trois grands principes : le recyclage, l'interdépendance et la diversité de la vie. C'est pourquoi elle ne se résume pas à la non-utilisation d'engrais et des pesticides chimiques. L'agriculture biologique a adopté des pratiques qui se veulent bénéfiques pour les individus et pour la planète.

BIEN LAVER

Tous les fruits, les légumes et les plantes, même ceux de culture biologique, doivent être lavés, frottés ou savonnés dans un grand bassin d'eau froide additionnée de 2 c. à table (30 ml) de peroxyde pour aliments ou de vinaigre blanc afin d'éliminer toute trace de terre et de tuer les bactéries qui ont pu se développer lors du transport et de la manutention. Les épinards et les poireaux doivent être mis à tremper pour les débarrasser de la terre et du sable qu'ils transportent. La plupart de produits biologiques peuvent être utilisés avec la pelure.

Si vous ne pouvez vous procurer de produits biologiques, lavez vos fruits et vos légumes selon les indications ci-haut et pelez-les. La concentration de pesticides étant particulièrement élevée dans les pommes, les raisins du Chili, les concombres, les pêches, les fraises et les abricots, vous serez peut-être tentés de restreindre leur consommation.

QUELQUES MOTS AU SUJET DES PLANTES

Certains herboristes recommandent l'utilisation de plantes fraîches dans les jus. Tout comme les jus de fruits et de légumes frais, les jus de plantes fraîches contiennent des ingrédients actifs et thérapeutiques qui ont été extraits de la structure cellulaire d'un végétal vivant. (Sigfried Gursche, *Healing with Herbal Juices*, Alive Books, 1993.)

Toutefois, la plupart des herboristes utilisent des plantes séchées qu'il est plus facile de se procurer et de conserver. Pour ces mêmes raisons, la plupart des recettes de tisanes et de jus présentées dans cet ouvrage se préparent avec des plantes séchées. Néanmoins, si vous avez des plantes fraîches, n'hésitez pas à vous en servir. Triplez alors la quantité requise.

La plupart des plantes présentées dans la section suivante sont vendues dans les magasins d'aliments naturels ou de santé. Bon nombre peuvent être aisément cultivées dans des pots ou dans un jardin et certaines peuvent même être cueillies à l'état sauvage.

Pour de meilleurs résultats, les plantes séchées doivent être très fraîches. Achetez-les en petites quantités et conservez-les de 8 à 10 mois, délai au-delà duquel elles risquent de perdre leurs propriétés thérapeutiques.

LES HERBES

Achillée millefeuille

Achillea millefolium

Vivace résistante au gel et de culture facile. Elle pousse à l'état sauvage à travers l'Amérique du Nord. Ses feuilles sont très finement découpées et ses fleurs sont le plus souvent blanches, mais elles sont parfois rosées.

Parties utilisées

Tige, feuille et fleur.

Vertus médicinales

Propriétés : anti-inflammatoire, amer, favorise l'écoulement de la bile, sudorifique, digestif, relaxant, stimule la circulation sanguine, cicatrisation.

Où s'en procurer ?

Les parties aériennes de la plante peuvent être cueillies pendant la floraison, de juin à septembre. Les magasins d'aliments naturels ou de santé vendent du millepertuis séché et de la teinture de millepertuis.

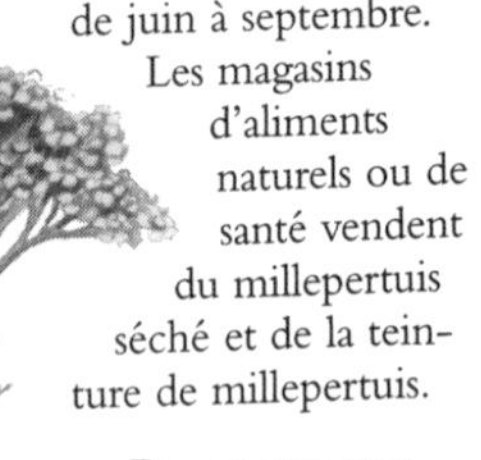

Dans les jus

Feuilles, tiges et fleurs séchées : moudre finement et incorporer au jus frais à raison de 1 c. à thé (5 ml) par tasse (250 ml) de jus ou ajouter aux ingrédients des boissons frappées.

Infusion : infuser 1 c. à table (15 ml) de capitules frais ou 1 c. à thé (5 ml) de capitules séchés dans 1/4 de tasse (50 ml) d'eau bouillante pendant 10 minutes. Filtrer et ajouter à 1 tasse (250 ml) de jus.

Teinture : 40 gouttes par tasse (250 ml) de jus.

Un peu d'histoire

La légende veut que le guerrier Achille soignait les blessures des soldats avec de l'achillée millefeuille lors de la guerre de Troie.

Actée à grappes noires

Cimicifuga racemosa

Grande plante vivace poussant à l'état sauvage dans les sous-bois d'Amérique du Nord. Ses feuilles ovées se terminent en pointe, ses fleurs sont blanches et odorantes.

Parties utilisées

Racine et rhizome séché.

Vertus médicinales

Propriétés : antirhumatismal, antispasmodique, analgésique doux, œstrogénique, sédatif, anti-inflammatoire, stimulant utérin.

Utilisation : cette plante au goût amer apaise la douleur. On l'emploie pour soulager l'arthrite et les rhumatismes, la sciatique, les spasmes des bronches, les crampes menstruelles, les symptômes de la ménopause et du post-partum et le travail de l'accouchement.

Mise en garde

Ne pas consommer lors de la grossesse et de l'allaitement sauf en cas d'avis médical. Le surdosage provoque des maux de tête.

Où s'en procurer ?

On en trouve dans les magasins d'aliments naturels ou de santé, notamment sous forme de teinture.

Dans les jus

Ne pas consommer de jus contenant de l'actée plus d'une fois par jour.

Décoction : amener 1/4 de tasse (50 ml) d'eau à ébullition, ajouter 1/2 c. à thé (2 ml) de racine d'actée à grappes noires en poudre ou en morceaux. Couvrir et laisser mijoter 10 minutes. Retirer du feu et laisser reposer 10 minutes. Filtrer et verser dans 1 tasse (250 ml) de jus.

Teinture : 8 gouttes de teinture par tasse (250 ml) de jus.

Agripaume cardiaque

Leonurus cardiaca

Vivace au parfum puissant qui pousse dans les régions tempérées de l'Europe, de l'Asie et de l'Amérique du Nord. Ses feuilles palmées et profondément découpées en lobes pointus poussent directement à partir de la tige mauve de la plante. Ses fleurs rose-mauve ou blanches disposées en verticille sur la tige, poussent du milieu de l'été au milieu de l'automne.

Parties utilisées

Parties aériennes.

Vertus médicinales

Propriétés : antispasmodique, sédatif (nerfs et cœur), hypotension, stimulant utérin.

Usages : l'agripaume cardiaque est utilisée depuis très longtemps pour calmer les douleurs menstruelles. Elle réduit les symptômes de la ménopause, notamment les bouffées de chaleur ainsi que l'anxiété associée au syndrome prémenstruel. En tant que tonique cardiaque, elle est utilisée pour calmer les palpitations et certains problèmes cardiaques reliés à l'anxiété. Son action relaxante est utile dans les cas de sevrage aux antidépresseurs.

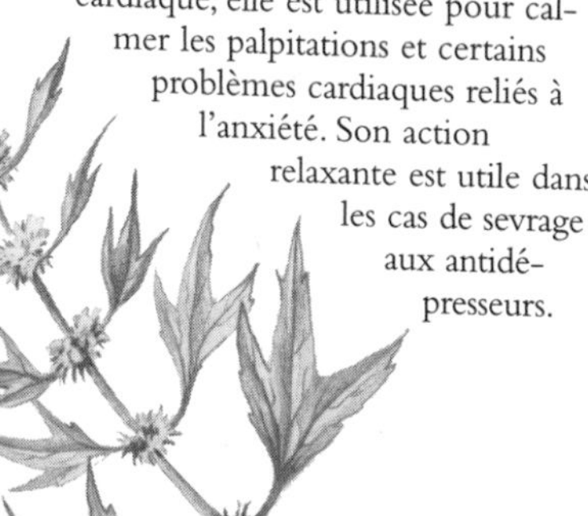

Mise en garde

Ne pas consommer durant la grossesse ou en cas de flot menstruel abondant.

Un peu d'histoire

« Buvez de l'agripaume et vos héritiers ne manqueront pas d'être déçus. » Un proverbe ancien qui traduit bien les propriétés régénératrices de l'agripaume.

Où s'en procurer ?

Récolter les parties aériennes de la plante du milieu de l'été au milieu de l'automne. Les magasins d'aliments naturels ou de santé vendent des fleurs et des feuilles séchées.

Dans les jus

Feuilles et fleurs fraîches : rouler les brins en boules et les déposer dans l'extracteur avec les autres ingrédients à raison de 4 à 6 brins par tasse (250 ml) de jus.

Feuilles et fleurs séchées : moudre finement et incorporer au jus frais à raison de 1 c. à thé (5 ml) par tasse (250 ml) de jus ou ajouter aux ingrédients des boissons frappées.

Infusion : infuser 1 c. à table (15 ml) de feuilles et de fleurs ou 1 c. à thé (5 ml) de feuilles et de fleurs séchées dans 1/4 de tasse (50 ml) d'eau bouillante pendant 15 minutes. Filtrer et ajouter à 1 tasse (250 ml) de jus.

Teinture : 1 c. à thé (5 ml) par tasse (250 ml) de jus.

Ail

Allium sativum

Vivace bulbeuse qui pousse facilement en Amérique du Nord.

Parties utilisées

Bulbe.

Vertus médicinales

Propriétés : antimicrobien, antibiotique, favorise la santé cardiaque, hypotenseur, anticancéreux, favorise la sudation, anticoagulant, anticholestérolémiant, hypoglycémiant, expectorant, digestif, stimulant, diurétique, antihistaminique, antiparasitaire.

Usages : des recherches démontrent que l'ail a la capacité de bloquer la formation et la multiplication des cellules cancéreuses. Il abaisse le taux de cholestérol LDL (lipoprotéines de basse densité) et contribue à réduire la formation de caillots sanguins et, de ce fait, réduit les risques de cardiopathie. L'ail possède des propriétés antioxydantes et stimule les défenses immunitaires. Il possède de puissantes propriétés anti-inflammatoires et antibiotiques. L'ail protège l'organisme des dommages causés par les médicaments de synthèse, les polluants chimiques et les effets des radiations.

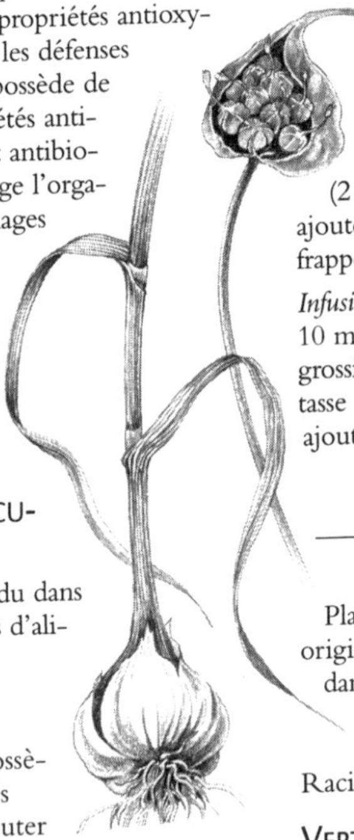

Où s'en procurer ?

L'ail frais est vendu dans tous les magasins d'alimentation.

Dans les jus

Seul l'ail frais possède des propriétés médicinales. Ajouter 1 ou 2 gousses d'ail aux ingrédients de vos jus de légumes.

Aneth

Anethum graveolens

Annuelle à longue tige creuse et à racine pivotante. Ses petites fleurs jaunes sont groupées en ombelles. Ses feuilles bleu-vert sont très ramifiées.

Parties utilisées

Graine.

Vertus médicinales

Propriétés : apaise les douleurs digestives, antispasmodique, galactogogue.

Usages : flatulences, coliques du nourrisson, mauvaise haleine.

Où s'en procurer ?

L'aneth est facile à cultiver. Récolter les graines au début de l'automne. Les gaines d'aneth séchées sont vendues dans les magasins d'alimentation et les magasins d'aliments de santé.

Dans les jus

Graines séchées : moudre finement et incorporer au jus frais à raison de 1/2 c. à thé (2 ml) par tasse (250 ml) de jus ou ajouter aux ingrédients des boissons frappées.

Infusion : infuser à couvert pendant 10 minutes, 1 c. à thé (5 ml) de graines grossièrement écrasées dans 1/4 de tasse (50 ml) d'eau bouillante. Filtrer et ajouter à 1 tasse (250 ml) de jus.

Astragale

Astragalus membranaceus

Plante arbustive, vivace, rustique et originaire de l'est de l'Asie. Elle pousse dans les régions tempérées.

Parties utilisées

Racine.

Vertus médicinales

Propriétés : immunostimulante, antimicrobienne, cardiotonique, diurétique, favorise la régénération des tissus.

Usages : en Orient, l'astragale est utilisé pour ses propriétés toniques. Il stimule de façon importante l'ensemble du système immunitaire. Il réduit les effets négatifs de la chimiothérapie ou de la prise de stéroïdes sur le système immunitaire et peut être utilisé en même temps que les traitements médicaux contre le cancer.

Où s'en procurer ?

Bien que l'astragale soit de plus en plus cultivé en Amérique du Nord, la plupart des racines séchées et coupées proviennent d'Orient et sont vendues chez les herboristes orientaux. On peut également s'en procurer dans les magasins d'aliments de santé sous forme de poudre ou de teinture.

Dans les jus

Poudre : ajouter 1 c. à thé (5 ml) de poudre d'astragale à 1 tasse (250 ml) de jus.

Décoction : dans une petite casserole, porter à ébullition 1/4 de tasse (50 ml) d'eau. Ajouter 1 racine séchée ou 1 c. à thé (5 ml) de racine séchée et hachée, couvrir et laisser mijoter 10 minutes. Retirer du feu et laisser infuser 10 minutes. Filtrer et ajouter le liquide à 1 tasse (250 ml) de jus.

Teinture : verser de 10 à 20 gouttes de teinture dans 1 tasse (250 ml) de jus.

Aubépine

Crataegus monogyna et C. oxyacanthoides

Arbuste épineux indigène qui pousse dans les régions tempérées de l'Europe, des États-Unis et du Canada. Il porte des fleurs blanches et des fruits petits fruits de forme ovale et de couleur rouge foncé abritant une graine qui a l'apparence d'une pierre.

Parties utilisées

Sommité fleurie, fruit.

Vertus médicinales

Propriétés : cardiotonique, améliore la circulation coronarienne.

Mise en garde

Si vous prenez des médicaments pour le cœur, consulter votre médecin avant de prendre de l'aubépine.

Où s'en procurer ?

Cueillir les sommités fleuries au printemps et les fruits à la fin de l'été. Faire sécher les fruits. Les magasins d'aliments naturels et de santé vendent des baies d'aubépine séchées.

Dans les jus

Baies fraîches : pour un excellent tonique cardiaque, ajouter 1/4 à 1/2 tasse (50 à 125 ml) de baies fraîches à vos jus.

Infusion : 1 à 2 c. à thé (5 à 10 ml) de fleurs fraîches ou séchées, très légèrement froissées, ou de baies fraîches ou séchées légèrement écrasées dans 1/4 de tasse (50 ml) d'eau bouillante. Infuser à couvert pendant 10 minutes. Filtrer et ajouter à 1 tasse (250 ml) de jus.

Teinture : de 10 à 20 gouttes par tasse (250 ml) de jus.

Avoine

Avena sativa

Céréale cultivée à travers l'Amérique du Nord.

Parties utilisées

Graines et plante entière.

Vertus médicinales

Propriétés : antioxydant, fortifiant nerveux, antidépresseur, nourrit le cerveau et les nerfs, accroît la résistance, augmente la libido (consommation régulière).

Usages : anxiété, dépression, stress, sevrage de l'alcool et des médicaments antidépresseurs.

Où s'en procurer ?

Les grains non décortiqués, la farine et la paille sont vendus dans les magasins d'aliments naturels et de santé.

Dans les jus

Grains, pailles et feuilles séchées : moudre finement et ajouter aux ingrédients des boissons frappées à raison de 1 c. à thé (5 ml) par tasse (250 ml).

Infusion : infuser 1 c. à thé (5 ml) de pailles d'avoine ou de graines séchées dans 1/4 de tasse (50 ml) d'eau bouillante pendant 15 minutes. Filtrer et ajouter à 1 tasse (250 ml) de jus.

Bardane (feuille)

Arctium lappa

Plante bisannuelle rustique produisant des fruits munis de bractées à crochet qui s'accrochent aux poils des animaux et aux vêtements. Elle pousse à l'état sauvage en Amérique du Nord.

Parties utilisées

Feuille.

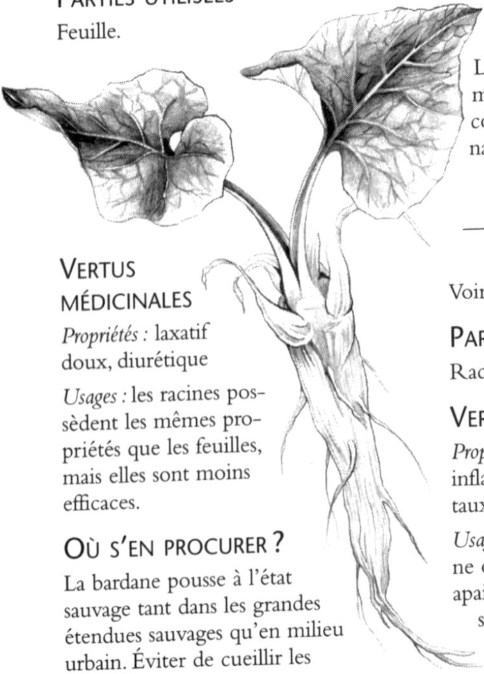

Vertus médicinales

Propriétés : laxatif doux, diurétique

Usages : les racines possèdent les mêmes propriétés que les feuilles, mais elles sont moins efficaces.

Où s'en procurer ?

La bardane pousse à l'état sauvage tant dans les grandes étendues sauvages qu'en milieu urbain. Éviter de cueillir les plants qui poussent au bord des autoroutes. les fossés, les ruisseaux ou de tout autre zone polluée. On peut se procurer des feuilles de bardanes séchées et coupées ainsi que de la teinture de bardane dans les magasins d'aliments naturels ou de santé.

Dans les jus

Feuilles fraîches : rouler les feuilles en boules et déposer dans l'extracteur avec les autres ingrédients à raison d'une feuille par tasse (250 ml) de jus.

Feuilles séchées : réduire les feuilles en une fine poudre et les incorporer dans le jus ou les ajouter aux boissons frappées à raison de 1 à 2 c. à thé (5 à 10 ml) par tasse (250 ml) de jus.

Infusion : 1 c. à table (15 ml) de feuilles fraîches ou 1 c. à thé (5 ml) de feuilles séchées pour 1/4 de tasse (50 ml) d'eau bouillante. Infuser 10 minutes, filtrer et ajouter à 1 tasse (250 ml) de jus.

Teinture : de 10 à 40 gouttes de teinture par tasse (250 ml) de jus.

Un peu d'histoire

Les tribus amérindiennes, notamment les Cherokee et les Chippewa connaissaient les propriétés médicinales de la bardane.

Bardane (graine)

Artium lappa

Voir *feuilles de bardane*

Parties utilisées

Racine, tige, feuille et graine

Vertus médicinales

Propriétés : prévient la fièvre, anti-inflammatoire, antibactérien, réduit le taux de sucre dans le sang.

Usages : la racine et la graine de bardane ont des propriétés adoucissantes et apaisantes qui soulagent les reins et le système lymphatique.

Où s'en procurer ?

Peu de magasins d'aliments naturels ont de la graine de bardane, si vous n'en trouvez pas allez la chercher directement dans la nature. En revanche, la teinture de bardane est un produit assez populaire.

Dans les jus

Infusion : infuser à couvert pendant 10 minutes, 1 c. à thé (5 ml) de graines fraîches ou séchées dans 1/4 de tasse (50 ml) d'eau. Filtrer et ajouter à 1 tasse (250 ml) de jus.

Teinture : de 10 à 40 gouttes par tasse (250 ml) de jus.

Bardane (racine)

Voir *feuilles de bardane*

Parties utilisées

Racine.

Vertus médicinales

Propriétés : laxatif doux, antirhumatismal, antibiotique, diaphorétique, diurétique, détoxifiant de la peau et du sang, stimule la sudation et la production d'urine. Ses racines et ses graines ont des propriétés adoucissantes et toniques, utiliser pour certains problèmes de reins et du système lymphatique.

Usages : la racine de bardane favorise l'élimination et est utilisée pour ses propriétés détoxifiantes. Elle contribue à éliminer les toxines causant certains problèmes de peau dont l'eczéma, l'acné, les rougeurs et les furoncles, ainsi que la paresse digestive et les douleurs arthritiques. Elle renforce le foie, les ganglions lymphatiques et le système digestif.

Où s'en procurer ?

Dans la nature : déterrer les racines de la plante en automne. Les magasins d'aliments naturels ou de santé vendent des racines de bardane séchées ou de la teinture.

Dans les jus

Racine fraîche : bien la nettoyer et la mettre dans l'extracteur avec les autres ingrédients. Utiliser de 5 à 7,5 cm (2 à 3 pouces) de racine fraîche par tasse (250 ml) de jus.

Racine séchée : réduire en poudre fine et incorporer dans les jus ou ajouter aux autres ingrédients des yogourts et des laits frappés.

Décoction : laisser mijoter doucement 1 c. à thé (5 ml) de racine séchée dans 1/4 de tasse (50 ml) d'eau pendant 15 minutes. Filtrer et verser dans 1 tasse (250 ml) de jus.

Teinture : de 10 à 20 gouttes de teinture par tasse (250 ml) de jus.

Basilic

Oscimum basilicum

Plante annuelle aux larges feuilles lustrées d'un vert profond avec des petites fleurs disposées en épis.

Parties utilisées

Tige et sommité fleurie.

Vertus médicinales

Propriétés : antispasmodique, stomachique, antibactérienne, antidépresseur, stimule les surrénales.

Usages : indigestion, nervosité, stress, maux de tête.

Où s'en procurer ?

Le basilic frais se trouve dans plusieurs supermarchés et dans les marchés. Pour le basilic séché, détacher les feuilles de la tige et les couper.

Dans les jus

Basilic frais : rouler les brins en petites boules et les déposer dans l'extracteur avec les autres ingrédients. Utilisez environ 6 brins par tasse (250 ml) de jus.

Bourrache officinale

Borago officinalis

Annuelle qui se ressème toute seule, la bourrache possède une tige creuse et de longues feuilles ovales disposées de part en part de la tige. Ses petites fleurs bleues se présentent en grappes tombantes. La totalité de la plante est recouverte de petits poils piquants de couleur argentée.

Parties utilisées

Feuille et sommité fleurie.

Vertus médicinales

Propriétés : fortifiant des glandes surrénales, expectorant, galactogogue.

Usages : toux, dépression, stress, renforcement des surrénales à la suite d'un traitement aux corticostéroïdes.

Où s'en procurer ?

La bourrache se cultive facilement dans le jardin ou dans des pots. Les magasins d'aliments naturels ou de santé vendent des feuilles de bourrache séchées.

Dans les jus

Bourrache fraîche : rouler les brins en petites boules et les déposer dans l'extracteur avec les autres ingrédients. Utiliser environ 4 brins par tasse (250 ml) de jus.

Feuilles et fleurs séchées : réduire en poudre fine et incorporer au jus à raison 1 c. à table (15 ml) par tasse (250 ml).

Infusion : dans une théière, verser 1/4 de tasse (50 ml) d'eau sur 1 c. à table (15 ml) de bourrache fraîche ou 1 c. à thé (5 ml) de bourrache séchée. Infuser 10 minutes, filtrer et ajouter à 1 tasse (250 ml) de jus.

Un peu d'histoire

Ego Borago gaudia semper ago

(« Moi, la bourrache, je donne toujours du courage ! ») On donnait de la bourrache aux combattants des croisades.

Buchu

Barosma betulina

Petit arbuste originaire d'Afrique du Sud. Ses fleurs et ses belles feuilles brillantes de forme ovale en font une plante ornementale très populaire.

Parties utilisées

Feuille.

Vertus médicinales

Propriétés : diurétique, antiseptique urinaire.

Usages : traitement des problèmes urinaires : mixtion douloureuse, cystite, prostatite et urétrite. Des recherches ont démontré que le buchu a la propriété de bloquer les rayons ultra-violets, qualité qui pourrait se révéler utile dans la préparation de crèmes pour la peau.

Où s'en procurer ?

Les feuilles séchées et la teinture sont vendues dans les aliments naturels ou de santé.

Dans les jus

Feuilles séchées : incorporer 1 c. à thé (5 ml) de feuilles séchées réduites en poudre dans le jus ou mélanger avec les ingrédients des laits et des yogourts fouettés.

Infusion : verser 1/4 de tasse (50 ml) d'eau bouillante sur 1 c. à thé (5 ml) de buchu coupé ou réduit en poudre. Infuser 10 minutes, filtrer et ajouter à 1 tasse (250 ml) de jus.

Teinture : de 20 à 40 gouttes de teinture par tasse (250 ml) de jus.

Calendula

Calendula officinalis

Plante annuelle prolifique et facile à faire pousser à partir des graines. (Nom commun : souci).

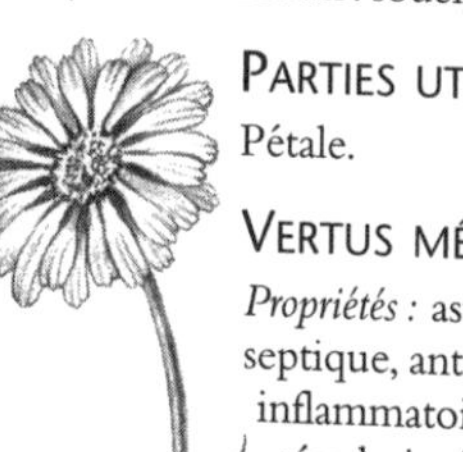

Parties utilisées

Pétale.

Vertus médicinales

Propriétés : astringent, antiseptique, antifongique, anti-inflammatoire, cicatrisation, régularisation du cycle menstruel, stimule la sécrétion de bile.

Usages : le calendula est utilisé comme tonique et comme stimulant digestif. On l'utilise également pour calmer les symptômes de la ménopause, les douleurs menstruelles, la gastrite, l'ulcère d'estomac, les troubles de la vésicule biliaire, l'indigestion et les infections fongiques.

Où s'en procurer ?

On peut trouver des fleurs entières et séchées dans les magasins d'aliments naturels ou de santé.

Dans les jus

Infusion : infuser 10 minutes, 1 c. à table (15 ml) de pétales frais ou 1 c. à thé (5 ml) de pétales séchés dans 1/4 de tasse (50 ml) d'eau. Filtrer et verser dans 1 tasse (250 ml) de jus (infuser 5 minutes supplémentaires dans le cas des pétales séchés). Filtrer et ajouter à 1 tasse (250 ml) de jus.

Teinture : de 5 à 20 gouttes de teinture par tasse (250 ml) de jus.

Un peu d'histoire

La légende veut que les Romains l'aient rapporté de l'Inde pour remplacer le safran, plus coûteux.

Camomille allemande ou matricaire

Matricaria recutita

Plante annuelle résistante à croissance lente dont les fleurs à cœur jaune et à pétales blancs ressemblent à celles de la marguerite. Elle pousse facilement en Amérique du Nord.

Parties utilisées

Sommité fleurie et pétale.

Vertus médicinales

Propriétés : sédatif doux, anti-inflammatoire, antiseptique léger, prévient les vomissements, anti-spasmodique, carminatif, nervin, emmanagogue, analgésique doux.

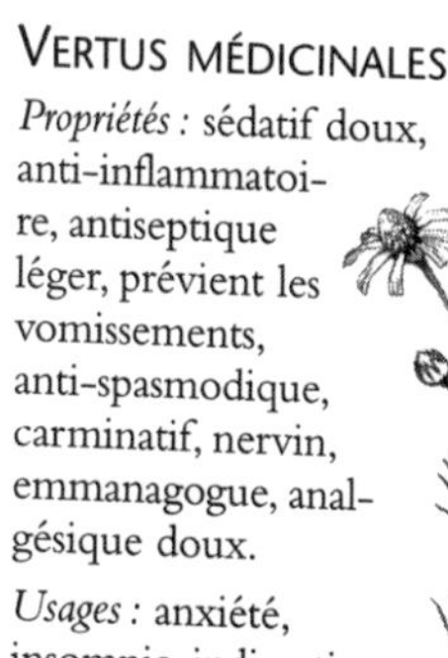

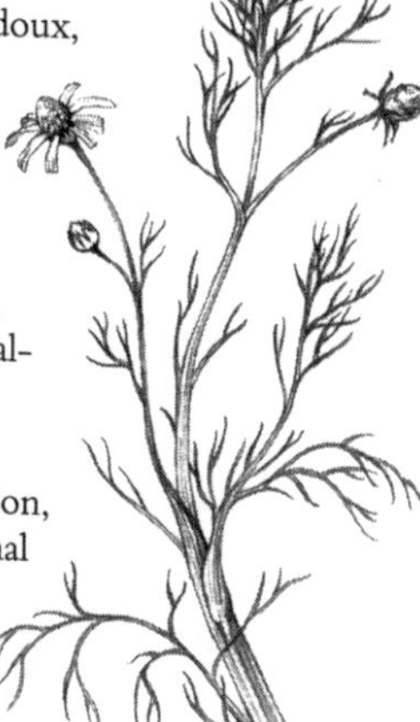

Usages : anxiété, insomnie, indigestion, ulcère gastrique, mal des transports, inflammations (notamment la gastrique) et crampes menstruelles. Elle contribue également à réduire les flatulences et à soulager les douleurs du ballonnement.

Où s'en procurer ?

Les fleurs entières séchées et la teinture de camomille sont vendues dans les magasins d'aliments naturels et de santé.

Dans les jus

Infusion : infuser 1 c. à table (15 ml) de fleurs fraîches ou 1 c. à thé (5 ml) de fleurs séchées dans 1/4 de tasse (50 ml) d'eau bouillante pendant 10 minutes. Filtrer et ajouter à 1 tasse (250 ml) de jus.

Teinture : 1 c. à thé (5 ml) de teinture par tasse (250 ml) de jus.

Un peu d'histoire

Aussi appelée « ginseng de l'Europe », la camomille allemande entre dans la composition de 18 préparations pharmaceutiques en Allemagne.

Cannelle

Cinnamomum zeylanicum

Écorce séchée d'un arbre ressemblant au laurier qui pousse dans les régions tropicales de l'Inde, du Brésil, les Antilles et certaines îles de l'océan Indien.

Parties utilisées

Écorce.

Vertus médicinales

Propriétés : carminatif, diaphorétique, astringent, stimulant, antimicrobien.

Usages : la cannelle facilite la digestion et apaise la nausée, les vomissements et la diarrhée. Elle apaise les estomacs sensibles et les symptômes associés aux syndromes du côlon irritable. Des recherches récentes démontrent que la cannelle aide l'organisme à utiliser l'insuline plus efficacement.

Où s'en procurer ?

Les bâtonnets de cannelle et la cannelle moulue sont vendus dans les magasins d'alimentation.

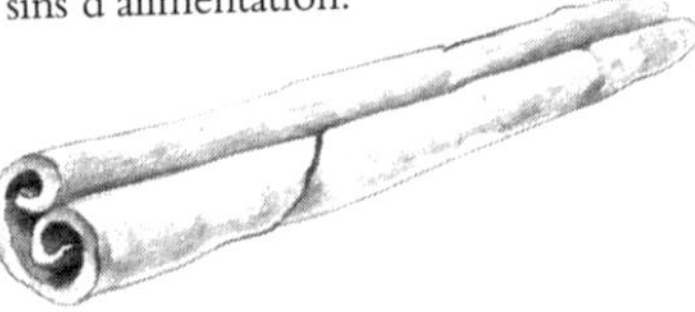

Dans les jus

Moulue : incorporer 1/4 c. à thé (1 ml) de cannelle par tasse (250 ml) de jus frais ou ajouter aux ingrédients des laits et des yogourts frappés.

Infusion : infuser 1 bâtonnet de cannelle de 2,5 cm coupé en morceaux dans 1/4 de tasse (50 ml) d'eau bouillante pendant 10 minutes. Filtrer et ajouter à 1 tasse (250 ml) de jus.

Cardamome

Elettaria cardamomum

Originaire des forêts pluvieuses de l'Inde, la cardamome est une vivace à feuilles lancéolées qui pousse à partir d'un rhizome. On l'exporte de l'Europe depuis des siècles, notamment pour son parfum. Ses fleurs sont blanches striées de rose.

Parties utilisées

Graine.

Vertus médicinales

Propriétés : anti-spasmodique, carminatif, digestive, stimulant, expectorant.

Usages : elle est utilisée pour ses effets toniques et stimulants sur le système digestif. La cardamome calme les crampes d'estomac, stimule l'appétit et réduit les flatulences.

Où s'en procurer ?

Les graines entières et séchées sont parfois vendues dans les magasins d'alimentation aux rayons des épices et dans les magasins d'aliments naturels et de santé.

Dans les jus

Graines séchées : incorporer 1 c. à thé (5 ml) de cardamome moulue dans 1 tasse (250 ml) de jus ou ajouter aux ingrédients des laits ou yogourts frappés.

Infusion : infuser à couvert pendant 10 minutes, 1 c. à thé (5 ml) de graines de cardamome grossièrement moulues. Filtrer et ajouter à 1 tasse (250 ml) de jus.

Cataire

Nepeta cataria

Vivace très appréciée des chats et communément appelée herbe à chats. Ses feuilles ovales et dentelées sont légèrement argentées et ses fleurs sont en forme de petites clochettes blanches.

Parties utilisées

Feuille, tige et fleur.

Vertus médicinales

Propriétés : antispasmodique, astringent, carminatif, stimule la sudation, sédatif, rafraîchissante.

Usages : les feuilles de cataire abaissent la fièvre, calment les crampes, augmentent la transpiration et facilitent le sommeil. Elle est utilisée dans le traitement de la diarrhée, les problèmes digestifs, la colique, le rhume, la grippe, l'inflammation, la douleur et les convulsions. Elle est particulièrement utile pour abaisser la fièvre chez les enfants.

Où s'en procurer ?

La cataire pousse à l'état sauvage en Amérique du Nord. On peut se procurer des feuilles et des fleurs de cataire séchées dans les magasins d'aliments naturels ou de santé.

Dans les jus

Cataire fraîche : rouler les brins en petites boules et les déposer dans l'extracteur avec les autres ingrédients à raison de 4 brins de cataire pour 1 tasse (250 ml) de jus.

Feuilles et fleurs séchées : réduire en poudre fine et incorporer au jus frais ou aux ingrédients des boissons frappées à raison de 1 c. à thé (5 ml) par 1 tasse (250 ml) de jus.

Infusion : infuser 1 c. à table (15 ml) de cataire fraîche ou 1 c. à thé (5 ml) de cataire séchée dans 1/4 de tasse (50 ml) d'eau bouillante pendant 10 minutes. Filtrer et ajouter à 1 tasse (250 ml) de jus.

Cayenne

Capsicum annum et Capsicum frutescens

Plante tropicale vivace qui se cultive comme une annuelle dans les climats tempérés.

Parties utilisées

Fruit rouge appelé piment.

Vertus médicinales

Propriétés : stimulant, tonique, carminatif, diaphorétique, rubéfiant, antiseptique, antibactérien.

Usages : le piment de Cayenne stimule la circulation sanguine, purifie le sang, favorise l'élimination des fluides et la sudation. On l'utilise également comme stimulant du système nerveux. Un de ses principaux composés, la capsaïcine, entre dans la composition de pommades et d'onguents destinés à soulager les douleurs de la polyarthrite rhumatoïde et de l'arthrose, du zona, la sensation de brûlure dans les orteils et les pieds due à la neuropathie diabétique ainsi que les douleurs de la fibromyalgie. Voir *Piment*, page 76.

Mise en garde :

Certains praticiens en médecine naturelle déconseillent la consommation de piment aux personnes atteintes de maladies inflammatoires chroniques de l'intestin dont la colite ulcéreuse et la maladie de Crohn.

Où s'en procurer ?

On trouve des piments frais dans la plupart des magasins d'alimentation et plusieurs épiceries spécialisées ou magasins d'aliments bio ou de santé. Le piment de Cayenne en poudre est vendu dans tous les magasins d'alimentation au rayon des épices.

Dans les jus

Piment frais : voir *Piment* page 76.

Séché : Pour 1 1/2 tasse (375 ml) de jus frais ou de yogourt frappé, ajouter de 1/8 à 1/4 c. à thé (0,5 ml à 1 ml) de Cayenne moulue.

Céleri

Apium graveolous

Ombellifère cultivée pour ses branches charnues et côtelées. Ses feuilles sont dites pennées parce que leurs folioles sont disposées de part en part de la tige. Ses petites fleurs blanches engendrent des petites graines grises. Les graines de céleri utilisées à des fins thérapeutiques proviennent du céleri sauvage.

Parties utilisées

Branches, feuilles, racine et graines.

Vertus médicinales

Propriétés : anti-inflammatoire, antioxydante, carminatif, hypotenseur, sédatif, antiseptique urinaire (graines).

Usages : le céleri est une plante aromatique et tonique utilisée dans le traitement de la goutte, de l'inflammation des voies urinaires, de la cystite, de l'arthrose et de la polyarthrite rhumatoïde.

Mise en garde :

ne pas consommer de graines de céleri durant la grossesse.

Où s'en procurer ?

Le céleri frais est disponible dans tous les magasins d'alimentation. Préférez les graines vendues dans les magasins d'aliments naturels ou de santé.

Dans les jus

Branches et feuilles fraîches : voir *Céleri*, page 72.

Graines séchées : réduire les graines en poudre fine et les incorporer au jus frais ou les ajouter aux ingrédients des boissons frappées, à raison de 1/4 c. à thé (1 ml) par tasse (250 ml).

Infusion : infuser 1/4 c. à thé (1 ml) de graines grossièrement écrasées dans 1/4 de tasse (50 ml) d'eau bouillante pendant 10 minutes. Filtrer et ajouter à 1 tasse (250 ml) de jus.

Chardon-Marie

Silybum marianus

De la même famille que le chardon béni, le chardon-Marie est une annuelle résistante ou bisannuelle à grandes feuilles oblongues et à fleurs pourpres. Ses graines de couleur noire portant une petite touffe de poils blancs apparaissent au milieu de l'été.

Parties utilisées

Graine.

Vertus médicinales

Propriétés : antioxydant, stimule la production et la circulation de la bile, protège le foie en stimulant la croissance de nouvelles cellules et la réparation des cellules, dépuratif et galactogogue.

Usages : le chardon-Marie exerce une action protectrice sur le foie, c'est pourquoi il est indiqué dans les cas de cirrhose alcoolique, d'hépatite et de certains troubles chroniques qui sont la conséquence d'une congestion du foie, comme la constipation, le baïonnette et le syndrome prémenstruel.

Où s'en procurer ?

Les graines de chardon-Marie se récoltent au cœur de l'été. Elles sont aussi vendues dans les magasins d'aliments naturels et de santé.

Dans les jus

Graines séchées : ajouter aux ingrédients des boissons frappées à raison de 1 c. à thé (5 ml) par tasse (250 ml).

Infusion : infuser 1 c. à thé (5 ml) de graines séchées dans 1/4 de tasse (50 ml) d'eau bouillante pendant 15 minutes. Filtrer et ajouter à 1 tasse (250 ml) de jus.

Teinture : de 10 à 20 gouttes par tasse (250 ml) de jus.

Chou palmiste

Seranoa serrulata

Le chou palmiste est une plante à feuilles persistantes de couleur bleu-gris. Ses fruits sont bleu-noir. Il est commun dans le sud-est des États-Unis, notamment sur les côtes de la Georgie et de la Floride.

Parties utilisées

Fruit.

Vertus médicinales

Propriétés : diurétique, antiseptique urinaire, stimule les glandes chargées de la production des hormones.

Usages : inflammation bénigne de la prostate, perte de libido.

Où s'en procurer ?

Les fruits se récoltent du mois de septembre au mois de janvier. Les magasins d'aliments naturels ou de santé vendent des fruits du chou palmiste séchés.

Dans les jus

Fruits séchés et moulus : ajouter 1/4 c. à thé (1 ml) de fruits séchés moulus à vos jus ou mélanger avec les ingrédients des boissons frappées.

Infusion : infuser 1 c. à thé (5 ml) de fruits frais ou 1/2 c. à thé (2 ml) de fruits secs légèrement écrasés dans 1/4 de tasse (50 ml) d'eau bouillante pendant 10 minutes. Filtrer et ajouter à 1 tasse (250 ml) de jus.

Extrait : de 10 à 25 gouttes d'extrait par tasse (250 ml) de jus.

Clou de girofle

Syzigium aromaticus

Le clou de girofle est le bouton de couleur rose d'un conifère originaire d'Indonésie. On le cultive dans les îles de Madagascar et de Zanzibar ainsi que dans les Antilles, au Brésil, en Inde et au Sri Lanka.

Parties utilisées

Bouton.

Vertus médicinales

Propriétés : antioxydant, anesthésique, antiseptique, anti-inflammatoire, analgésique, antispasmodique, carminatif, stimulant, prévient les vomissements, antihistaminique, réchauffant.

Usages : asthme, bronchite, nausée, vomissements, flatulence, diarrhée, hypothermie. Certaines études indiquent qu'il pourrait avoir des propriétés anticoagulantes et qu'il stimule la production d'enzymes qui jouent un rôle dans la prévention du cancer. L'huile de clou de girofle contient entre 60 et 90 % d'eugénol, un des ingrédients entrant dans la fabrication de certains rince-bouche, dentifrices, savons, chasse-moustiques, parfums, aliments, médicaments vétérinaires et plusieurs autres médicaments en vente libre destinés au soulagement des maux de dents.

Où s'en procurer ?

Le clou de girofle est vendu dans les magasins d'alimentation, entier ou moulu.

Dans les jus

Moulu : incorporer 1/4 c. à thé (1 ml) de clou de girofle moulu dans 1 tasse (250 ml) de jus ou l'ajouter aux autres ingrédients des boissons frappées.

Infusion : infuser à couvert pendant 10 minutes, 1/4 c. à thé (1 ml) de clou de girofle grossièrement écrasé dans 1/4 de tasse (50 ml) d'eau bouillante. Filtrer et ajouter à 1 tasse (250 ml) de jus.

Coriandre

Coriandrum sativum

Plane annuelle résistante au gel. Sa tige ramifiée porte des feuilles aromatiques à folioles dentelées qui ressemblent à celles du persil. Ses fleurs blanches légèrement rosées donnent naissance à des fruits globuleux (graines) qui tournent au brun lorsqu'ils sont mûrs.

Parties utilisées

Graine.

Vertus médicinales

Propriétés : apéritif, apaise la digestion douloureuse, facilite la digestion et l'absorption des aliments.

Usages : problèmes digestifs, flatulences.

Où s'en procurer ?

Les graines de coriandre séchées sont vendues dans la plupart des épiceries, notamment dans les épiceries indiennes et moyen-orientales.

Dans les jus

Graines séchées : moudre finement et incorporer au jus frais à raison de 1/2 c. à thé (2 ml) par tasse (250 ml) de jus ou ajouter aux ingrédients des boissons frappées.

Infusion : infuser à couvert pendant 10 minutes, 1 c. à thé (5 ml) de graines grossièrement écrasées dans 1/4 de tasse (50 ml) d'eau bouillante. Filtrer et ajouter à 1 tasse (250 ml) de jus.

Cumin

Cuminum cyminum

Annuelle gracile qui pousse à l'état sauvage dans le bassin méditerranéen, au Soudan et en Asie centrale. Ses feuilles sont vert foncé et ses petites fleurs blanches ou roses, groupées en ombelle, donnent naissance à des graines effilées.

Parties utilisées

Graine.

Vertus médicinales

Propriétés : stimulant, apaise la digestion douloureuse, antispasmodique, diurétique, galactogogue.

Usages : indigestion, flatulences.

Où s'en procurer ?

Les graines séchées sont vendues dans la plupart des magasins d'alimentation au rayon des épices et dans les épiceries indiennes.

Dans les jus

Graines séchées : moudre finement et incorporer au jus frais à raison de 1/2 c. à thé (2 ml) par tasse (250 ml) de jus ou ajouter aux ingrédients des boissons frappées.

Infusion : infuser à couvert pendant 10 minutes, 1/2 c. à thé (2 ml) de graines grossièrement écrasées dans 1/4 de tasse (50 ml) d'eau bouillante. Filtrer et ajouter à 1 tasse (250 ml) de jus.

Curcuma

Curcuma longa

Vivace à feuilles caduques originaire d'Asie du Sud-Est et appartenant à la famille du gingembre. Son long rhizome ressemble à celui du gingembre, mais il est plus fin et plus rond et sa chair est orangée.

Parties utilisées

Racine.

Vertus médicinales

Propriétés : antioxydant, anti-inflammatoire, antimicrobien, antibactérien, antifongique, antiviral, anticoagulant, analgésique, réduit le taux de cholestérol, réduit la douleur après l'exercice, cicatrisant, antispasmodique, protège les cellules du foie, augmente la production de bile et son écoulement.

Usages : prévenir ou combattre le cancer du sein ou du côlon, hépatite, nausée, problèmes digestifs, ablation de la vésicule biliaire. Le curcuma stimule l'activité du système immunitaire et réduit les risques d'attaques cérébrales. Il est également utilisé dans les cas de polyarthrite rhumatoïde, de cancer, de candidose, de sida, de maladie de Crohn, d'eczéma et de problèmes digestifs.

Où s'en procurer ?

Les épiceries orientales vendent des rhizomes de curcuma frais, séchés ou surgelés. Les magasins d'aliments naturels ou de santé vendent le rhizome de curcuma séché. On trouve du curcuma en poudre dans les magasins d'alimentation.

Dans les jus

Racine fraîche : déposer dans l'extracteur avec les autres ingrédients. Utiliser de 1 à 2,5 cm de racine par tasse (250 ml) de jus. Si le rhizome est de culture biologique, il est inutile de le peler.

Moulu : 1 c. à thé (5 ml) de curcuma moulu par tasse (250 ml) de jus.

Infusion : infuser 1 c. à table (15 ml) de rhizome frais râpé ou 1 c. à thé (5 ml) de rhizome séché râpé dans 1/4 de tasse (50 ml) d'eau bouillante pendant 10 minutes. Filtrer et ajouter à 1 tasse (250 ml) de jus.

Échinacée

Echinacea angustiflora ou E. purpura

Vivace originaire d'Amérique du Nord dont les fleurs ressemblent à de grosses marguerites roses.

Parties utilisées

Racine (plus puissante), pétale.

Vertus médicinales

Propriétés : stimulant du système immu-nitaire, anti-inflammatoire, antibiotique, antimicrobien, antiseptique, analgésique, anti-allergène, stimulant lymphatique.

Usages : l'échinacée atténue les symptômes du rhume ou de la grippe lorsqu'elle est consommée dès l'éclosion des premiers symptômes à raison de 4 à 6 doses quotidiennes pendant 10 jours. Son action s'apparente à celle de l'interféron puisqu'elle prévient l'éclosion et freine l'expansion des infections virales. Elle active la guérison des tissus en stimulant les fibroblastes, des cellules responsables de la formation du tissu conjonctif. Elle aide à combattre les virus et les infections à candida.

Où s'en procurer ?

Les magasins d'aliments naturels ou de santé vendent l'échinacée sous diverses formes : racine séchée, entière ou coupée, feuilles séchées, teinture et comprimés.

Dans les jus

Décoction : laisser mijoter doucement 1 c. à thé (5 ml) de racine séchée dans 1/4 de tasse (50 ml) d'eau pendant 10 minutes. Filtrer et verser dans 1 tasse (250 ml) de jus.

Un peu d'histoire

Les Amérindiens s'enduisaient les pieds d'*échinacea augustifolia* pour les désensibiliser avant de marcher sur des charbons ardents durant certaines cérémonies rituelles.

Fenouil

Foeniculum vulgare

Le plant de fenouil ressemble à celui de l'aneth, en plus grand. Ses tiges sont robustes et ses fleurs d'un jaune éclatant sont groupées en ombelles. Ses feuilles alternes et très ramifiées sont d'aspect filiforme. Floraison estivale et graines de couleur gris-brun.

Parties utilisées

Graines.

Vertus médicinales

Propriétés : diurétique apaisant, anti-inflammatoire, antispasmodique, soulage les douleurs digestives, galactogogue, expectorant doux.

Usages : indigestion, flatulences, stimule la sécrétion de lait maternel, consommé par la mère, il soulage les coliques du nourrisson. Soulage les coliques et la toux.

Mise en garde

Le fenouil est un stimulant utérin, évitez les fortes doses durant la grossesse.

Où s'en procurer ?

Le fenouil pousse à l'état sauvage en Europe et en Asie. On le cultive un peu partout dans le monde pour son bulbe fort apprécié en cuisine. De culture facile, les graines de fenouil se récoltent à l'automne. Les magasins d'aliments naturels ou de santé vendent des graines de fenouil séchées.

Dans les jus

Bulbe frais : voir *Fenouil,* page 74.

Graines séchées : moudre finement et incorporer au jus frais à raison de 1/4 c. à thé (1 ml) par tasse (250 ml) de jus ou ajouter aux ingrédients des boissons frappées.

Infusion : infuser à couvert pendant 15 minutes, 1/2 c. à thé (2 ml) de graines grossièrement écrasées dans 1/4 de tasse (50 ml) d'eau bouillante. Filtrer et ajouter à 1 tasse (250 ml) de jus.

Fenugrec

Trigonella foenum-graecum

Annuelle cultivée comme plante fourragère dans le centre et le sud de l'Europe, le fenugrec pousse de la Méditerranée à l'Afrique du Sud et en Australie. Ses feuilles aux propriétés aromatiques comptent trois folioles, ses fleurs jaunes ou blanches donnent naissance à des gousses contenant des graines jaunâtres.

Parties utilisées

Parties aériennes et graines.

Vertus médicinales

Propriétés : expectorant, soulage les douleurs digestives, protège les parois intestinales, réduit le taux de sucre sanguin, galactogogue.

Usages : bronchite, toux, diabète, diverticulose, colite ulcéreuse, maladie de Crohn, douleurs menstruelles, ulcère gastrique, maux d'estomac.

Mise en garde

Ne pas consommer durant la grossesse, le fenugrec est un stimulant utérin.

Où s'en procurer ?

Les graines sont vendues dans les magasins d'aliments naturels ou de santé.

Dans les jus

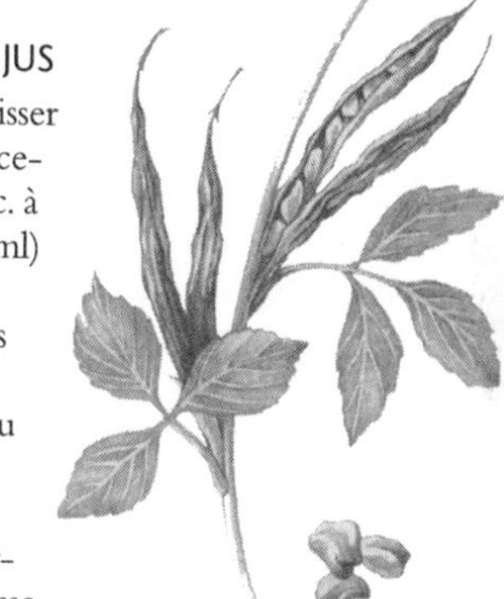

Décoction : laisser mijoter doucement 1 à 2 c. à thé (5 à 10 ml) de graines écrasées dans 1/4 de tasse (50 ml) d'eau pendant 10 minutes. Filtrer et verser dans 1 tasse (250 ml) de jus.

Framboisier

Rubus idaeus

Le framboisier est un buisson épineux à feuilles pinées très répandu en Amérique du Nord, en Europe et en Asie. Ses fleurs blanches disposées en grappes donnent naissance à de petits fruits rouges et juteux au milieu de l'été.

Parties utilisées

Feuille.

Vertus médicinales

Propriétés : antispasmodique, astringent, galactogogue.

Usages : les feuilles de framboisier étaient traditionnellement utilisées pour donner du tonus à l'utérus durant la grossesse et l'accouchement. Elles abaissaient les risques de fausses couches, soulageaient les nausées matinales et facilitaient le travail. Ses propriétés astringentes le rendent utile dans le traitement des maux de gorge et de la diarrhée.

Où s'en procurer ?

Les feuilles se récoltent du début de l'été jusqu'à la fin de l'automne. Les magasins d'aliments naturels ou de santé vendent des feuilles de framboisier séchées.

Dans les jus

Feuilles fraîches : rouler les feuilles en boule et les déposer dans l'extracteur avec les autres ingrédients à raison de 6 feuilles par tasse (250 ml) de jus.

Feuilles séchées : moudre finement et incorporer au jus frais à raison de 1 c. à thé (5 ml) par tasse (250 ml) de jus ou ajouter aux ingrédients des boissons frappées.

Infusion : 1 c. à table (15 ml) de feuilles ou 1 c. à thé (5 ml) de feuilles séchées légèrement écrasées dans 1/4 de tasse (50 ml) d'eau bouillante pendant 15 minutes. Filtrer et ajouter à 1 tasse (250 ml) de jus.

Gattilier

Vitex agnus castus

Arbuste vivace à feuilles caduques originaire du sud de l'Europe et qui pousse dans les régions tempérées (zones 7 à 10). Ses feuilles sont palmées et ses fleurs dégageant un parfum de lilas donnent naissance à des baies charnues rouge foncé.

Parties utilisées

Baie.

Vertus médicinales

Propriétés : contribue au bon équilibre des hormones sexuelles par son action sur la glande pituitaire antérieure.

Usages : syndrome prémenstruel, règles douloureuses, symptômes de la ménopause.

Mise en garde

Ne pas consommer en même temps que des médicaments contenant de la progestérone.

Où s'en procurer ?

Les baies séchées sont vendues dans les magasins d'aliments naturels ou de santé. Le vitex est aussi disponible sous forme de teinture.

Dans les jus

Infusion : infuser 1 c. à table (15 ml) de baies fraîches ou 1 c. à thé (5 ml) de baies séchées légèrement écrasées dans 1/4 de tasse (50 ml) d'eau bouillante pendant 10 minutes. Filtrer et ajouter à 1 tasse (250 ml) de jus.

Teinture : de 10 à 20 gouttes par tasse (250 ml) de jus.

Gingembre

Zingeber officinalis

Vivace originaire d'Asie du Sud-est qui ne supporte pas le gel et dont le rhizome est apprécié en cuisine.

Parties utilisées

Racine.

Vertus médicinales

Propriétés : anti-nauséeux, apaise les maux de tête et les douleurs de l'arthrite, anti-inflammatoire, stimule la circulation, expectorant, anti-spasmodique, antiseptique, diaphorétique, prévient la formation de caillots sanguins, vasodilatateur périphérique, anti-vomitif, carminatif, antioxydant.

Usages : la racine de gingembre soulage les nausées et prévient le vomissement. Le gingembre est dépuratif et réchauffant. Il stimule le système digestif, améliore l'absorption des nutriments, stimule la vésicule biliaire, prévient le développement d'ulcères gastriques et contribue à l'élimination des toxines du foie. On l'utilise pour apaiser les flatulences, pour prévenir la nausée causée par la chimiothérapie et dans le traitement de l'impuissance.

Mise en garde

Le gingembre peut irriter la muqueuse intestinale, c'est pourquoi il est préférable de le consommer en mangeant ou après les repas. Le gingembre est contre-indiqué aux personnes souffrant de maladies rénales.

Où s'en procurer ?

Le gingembre frais ou séché et moulu est vendu dans les magasins d'alimentation et dans les épiceries asiatiques.

Dans les jus

Racine fraîche : ajouter un morceau de gingembre de 1 à 3 cm de longueur aux ingrédients de vos jus. Il est inutile de peler le gingembre biologique.

Infusion : infuser 1 c. à thé (5 ml) de gingembre frais râpé dans 1/4 de tasse (50 ml) d'eau bouillante pendant 10 minutes. Filtrer et ajouter à 1 tasse (250 ml) de jus.

Moulu : 1 c. à thé (5 ml) de gingembre moulu par tasse (250 ml) de jus.

Ginkgo

Ginkgo biloba

Arbre à feuilles caduques, originaire du centre de la Chine. Un des plus anciens à avoir survécu jusqu'à notre ère. Son feuillage vert tendre en éventail prend une coloration jaune à l'automne.

Parties utilisées

Feuille.

Vertus médicinales

Propriétés : antioxydant, stimule la circulation sanguine, augmente l'afflux sanguin au cerveau, apaise les bronchospasmes.

Usages : asthme, acouphène, extrémités froides, varices, hémorroïdes, maux de tête, gueule de bois, pertes de mémoire dues à l'âge, perte d'audition, mauvaise vision, maladie d'Alzheimer, maladie de Raynaud, rétinopathie, impuissance.

Où s'en procurer ?

Cueillir les feuilles à l'automne lorsqu'elles sont jaunes. Les magasins d'aliments naturels ou de santé vendent des feuilles de ginkgo séchées.

DANS LES JUS

Feuilles séchées : moudre finement et incorporer au jus frais à raison de 1 c. à thé (5 ml) par tasse (250 ml) de jus ou ajouter aux ingrédients des boissons frappées.

Infusion : 1 c. à table (15 ml) de feuilles fraîches ou 1 c. à thé (5 ml) de feuilles séchées dans 1/4 de tasse (50 ml) d'eau bouillante pendant 10 minutes. Filtrer et ajouter à 1 tasse (250 ml) de jus.

Extrait liquide : 40 gouttes par tasse (250 ml) de jus.

Ginseng

Sibérien : Eleutherococcus senticosis
Nord-américain : Panax quinquefolius
Asiatique : Panax ginseng

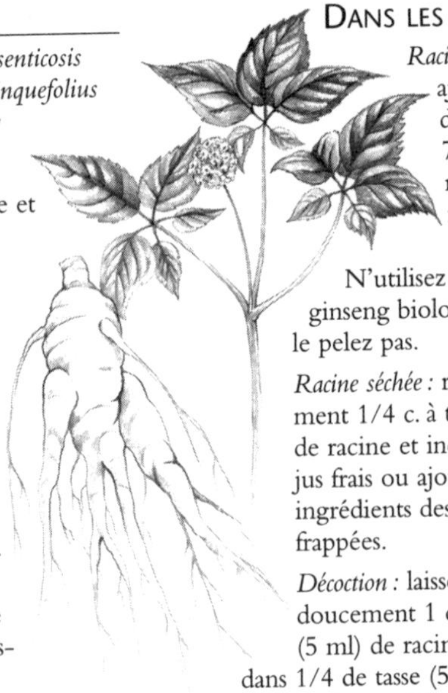

Plante vivace cultivée dans les régions boisées du centre et de l'est de l'Amérique du Nord.

PARTIES UTILISÉES

Racine (des plants de plus de 4 ans), feuilles (des plants biologiques).

VERTUS MÉDICINALES

Propriétés : antioxydant, adaptogène, tonique, stimulant, régulation du taux de sucre sanguin et du taux de cholestérol, stimulant du système immunitaire.

Usages : le ginseng augmente la résistance au stress. Il est tonique et stimulant. Il améliore la résistance de l'organisme à diverses maladies, dont le diabète, le cancer, les maladies du cœur et certaines infections. Certaines recherches indiquent qu'il stimule la mémoire, accroît la fertilité et offre un effet protecteur contre les toxines (foie) et les radiations.

MISE EN GARDE

Éviter de consommer du ginseng si vous souffrez de fièvre, d'asthme, de bronchite, d'emphysème, d'hypertension ou d'arythmie cardiaque. Ne pas consommer durant la grossesse et ne pas donner aux enfants hyperactifs. Ne pas prendre avec du café.

OÙ S'EN PROCURER ?

Les racines séchées (entières ou en morceaux), les thés, les poudres et les teintures de ginseng se vendent dans les magasins d'aliments naturels ou de santé. En Amérique du Nord, la cueillette extensive du ginseng en a fait une espèce en voie d'extinction. Évitez de la cueillir dans la nature.

DANS LES JUS

Racine fraîche : ajouter le jus de 5 à 7,5 cm de racine fraîche dans les jus. N'utilisez que du ginseng biologique et ne le pelez pas.

Racine séchée : râper finement 1/4 c. à thé (1 ml) de racine et incorporer au jus frais ou ajouter aux ingrédients des boissons frappées.

Décoction : laisser mijoter doucement 1 c. à thé (5 ml) de racine séchée dans 1/4 de tasse (50 ml) d'eau pendant 10 minutes. Filtrer et verser dans 1 tasse (250 ml) de jus.

Teinture : de 10 à 20 gouttes de teinture par tasse (250 ml) de jus.

Gotu Kola

Hydrocotyle asiatica

Vivace rampante poussant dans les régions tropicales. Depuis des siècles, les Indiens lui prêtent des propriétés rajeunissantes.

Parties utilisées
Parties aériennes.

Vertus médicinales
Propriétés : action positive sur la circulation sanguine, digestif, relaxant du système nerveux central, laxatif, fortifiant des glandes surrénales.

Usages : épuisement, troubles de mémoire liés à l'âge, désordres nerveux, maladie de Parkinson, stress.

Mise en garde
Ne pas consommer durant la grossesse ou en cas d'épilepsie. Ne pas consommer pendant plus de 6 semaines consécutives. Il peut aggraver les démangeaisons. À fortes doses, il peut causer des maux de tête.

Où s'en procurer ?
Dans les magasins d'aliments naturels ou de santé, séché ou sous forme de teinture.

Dans les jus
Feuilles et fleurs séchées : moudre finement et incorporer au jus frais à raison de 1/2 c. à thé (2 ml) par tasse (250 ml) de jus ou ajouter aux ingrédients des boissons frappées.

Infusion : 1/2 c. à thé (2 ml) de fleurs et de feuilles séchées dans 1/4 de tasse (50 ml) d'eau bouillante pendant 10 minutes. Filtrer et ajouter à 1 tasse (250 ml) de jus.

Teinture : 1/2 à 1 c. à thé (2 à 5 ml) de teinture pour 1 tasse (250 ml) de jus.

Un peu d'histoire
Le gotu kola est très utilisé en médecine ayurvédique pour accroître la longévité, stimuler la mémoire et l'intelligence, renforcer les défenses immunitaires et purifier le sang des personnes atteintes d'affections chroniques de la peau.

Grande camomille
Tanacetum parthenium

Vivace qui pousse dans les régions tempérées du nord à feuillage jaune-vert. Ses feuilles contiennent une huile très volatile et peuvent provoquer des réactions désagréables lorsqu'on les manipule ou qu'on les consomme en grande quantité. Ses fleurs ressemblent à de petites marguerites.

Parties utilisées
Feuilles.

Vertus médicinales
Propriétés : anti-inflammatoire, vasodilatateur, digestif.

Usages : prévention de la migraine, polyarthrite inflammatoire, douleurs menstruelles.

Mise en garde
La grande camomille étant un stimulant utérin, ne pas la consommer durant la grossesse.

Où s'en procurer ?
De culture facile, la grande camomille se récolte du mois de juin à la fin de l'automne. Les feuilles séchées sont vendues dans les magasins d'aliments naturels ou de santé.

Dans les jus
Feuilles fraîches entières : rouler en boule et déposer dans l'extracteur avec les autres ingrédients à raison de 1 ou 2 grandes feuilles par tasse (250 ml) de jus.

Feuilles séchées : réduire en poudre fine et incorporer au jus à raison de 1 c. à thé (5 ml) par tasse (250 ml) de jus.

Teinture : de 5 à 20 gouttes de teinture par tasse (250 ml) de jus.

Guimauve

Althaea officinalis

Vivace résistante à racine pivotante, à feuilles ovales dentelées et à fleurs rose pâle. Elle pousse à l'état sauvage au Canada et aux États-Unis, de même qu'en Europe centrale, en Asie et en Afrique du Nord. Elle est de la même famille que la rose trémière.

Parties utilisées

Fleur, feuille et racine.

Vertus médicinales

Propriétés : (racine) apaise les muqueuses, diurétique, expectorant, calmant, nettoie et favorise la cicatrisation des blessures. (*Feuille*) apaise les muqueuses, diurétique, expectorant, calmant, nettoie et favorise la cicatrisation des blessures. (*Fleur*) expectorant.

Usages : la haute teneur en mucilages de la racine de guimauve lui confère des propriétés anti-inflammatoires utiles pour apaiser les voies digestives, les reins et la vessie, l'ulcère gastrique, la colite ulcéreuse, la maladie de Crohn, l'urétrite, l'hernie hiatale, la cystite, la diarrhée et la gastrite. Ses feuilles sont utilisées dans les cas d'inflammation des bronches, comme la bronchite, et en tisane pour soigner les ulcères. Ses fleurs entrent dans la composition de sirop contre la toux.

Où s'en procurer ?

Cueillir les sommités fleuries du mois de juin jusqu'à l'automne. Les magasins d'aliments naturels ou de santé vendent de la racine de guimauve séchée.

Dans les jus

Fleurs et feuilles fraîches : rouler les brins en boules et les déposer dans l'extracteur avec les autres ingrédients à raison de 4 à 6 brins par tasse (250 ml) de jus.

Fleurs et feuilles séchées : réduire en poudre fine et incorporer au jus à raison de 1 c. à thé (5 ml) par tasse (250 ml) de jus ou ajouter aux ingrédients des laits et des yogourts frappés.

Infusion : infuser 1 c. à table (15 ml) de sommités fleuries fraîches ou 1 c. à thé (5 ml) de feuilles et de fleurs séchées pendant 10 minutes. Filtrer et ajouter à 1 tasse (250 ml) de jus.

Racine fraîche : déposer dans l'extracteur avec les autres ingrédients à raison de 5 à 7,5 cm de racine par tasse (250 ml) de jus.

Décoction : verser 1/4 de tasse (50 ml) d'eau bouillante sur 1 c. à thé (5 ml) de racine séchée et hachée, laisser reposer toute la nuit. Filtrer et ajouter à 1 tasse (250 ml) de jus.

Teinture : de 10 à 20 gouttes par tasse (250 ml) de jus.

Hysope

Hyssopus officinalis

Vivace arbustive à tige ligneuse originaire du centre et du sud-est de l'Europe, de l'ouest de l'Asie et du nord de l'Afrique. Sa tige supérieure porte des feuilles opposées et des fleurs pourpres.

Parties utilisées

Feuille et sommités fleuries.

Vertus médicinales

Propriétés : antispasmodique, expectorant, favorise la sudation, analgésique doux, diurétique, antiviral dans le cas du virus de l'herpès simplex, réduit la sécrétion de mucus, apaise les douleurs digestives.

Usages : asthme, bronchite, rhume, toux, grippe, fièvre, flatulences.

Où s'en procurer ?

L'hysope est une plante de culture facile. Dans le centre et le nord de l'Amérique du Nord, on récolte des feuilles et des sommités fleuries du mois de mai à la fin de l'automne. Les magasins d'aliments naturels et de santé vendent des feuilles d'hysope séchées.

Dans les jus

Sommités fleuries : rouler en boules et déposer dans l'extracteur avec les autres ingrédients à raison de 4 à 6 brins par tasse (250 ml) de jus.

Feuilles et fleurs séchées : moudre finement et incorporer au jus frais à raison de 1 c. à thé (5 ml) par tasse (250 ml) de jus ou ajouter aux ingrédients des boissons frappées.

Kawa

Piper methysticum

Arbuste à feuilles persistantes originaire de la Polynésie appartenant à la famille des pipéracées (poivres).

Parties utilisées

Racine et rhizome.

Vertus médicinales

Propriétés : anti-microbiens (notamment sur l'appareil génito-urinaire), antispasmodique, relaxant nerveux et musculaire, diurétique, stimulant.

Usages : stress, anxiété, syndrome de la fatigue chronique, fibromyalgie, insomnie, infections des reins, de la vessie, de la prostate, de l'urètre et du vagin.

Mise en garde

Le kawa ne doit pas être consommé durant la grossesse et l'allaitement. Si vous prenez des médicaments qui agissent sur le système nerveux, consulter votre médecin avant de consommer du kawa. Ne pas consommer pendant plus de 3 mois consécutifs sans recommandation médicale. Ne pas conduire et ne pas opérer de machinerie lourde après la consommation de kawa.

Où s'en procurer ?

La racine séchée et la teinture de kawa sont vendues dans les magasins d'aliments naturels et de santé.

Dans les jus

Décoction : laisser mijoter doucement et à couvert, 1 c. à thé (5 ml) de racine séchée dans 1/4 de tasse (50 ml) d'eau pendant 10 minutes ou jusqu'à ce que l'eau prenne une coloration légèrement brune. Filtrer et verser dans 1 tasse (250 ml) de jus.

Extrait liquide : 1/2 à 1 c. à thé (2 à 5 ml) d'extrait par tasse (250 ml) de jus.

Laitue vireuse

Lactuca virosa

Bisannuelle de grande taille aux feuilles lancéolées et aux fleurs qui ressemblent à celles du pissenlit. La laitue vireuse pousse facilement à partir de la graine.

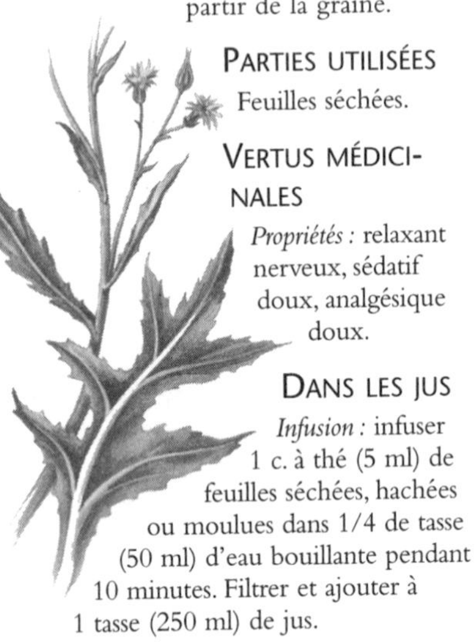

Parties utilisées

Feuilles séchées.

Vertus médicinales

Propriétés : relaxant nerveux, sédatif doux, analgésique doux.

Dans les jus

Infusion : infuser 1 c. à thé (5 ml) de feuilles séchées, hachées ou moulues dans 1/4 de tasse (50 ml) d'eau bouillante pendant 10 minutes. Filtrer et ajouter à 1 tasse (250 ml) de jus.

Un peu d'histoire

La laitue vireuse produit du latex blanc autrefois vendu sous le nom d'opium de la laitue.

Lavande

Lavendula officinalis

Plante arbustive à tige ligneuse aux fleurs bleues en épis et aux feuillages gris-vert.

Parties utilisées

Feuille, tige et sommité fleurie.

Vertus médicinales

Propriétés : relaxant, antispasmodique, antidépresseur, tonique du système nerveux, stimule la circulation sanguine, antibactérien, antiseptique, carminatif, favorise l'évacuation de la bile.

Usages : colique, dépression, épuisement, insomnie, stress, maux de tête causés par la tension.

Mise en garde

La lavande étant un stimulant utérin, évitez les fortes doses durant la grossesse.

Où s'en procurer ?

La lavande est de culture facile dans les zones tempérées. La récolte se fait durant l'été et l'automne. Les fleurs séchées sont vendues dans les magasins d'aliments naturels et de santé.

Dans les jus

Fleurs fraîches entières : déposer les fleurs dans l'extracteur avec les autres ingrédients à raison de 2 à 4 brins par tasse (250 ml) de jus.

Fleurs séchées : moudre finement et incorporer au jus frais à raison de 1 c. à thé (5 ml) par tasse (250 ml) de jus ou ajouter aux ingrédients des boissons frappées.

Infusion : infuser 1 c. à table (15 ml) de fleurs fraîches ou 1 c. à thé (5 ml) de fleurs séchées dans 1/4 de tasse (50 ml) d'eau bouillante pendant 15 minutes. Filtrer et ajouter à 1 tasse (250 ml) de jus.

Luzerne

Medicago sativa

Plante annuelle rustique qui pousse facilement dans la plupart des régions de l'Amérique du Nord.

Parties utilisées

Feuille, fleur et graine germée.

Vertus médicinales

Propriétés : tonique, anticholestérolémiant, antianémique

Usages : en plus de ses qualités nutritives, la luzerne possède des propriétés tonifiantes. Elle favorise la bonne santé des dents, des os et du tissu conjonctif. La luzerne constitue une des meilleures sources de chlorophylle, laquelle stimule la croissance de la peau, favorise la cicatrisation des blessures et la guérison des brûlures, soulage le rhumatisme et la goutte, abaisse le taux de cholestérol, réduit l'inflammation et accroît la résistance de l'organisme au cancer.

Où s'en procurer ?

Elle se vend séchée, entière ou coupée, dans les magasins d'aliments naturels ou de santé.

Dans les jus

Tige entière fraîche : enrouler les tiges avant de les mettre dans le tube d'alimentation de l'extracteur avec les autres ingrédients. Utilisez environ 6 tiges par tasse (250 ml) de jus.

Feuilles et fleurs séchées : réduire en une poudre fine et incorporer au jus frais avec un fouet. Ajouter 1 c. à table (15 ml) pour 1 tasse (250 ml) de jus.

Infusion : infuser 2 c. à table (30 ml) d'herbes fraîches ou 2 c. à thé (10 ml) dans d'herbes séchées dans 1/4 de tasse (50 ml) d'eau bouillante pendant 10 minutes. Filtrer et ajouter à 1 tasse (250 ml) de jus.

Teinture : verser 1 c. à thé (5 ml) de teinture dans 1 tasse (250 ml) de jus.

Un peu d'histoire

La luzerne est la plus ancienne plante cultivée. Les Arabes l'appelaient « le père de tous les aliments », elle était à la base de leur alimentation.

Mahonia Aquifolium

Berberis aquifolium

Plante des régions montagneuses de la côte ouest des États-Unis et du Canada. Ses feuilles ressemblent à celles du houx et ses fleurs d'un jaune vif donnent naissance à des grappes de baies semblables aux raisins.

Parties utilisées

Racine et rhizome.

Vertus médicinales

Propriétés : laxatif, stimule la sécrétion de bile, stimule le foie, digestif, antimicrobien (tube digestif), stimule la sécrétion de salive et de substances sécrétées par l'estomac, dont l'acide chlorhydrique.

Usages : eczéma, psoriasis, constipation, indigestion, tonique sanguin, problèmes associés au foie et à la vésicule biliaire, problèmes de dents et de gencives.

Où s'en procurer ?

La racine séchée est vendue dans les magasins d'aliments naturels ou de santé.

Dans les jus

Racine moulue : incorporer au jus frais à raison de 1/4 à 1/2 c. à thé (1 à 2 ml) par tasse (250 ml) de jus ou ajouter aux ingrédients des boissons frappées.

Décoction : amener à ébullition 1 racine séchée ou 1/4 à 1/2 c. à thé (1 à 2 ml) de racine séchée et hachée. Baisser le feu, couvrir et laisser mijoter pendant 20 minutes. Filtrer et verser dans 1 tasse (250 ml) de jus.

Marron d'Inde

Aesculus hippocastanum

Grand arbre commun en Amérique du Nord et dans le sud-est de l'Europe. Ses feuilles sont palmées et il se couvre de fleurs blanches au printemps qui donnent naissance à des fruits brun-vert globuleux recouverts d'épines.

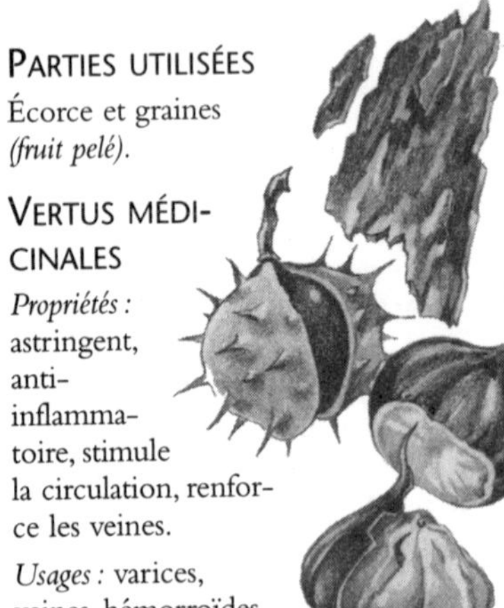

Parties utilisées

Écorce et graines *(fruit pelé).*

Vertus médicinales

Propriétés : astringent, anti-inflammatoire, stimule la circulation, renforce les veines.

Usages : varices, veines, hémorroïdes, phlébite. Usage externe : ecchymoses et ulcères des jambes.

Où s'en procurer ?

L'écorce et les fruits séchés sont vendus dans les magasins d'aliments naturels ou de santé.

Dans les jus

Infusion : infuser à couvert pendant 15 minutes, 1/2 c. à thé (2 ml) d'écorces séchées légèrement écrasées dans 1/4 de tasse (50 ml) d'eau bouillante. Filtrer et ajouter à 1 tasse (250 ml) de jus.

Teinture : 30 gouttes par tasse (250 ml) de jus.

Mélisse

Melissa officinalis

Plante à feuilles ovales et opposées et à tige mince et anguleuse qui dégage un fort parfum de citron. Ses fleurs coniques, blanches ou jaunes, poussent en grappes à la base des feuilles.

Parties utilisées

Feuille et sommité fleurie.

Vertus médicinales

Propriétés : antioxydant, antihistaminique, carminatif, antispasmodique, antiviral, antibactérien, relaxant nerveux, antidépresseur, stimule la sécrétion de bile, hypotension artérielle.

Usages : anxiété, dépression, stress, flatulences, indigestion, insomnie.

Où s'en procurer ?

La mélisse est une vivace de culture facile. Récoltez ses fleurs et ses feuilles du moins de juin à la fin de l'automne. Les magasins d'aliments naturels ou de santé vendent des feuilles de mélisse séchées.

Dans les jus

Feuilles et fleurs fraîches : rouler les brins en boules et les déposer dans l'extracteur avec les autres ingrédients à raison de 4 à 6 brins par tasse (250 ml) de jus.

Feuilles et fleurs séchées : moudre finement et incorporer au jus frais à raison de 1 c. à thé (5 ml) par tasse (250 ml) de jus ou ajouter aux ingrédients des boissons frappées.

Infusion : infuser 1 c. à table (15 ml) d'herbes fraîches ou 1 c. à thé (5 ml) d'herbes séchées (coupées ou en poudre) dans 1/4 de tasse (50 ml) d'eau bouillante pendant 10 minutes. Filtrer et ajouter à 1 tasse (250 ml) de jus.

Menthe poivrée

Mentha piperita

Vivace envahissante originaire de l'Europe et de l'Asie mais bien adaptée à l'Amérique du Nord. Ses feuilles aromatiques de forme ovale et d'un vert brillant poussent directement sur la tige de couleur pourpre. Ses fleurs disposées en épis sont de couleur blanche ou pourpre.

Parties utilisées

Feuille et fleur.

Vertus médicinales

Propriétés : antispasmodique, digestif, antivomitif, carminatif, vasodilatateur périphérique, sudorifique, favorise l'écoulement de la bile, analgésique.

Usages : prise avant de manger, la menthe poivrée stimule les fonctions du foie et de la vésicule biliaire en augmentant l'afflux de bile vers les intestins et le foie. Elle chasse les nausées et les vomissements et est utilisée pour apaiser les symptômes de la maladie de Crohn, la diverticulose, le mal des transports, la fièvre, le rhume, la grippe et pour stimuler l'appétit.

Mise en garde

Ne pas consommer durant la grossesse.

Où s'en procurer ?

Certains magasins d'alimentation ont de la menthe fraîche toute l'année. Les magasins d'aliments naturels ou de santé vendent des feuilles de menthe séchées.

Dans les jus

Menthe fraîche : rouler les brins en boules et déposer dans l'extracteur avec les autres ingrédients à raison de 6 brins pour 1 tasse (250 ml) de jus.

Menthe séchée : réduire en poudre et incorporer 1 c. à thé (5 ml) de menthe par tasse (250 ml) de jus.

Infusion : infuser 1 c. à table (15 ml) de menthe fraîche ou 1 c. à thé (5 ml) de menthe séchée (coupée ou en poudre) dans 1/4 de tasse (50 ml) d'eau bouillante pendant 10 minutes. Filtrer et ajouter à 1 tasse (250 ml) de jus.

Menthe verte

Mentha spicata

Vivace envahissante et résistante au gel qui apprécie les sols humides. Elle est répandue à travers l'Amérique du Nord. Comme toutes les variétés de menthe, sa tige est carrée, ses feuilles lancéolées sont d'un beau vert brillant et ses fleurs disposées en épis sont blanches, lilas ou roses.

Parties utilisées

Feuille et sommité fleurie.

Vertus médicinales

Propriétés : antispasmodique, digestive, sudorifique.

Usages : rhume, grippe, indigestion, flatulences, perte d'appétit. La menthe verte est plus douce que la menthe poivrée, c'est pourquoi on l'utilise souvent pour soigner le rhume et la grippe chez les enfants.

Où s'en procurer ?

Il est préférable de cueillir les feuilles avant l'éclosion des fleurs. Les magasins d'aliments naturels ou de santé vendent des feuilles de menthe verte séchées.

Dans les jus

Menthe fraîche : rouler les brins en boules et les déposer dans l'extracteur avec les autres ingrédients à raison de

4 à 6 brins par tasse (250 ml) de jus.

Feuilles et fleurs séchées : moudre finement et incorporer au jus frais à raison de 1/2 c. à thé (2 ml) par tasse (250 ml) de jus ou ajouter aux ingrédients des boissons frappées.

Infusion : 1 c. à table (15 ml) de feuilles ou 1 c. à thé (5 ml) de feuilles séchées dans 1/4 de tasse (50 ml) d'eau bouillante pendant 10 minutes. Filtrer et ajouter à 1 tasse (250 ml) de jus.

UN PEU D'HISTOIRE

La menthe est traditionnellement utilisée pour repousser les fourmis de la maison et chasser les souris du jardin.

Millepertuis

Hypericum perforatum

Originaire des forêts de l'Europe et des régions tempérées de l'Asie, cette vivace a été implantée en Amérique du Nord et au Canada. Sa tige est ligneuse à la base et ses fleurs jaunes ont cinq pétales. Les pétales jaunes libèrent une substance colorante rouge.

PARTIES UTILISÉES

Sommité fleurie.

VERTUS MÉDICINALES

Propriétés : astringent, antiviral, anti-inflammatoire, antidépresseur, tonique du système nerveux, sédatif.

Usages : le millepertuis s'est avéré un antidépresseur efficace qui entraîne peu d'effets secondaires. Ses propriétés sédatives et son action tonique sur le système nerveux sont mises à profit dans le traitement de la névralgie, du zona, de la sciatique, de la tension, de l'anxiété et de l'instabilité émotionnelle associée au syndrome prémenstruel et à la ménopause.

MISE EN GARDE

Des études récentes démontrent que le millepertuis stimule le métabolisme de certains médicaments au point de les rendre inefficaces. Si vous prenez des médicaments, consultez votre médecin avant de prendre du millepertuis.

Voici une liste sommaire des médicaments concernés : contraceptifs oraux, anti-convulsivants, antidépresseurs (notamment les inhibiteurs de la recapture de la sérotonine), médicaments pour le traitement du sida, anticoagulant (Warfarin), ciclosporine (un immunosuppresseur administré après une transplantation), digitoxine.

OÙ S'EN PROCURER ?

Les sommités fleuries se récoltent au milieu de l'été. Le millepertuis est vendu, séché ou sous forme de teinture, dans les magasins d'aliments naturels ou de santé.

DANS LES JUS

Feuilles et fleurs séchées : moudre finement et incorporer au jus frais à raison de 1 c. à thé (5 ml) par tasse (250 ml) de jus ou ajouter aux ingrédients des boissons frappées.

Infusion : infuser 1 c. à table (15 ml) de millepertuis frais ou 1 c. à thé (5 ml) de millepertuis séché dans 1/4 de tasse (50 ml) d'eau bouillante pendant 15 minutes. Filtrer et ajouter à 1 tasse (250 ml) de jus.

Teinture : de 20 à 40 gouttes par tasse (250 ml) de jus.

Mourons des oiseaux

Stellaria media

Plante annuelle envahissante à tiges étalées et à fleurs blanches en forme d'étoile. Elle pousse dans la plupart des régions d'Amérique du Nord.

Parties utilisées

Propriétés : anticancéreux, anti-inflammatoire, antirhumatismal, astringent, cicatrisant, adoucissant.

Usages : le mouron des oiseaux est utilisé pour traiter rhumatisme, constipation, toux, rhume, tumeur et troubles sanguins. En usage externe, on l'utilise pour traiter l'eczéma, le psoriasis et certains autres problèmes de peau.

Où s'en procurer ?

On peut cueillir le mouron des oiseaux dans la nature en été et en automne. Il est vendu séché (parties aériennes et racines) dans les magasins d'aliments naturels et de santé.

Dans les jus

Tige entière fraîche : rouler les brins en petites boules et les déposer dans l'extracteur avec les autres ingrédients à raison d'environ 6 brins par tasse (250 ml) de jus.

Feuilles et fleurs séchées : réduire en fine poudre et ajouter au jus frais ou ajouter aux ingrédients des boissons frappées à raison de 2 c. à thé (10 ml) par tasse (250 ml) de jus.

Infusion : infuser 2 c. à table (30 ml) d'herbes fraîches ou 2 c. à thé (10 ml) d'herbes séchées (coupées ou en poudre) dans 1/4 de tasse (50 ml) d'eau bouillante pendant 10 minutes. Filtrer et ajouter à 1 tasse (250 ml) de jus.

Muscadier

Myristica fragans

Originaire des forêts pluvieuses tropicales de Moluques et des îles Banda, le muscadier est un arbuste à feuilles persistantes cultivées pour ses fruits en Indonésie, en Asie, en Australie et au Sri Lanka. Ses fleurs jaune pâle se présentent en grappes et donnent naissance à des fruits globuleux et charnus de couleur jaune. Le noyau du fruit est appelé noix.

Parties utilisées

Noyau séché du fruit du muscadier.

Vertus médicinales

Propriétés : anti-inflammatoire, antispasmodique, carminatif, stimulant digestif, sédatif.

Usages : colique, diarrhée, flatulences, nausée, vomissements, tension musculaire.

Mise en garde

Ne pas consommer durant la grossesse.

Où s'en procurer ?

La noix de muscade entière est vendue dans les magasins d'alimentation, notamment les épiceries fines et dans les magasins d'aliments naturels et de santé.

Dans les jus

Noix entière : râper très finement et incorporer au jus frais à raison de 1/4 c. à thé (1 ml) par tasse (250 ml) de jus ou ajouter aux ingrédients des boissons frappées.

Onagre

Oenothera biennies

Grande plante bisannuelle dont les feuilles basses forment une rosette. En été, ses fleurs jaunes s'ouvrent à la tombée de la nuit. Ses fleurs donnent naissance à des gousses duveteuses contenant de petites graines noires.

Parties utilisées

Huile extraite des graines.

Vertus médicinales

Propriétés : anticoagulant, anti-inflammatoire, améliore la circulation sanguine, nutritive. Les acides gras extraits des graines favorisent la réparation des tissus.

Usages : acné, anxiété, arthrite, asthme, hypersensibilité des seins, diabète, peau sèche, eczéma, gueule de bois, inflammation, hypertension artérielle, hyperactivité (enfant), migraine, sclérose en plaques, syndrome prémenstruel.

Où s'en procurer ?

L'huile d'onagre est vendue dans les pharmacies et les magasins d'aliments naturels et de santé.

Dans les jus

Huile : incorporer 1 c. à thé (5 ml) d'huile d'onagre dans 1 tasse (250 ml) de jus ou ajouter aux ingrédients des boissons frappées.

Orme rouge

Ulmus fulva

Arbre à feuilles caduques qui pousse dans les forêts humides de l'est et du Midwest des États-Unis et dans le sud-est du Canada.

Parties utilisées

Écorce (interne) séchée.

Vertus médicinales

Propriétés : calme la digestion, antiacide, nutritif, protège le système digestif en raison de ses propriétés mucilagineuses.

Usages : ulcère de l'estomac, indigestion, brûlures d'estomac, hernie hiatale, maladie de Crohn, colite ulcéreuse, syndrome du côlon irritable, diarrhée. La poudre d'écorce est utilisée pour apaiser et favoriser la guérison des blessures et des brûlures. L'écorce d'orme rouge est l'une des plantes les plus utiles en herboristerie.

Où s'en procurer ?

L'écorce séchée ainsi que des pastilles d'écorce d'orme sont vendues dans les magasins d'aliments naturels ou de santé.

Dans les jus

Poudre d'écorce : la poudre d'écorce se mélange mal au jus, il vaut mieux l'ajouter aux laits et aux yogourts frappés.

Infusion : infuser 1 c. à table (15 ml) de feuilles ou 1 c. à thé (5 ml) de poudre d'écorce rouge dans 1/4 de tasse (50 ml) d'eau bouillante pendant 10 minutes. Filtrer et ajouter à 1 tasse (250 ml) de jus.

Ortie brûlante

Urtica dioica

Vivace répandue dans les régions tempérées d'Europe, d'Amérique du Nord et d'Asie. Ses feuilles et sa tige sont recouvertes de poils urticants qui provoquent des irritations mineures de la peau. Ses petites fleurs vertes disposées en grappes éclosent en été.

Parties utilisées

Feuille, fleur et racine.

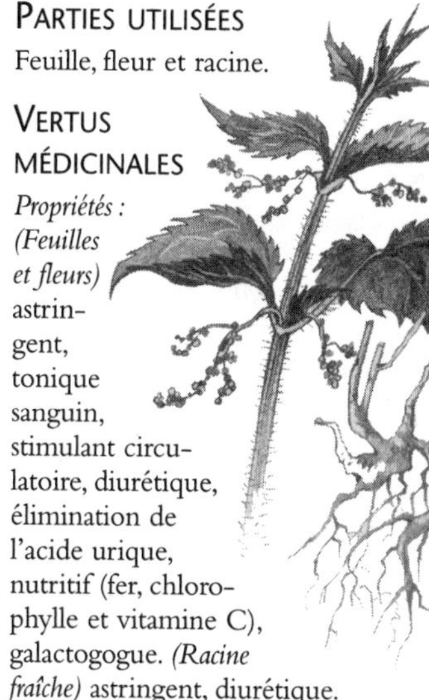

Vertus médicinales

Propriétés : (Feuilles et fleurs) astringent, tonique sanguin, stimulant circulatoire, diurétique, élimination de l'acide urique, nutritif (fer, chlorophylle et vitamine C), galactogogue. *(Racine fraîche)* astringent, diurétique.

Usages : (Feuilles et fleurs) l'ortie brûlante est très appréciée pour ses propriétés toniques et nutritives de même que pour sa haute teneur en fer très utile dans les cas d'anémie. Elle est aussi utile dans le traitement de la goutte, de l'arthrite, des calculs rénaux. Les femmes enceintes, les diabétiques, les personnes dont la circulation est mauvaise ou qui souffrent d'une maladie de peau chronique (comme l'eczéma). *(Racine fraîche) :* la racine d'ortie a de puissants effets sur le système urinaire : rétention d'eau, calculs rénaux, infections urinaires, cystite et inflammation de la prostate.

Où s'en procurer ?

Récolter les fleurs et les feuilles au cœur de l'été durant la floraison. Les magasins d'aliments naturels ou de santé vendent de feuilles et des fleurs séchées.

Dans les jus

Infusion : 1 c. à table (15 ml) d'orties fraîches ou 1 c. à thé (5 ml) d'orties séchées dans 1/4 de tasse (50 ml) d'eau bouillante pendant 15 minutes. Filtrer et ajouter à 1 tasse (250 ml) de jus. Les poils urticants disparaissent lorsque les orties sont en contact avec de l'eau bouillante.

Teinture : 1 c. à thé (5 ml) par tasse (250 ml) de jus.

Un peu d'histoire

Les feuilles d'ortie sont traditionnellement utilisées pour soulager les douleurs de l'arthrite.

Passiflore

Passiflora incarnata

Plante grimpante à lobes profondément découpés et à fleurs odorantes dont la couleur varie du blanc au pourpre. Plus de 350 espèces de passiflore sont originaires du sud des États-Unis et du Mexique, les autres poussent dans les régions tropicales de l'Asie et de l'Australie.

Parties utilisées

Feuille et fleur.

Vertus médicinales

Propriétés : antispasmodique, sédatif doux, analgésique doux, relaxant du système nerveux central.

Usages : anxiété, asthme, insomnie, agitation, maux de tête, maladie de Parkinson, antidépresseur, sevrage de l'alcool ou des antidépresseurs.

Où s'en procurer ?

Récolter du mois de mai jusqu'à la fin de juillet. Les magasins d'aliments naturels ou de santé vendent des feuilles et des fleurs de passiflore séchées.

Dans les jus

Feuilles et fleurs séchées : moudre finement et incorporer au jus frais à raison de 1/4 c. à thé (1 ml) par tasse (250 ml) de jus ou ajouter aux ingrédients des boissons frappées.

Infusion : infuser 1 c. à table (15 ml) d'herbes fraîches ou 1/2 c. à thé (2 ml) d'herbes séchées (coupées ou en poudre) dans 1/4 de tasse (50 ml) d'eau bouillante pendant 15 minutes. Filtrer et ajouter à 1 tasse (250 ml) de jus.

Teinture : 40 gouttes par tasse (250 ml) de jus.

Patience crépue

Rumex crispus

Grande vivace poussant dans les étendues sauvages de l'Amérique du Nord et portant de petites fleurs jaunes.

Parties utilisées

Racine.

Vertus médicinales

Propriétés : amère, laxative, cholérétique, lymphatique.

Usages : riches en fer, les racines sont utiles aux personnes qui souffrent d'anémie. La patience crépue contribue à nettoyer l'organisme en stimulant les fonctions du foie et en favorisant l'élimination des toxines par la bile. Elle est également utilisée en cas de constipation, la polyarthrite rhumatoïde, les ganglions enflammés et pour nettoyer la peau souffrante.

Où s'en procurer ?

Cueillir les racines dans la nature de septembre à novembre. Les magasins d'aliments naturels ou de santé vendent des racines séchées de patience crépue.

Dans les jus

Déposer la racine pelée dans l'extracteur avec les autres ingrédients à raison de 7,5 à 10 cm de racine par tasse (250 ml) de jus. Ne pas la peler si elle est de culture biologique.

Moulue : 1 c. à thé (5 ml) de racine moulue par tasse (250 ml) de jus.

Décoction : amener à ébullition 1 c. à table (15 ml) de racine fraîche hachée ou 1 c. à thé (5 ml) de racine séchée et hachée dans 1/4 de tasse (50 ml) d'eau. Couvrir et laisser mijoter pendant 10 minutes. Filtrer et ajouter à 1 tasse (250 ml) de jus.

Un peu d'histoire

Pour soulager la peau irritée par les orties, frottez la peau avec des feuilles de patience crépue.

Persil

Petroselinum crispum

Bisannuelle résistante au gel originaire de la Méditerranée. Dans les pays plus froids, le persil est une annuelle.

Parties utilisées

Feuille, tige et racine.

Vertus médicinales

Propriétés : antioxydant, tonique, digestif, diurétique.

Usages : le persil favorise l'évacuation de l'eau en excès dans l'organisme (cherchez à connaître les causes de la rétention d'eau pour la traiter à la source). Le persil est une excellente source de vitamine C.

Mise en garde

Les femmes enceintes doivent manger du persil avec beaucoup de modéra-

tion parce qu'il stimule l'utérus.

Où s'en procurer ?

Dans les magasins d'alimentation.

Dans les jus

Persil frais : rouler les brins en boules et les déposer dans l'extracteur avec les autres ingrédients à raison de 6 brins par tasse (250 ml) de jus.

Feuilles séchées : réduire en poudre et incorporer au jus frais à raison de 1 c. à thé (5 ml) par tasse (250 ml) de jus ou ajouter aux ingrédients des boissons frappées.

Infusion : infuser 1 c. à table (15 ml) de persil frais ou 1 c. à thé (5 ml) de persil séchés dans 1/4 de tasse (50 ml) d'eau bouillante pendant 10 minutes. Filtrer et ajouter à 1 tasse (250 ml) de jus.

Pissenlit *(feuille)*

Taraxacum officinalis

Plante vivace et herbacée commune dans la plupart des régions d'Amérique du Nord.

Parties utilisées

Racine, tige, feuille, fleur.

Vertus médicinales

Propriétés : diurétique, tonique du foie et de l'estomac.

Usages : le pissenlit est utilisé dans le traitement des affections du foie, de la vésicule biliaire et des reins, notamment dans les cas d'hépatite et de jaunisse et il augmente la sécrétion urinaire.

Où s'en procurer ?

On peut cueillir la plante entière du printemps à l'automne. En saison, on peut se procurer des feuilles fraîches dans les magasins d'alimentation, notamment les épiceries italiennes, les marchés et les épiceries fines. Les feuilles séchées sont vendues à l'année dans les magasins d'aliments naturels ou de santé.

Dans les jus

Feuilles fraîches : rouler en boule et déposer dans l'extracteur avec les autres ingrédients à raison de 4 à 6 feuilles par tasse (250 ml) de jus.

Feuilles séchées : incorporer 1 c. à thé (5 ml) de feuilles séchées par tasse (250 ml) de jus ou ajouter aux ingrédients des boissons frappées.

Infusion : infuser 1 c. à table (15 ml) de feuilles fraîches ou 1 c. à thé (5 ml) de feuilles séchées dans 1/4 de tasse (50 ml) d'eau bouillante pendant 10 minutes. Filtrer et ajouter à 1 tasse (250 ml) de jus.

Pissenlit *(racine)*

Taraxacum officinalis

Voir *pissenlit (feuille)*

Parties utilisées

Racine, tige, feuille, fleur.

Vertus médicinales

Propriétés : tonique du foie, stimule la sécrétion de bile, diurétique, laxatif doux, antirhumatismal.

Usages : voir pissenlit (feuille). La racine est utilisée pour ses effets sur le foie.

Où s'en procurer ?

Déterrer les racines à l'automne. On peut se procurer de la racine séchée et de la teinture de pissenlit dans les magasins d'aliments naturels et de santé.

Dans les jus

Racine fraîche entière : nettoyer et déposer dans l'extracteur avec les autres ingrédients à raison de 5 à

7,5 cm de racine fraîche par tasse (250 ml) de jus.

Racine séchée : moudre finement et incorporer au jus frais à raison de 1 c. à thé (5 ml) par tasse (250 ml) de jus ou ajouter aux ingrédients des boissons frappées.

Décoction : laisser mijoter doucement 1 c. à thé (5 ml) de racine séchée dans 1/4 de tasse (50 ml) d'eau pendant 10 minutes. Filtrer et verser dans 1 tasse (250 ml) de jus.

Teinture : 1 c. à thé (5 ml) de teinture par tasse (250 ml) de jus.

Plantain

Platago major et P. lanceolata

Le plantain à grandes feuilles et le plantain à petites feuilles ou lancéolé sont très répandus dans les grandes étendues sauvages de l'Amérique du Nord. Ses feuilles basales poussent en rosette et ses sommités fleuries sont en forme d'épis qui s'élèvent jusqu'à 15 cm au-dessus des feuilles.

Parties utilisées

Feuille.

Vertus médicinales

Propriétés : antibactérien, apaisant, expectorant, ses propriétés mucilagineuses en font un bon protecteur du tube digestif, nutritif, antihistaminique, astringent.

Usages : toux, bronchite, allergies, syndrome du côlon irritable, ulcère gastrique.

Où s'en procurer ?

Les feuilles du plantain se récoltent durant l'été. Les magasins d'aliments naturels et de santé vendent des feuilles de plantain séchées.

Dans les jus

Feuilles fraîches : rouler les feuilles en boules et les déposer dans l'extracteur avec les autres ingrédients à raison de 2 à 4 feuilles par tasse (250 ml) de jus.

Infusion : infuser 1 c. à table (15 ml) de feuilles ou 1 c. à thé (5 ml) de feuilles séchées dans 1/4 de tasse (50 ml) d'eau bouillante pendant 15 minutes. Filtrer et ajouter à 1 tasse (250 ml) de jus.

Un peu d'histoire

Les feuilles de plantain sont traditionnellement utilisées pour calmer les piqûres d'insectes.

Psyllium

Plantago psyllium

Les graines du *plantago psyllium*, une plante originaire de la Méditerranée, sont riches en mucilages et sont semblables à celles du *plantago major* commun en Europe et implanté en Amérique du Nord.

Parties utilisées

Graine.

Vertus médicinales

Propriétés : apaisant, digestif, laxatif doux et sûr, abaisse le taux de cholestérol.

Usages : constipation, diverticulose, syndrome du côlon irritable, dépuratif et traitement de l'obésité. Les graines de psyllium ont des propriétés laxatives, elles augmentent le volume des selles et lubrifient les intestins. Il est important de boire au moins un grand verre d'eau en prenant 1 à 2 c. à table (15 à 30 ml) de graines.

Où s'en procurer ?

Les graines de psyllium sont vendues en pharmacie ou dans les magasins d'aliments de santé.

Dans les jus

Graines entières : incorporer 1 à 2 c. à table (15 à 30 ml) de graines par tasse (250 ml) de jus frais ou ajouter aux ingrédients des laits et des yogourts frappés. Boire immédiatement car les graines absorberont tout le liquide. Boire au moins un grand verre d'eau après avoir consommé le jus.

Réglisse

Glycyrrhiza glabra

Vivace qui ne résiste pas au gel originaire du bassin méditerranéen et du sud-est de l'Asie.

Parties utilisées

Racine.

Vertus médicinales

Propriétés : laxatif doux, tonique, anti-inflammatoire, antibactérien, antirhumatismal, calme la paroi gastrique et intestinale, expectorant.

Usages : la réglisse est très estimée pour ses propriétés toniques et nutritives. Elle est dépurative, elle régule le taux de sucre sanguin et stimule les glandes surrénales. Elle favorise la guérison des ulcères gastriques par son effet apaisant sur les muqueuses gastriques et intestinales et elle désengorge les voies respiratoires supérieures. On l'utilise pour soulager les maux de gorge, les infections urinaires, la bronchite, la gastrite et la constipation.

Mise en garde

La consommation de fortes doses à long terme peut causer de la rétention d'eau et réduire le taux de potassium dans le sang. Fortement déconseillée aux personnes qui souffrent d'hypertension artérielle.

Où s'en procurer ?

La racine séchée, entière ou moulue, est vendue dans les magasins d'aliments naturels ou de santé. Les propriétés toniques de l'extrait de réglisse sont faibles.

Dans les jus

Décoction : laisser mijoter à feu doux pendant 10 minutes, 1 c. à thé (5 ml) de racine séchée hachée dans 1/4 de tasse (50 ml). Filtrer et ajouter à 1 tasse (250 ml) de jus.

Reine-des-prés

Filipendula ulmaria

Vivace herbacée qui apprécie les terrains marécageux ou les sols humides. Elle pousse en Amérique du Nord, en Europe et dans les régions tempérées d'Asie. Ses feuilles sont alternes et ses fleurs de couleur crème ont un parfum d'amandes. La reine-des-prés fleurit du milieu de l'été jusqu'au milieu de l'automne.

Parties utilisées

Parties aériennes.

Vertus médicinales

Propriétés : antiacide, anti-inflammatoire, anticoagulant, astringent, antirhumatismal, diurétique, contribue au bon fonctionnement du foie, *sudorifique.*

Usages : les propriétés anti-inflammatoires et antiacides de la reine-des-prés sont utiles dans le traitement de la polyarthrite rhumatoïde, l'arthrite, la cystite, l'ulcère gastrique, l'hyperacidité et le reflux gastrique. Ses propriétés astringentes sont utiles au traitement de certains types de diarrhée. Elle protège la muqueuse intestinale et gastrique, au contraire de l'aspirine, qui, à long terme, peut causer des saignements d'estomac.

Où s'en procurer ?

Récolter les fleurs et les feuilles de la mi-juin jusqu'à l'automne.

Dans les jus

Feuilles et fleurs séchées : réduire en fine poudre et incorporer au jus à raison de 1 c. à thé (5 ml) par tasse (250 ml) ou ajouter aux ingrédients des laits et des yogourts frappés.

Infusion : infuser 1 c. à table (15 ml) d'herbes fraîches ou 1 c. à thé (5 ml) d'herbes séchées dans de l'eau bouillante pendant 15 minutes. Filtrer et ajouter à 1 tasse (250 ml) de jus.

Teinture : 40 gouttes par tasse (250 ml) de jus.

Romarin

Rosmarinus officinalis

Parties utilisées

Feuille et fleur.

Vertus médicinales

Propriétés : antioxydant, anti-inflammatoire, astringent, nervin (action sur le système nerveux), carminatif, antiseptique, diurétique, diaphorétique, favorise l'écoulement de la bile, antidépresseur, stimule la circulation sanguine, antispasmodique, tonique du cœur et du système nerveux.

Usages : excellent agent de conservation naturel, on croit qu'il pourrait contribuer à prévenir le cancer du sein. Il aide à combattre la détérioration des fonctions du cerveau (améliore la mémoire). Il est utilisé dans le traitement de la migraine et des maux de tête de tension, des flatulences, de la dépression, du syndrome de fatigue chronique et des douleurs articulaires.

Mise en garde

Consommer avec modération durant la grossesse.

Où s'en procurer ?

Le romarin frais ou séché est vendu dans les magasins d'alimentation durant toute l'année.

Dans les jus

Feuilles fraîches : rouler les brins et les déposer dans l'extracteur avec les autres ingrédients à raison de 2 à 3 brins par tasse (250 ml) de jus.

Infusion : infuser 1 c. à table (15 ml) de romarin frais ou 1 c. à thé (5 ml) de romarin séché dans 1/4 de tasse (50 ml) d'eau bouillante pendant 10 minutes. Filtrer et ajouter à 1 tasse (250 ml) de jus.

Rosier

Rosa

La culture des roses remonte à plusieurs milliers d'années. *R. rugosa, R. gallica, R. rubra et R. damascène* comptent parmi les variétés les plus anciennes. *Rosa rugosa* est un arbuste épineux à feuilles caduques de forme ovale et de couleur vert foncé. Ses fleurs blanches ou rose foncé apparaissent durant l'été et donnent naissance à de petits fruits rouges et ronds. Les rosiers sauvages, dont l'églantier d'Amérique du Nord, poussent un peu partout dans les régions tempérées de la planète.

Parties utilisées

Pétale et fruit.

Vertus médicinales

Propriétés : fruit de *Rosa canina* : nutritif (la vitamine C), diurétique, astringent, laxatif doux. Pétales des rosiers *Rosa gallica, R. damascena, R. centifolia, R. rugosa* : antidépresseur, anti-inflammatoire, astringent, tonique sanguin.

Usages (fruits) : la valeur nutritive des fruits du rosier les rend très utiles

dans la prévention du rhume. Ils sont délicieux en tisane avec d'autres plantes et renforcent le système immunitaire. Ses propriétés astringentes sont mises à profit dans le traitement de la diarrhée. (*Pétales*) les pétales, très odorants qui possèdent des propriétés relaxantes, peuvent être infusés avec d'autres herbes. Ajoutés à l'eau du bain, les pétales sont reconnus pour apaiser les douleurs de la polyarthrite rhumatoïde.

Où s'en procurer ?

Les pétales se récoltent du milieu de l'été jusqu'à l'automne. Les fruits se récoltent à l'automne.

Dans les jus

Fleurs et feuilles séchées : moudre finement et incorporer au jus frais à raison de 1/2 c. à thé (2 ml) par tasse (250 ml) de jus ou ajouter aux ingrédients des boissons frappées.

Infusion : infuser 1 c. à table (15 ml) de pétales frais ou de fruits frais hachées ou 1 c. à thé (5 ml) de pétales ou de fleurs séchées et écrasées dans 1/4 de tasse (50 ml) d'eau bouillante pendant 10 minutes. Filtrer et ajouter à 1 tasse (250 ml) de jus.

Sauge

Salvia officinalis

Vivace arbustive résistante au gel originaire de l'ouest des États-Unis et du Mexique. Plusieurs autres variétés de sauge poussent en Amérique du Nord et au Mexique. Ses feuilles vert-gris sont de forme ovale et ses fleurs sont pourpres, roses ou blanches.

Parties utilisées

Feuille et fleur.

Vertus médicinales

Propriétés : antioxydant, antimicrobien, antibiotique, antiseptique, carminatif, antispasmodique, anti-inflammatoire, stimule la circulation sanguine, œstrogénique, vasodilatateur périphérique, réduit la transpiration, stimulant utérin.

Usages : la sauge contient une huile volatile qui tue les champignons et les bactéries, même celles qui résistent à la pénicilline. Infusée, elle constitue un excellent gargarisme très utile dans les cas de maux de gorge, de laryngite et d'aphtes. Elle est également utilisée pour réduire la production de lait, apaiser les sueurs nocturnes et les bouffées de chaleur de la ménopause.

Mise en garde

À haute dose, la sauge peut provoquer des convulsions. Ne pas consommer si vous souffrez d'hypertension, d'épilepsie et durant la grossesse

Où s'en procurer ?

Les magasins d'alimentation vendent de la sauge fraîche ou séchée tout au long de l'année.

Dans les jus

Feuilles fraîches : rouler en boules et déposer dans l'extracteur à raison de 3 à 4 brins par tasse (250 ml) de jus.

Feuilles et fleurs séchées : moudre finement et incorporer au jus frais à raison de 1/2 c. à thé (2 ml) par tasse (250 ml) de jus ou ajouter aux ingrédients des boissons frappées.

Infusion : infuser 1/2 c. à table (8 ml) de feuilles fraîches ou 1 c. à thé (5 ml) de feuilles séchées dans 1/4 de tasse (50 ml) d'eau bouillante pendant 10 minutes. Filtrer et ajouter à 1 tasse (250 ml) de jus.

Scutellaire

Scutellaria laterifolia

Vivace à fleurs bleu-violet de la même famille que la menthe. Elle pousse dans les régions boisées des États-Unis et du Canada à l'exception de la côte ouest.

Parties utilisée

Tige, feuille et fleur.

Vertus médicinales

Propriétés : antispasmodique, système nerveux central, relaxant, sédatif.

Usages : sevrage, tension prémenstruelle, maux de tête, migraine, épuisement mental, insomnie, stress.

Où s'en procurer ?

Les parties aériennes doivent être cueillies lorsque la plante est en fleur. Les magasins d'aliments naturels ou de santé vendent de la scutellaire séchée.

Dans les jus

Scutellaire fraîche : rouler les brins en boules et les déposer dans l'extracteur avec les autres ingrédients à raison de 3 à 4 brins par tasse (250 ml) de jus.

Feuilles et fleurs séchées : moudre finement et incorporer au jus frais à raison de 1 c. à thé (5 ml) par tasse (250 ml) de jus ou ajouter aux ingrédients des boissons frappées.

Infusion : infuser 1 c. à table (15 ml) de feuilles et de fleurs ou 1 c. à thé (5 ml) de feuilles et de fleurs séchées dans 1/4 de tasse (50 ml) d'eau bouillante pendant 10 minutes. Filtrer et ajouter à 1 tasse (250 ml) de jus.

Teinture : 40 gouttes par 1 tasse (250 ml) de jus.

Stevia

Stevia rebaudiana

Petit arbuste originaire du nord-est du Paraguay et des régions frontalières du Brésil et du Paraguay.

Parties utilisées

Feuille.

Vertus médicinales

Propriétés : énergisant, édulcorant naturel (sans calorie), tonique, digestif, diurétique.

Usages : le stevia est un puissant édulcorant dont le pouvoir sucrant est 300 fois plus élevé que celui du sucre. Au contraire du sucre, le stevia ne favorise pas la carie et n'élève pas le taux de sucre sanguin. Il est énergisant et facilite la digestion en stimulant le pancréas.

Où s'en procurer ?

Il est possible de se procurer des feuilles de stevia séchées, coupées ou en poudre ainsi que de l'extrait liquide de stevia dans les magasins d'aliments naturels ou de santé.

Dans les jus

Feuilles fraîches : rouler en boules et déposer dans l'extracteur avec les autres ingrédients à raison de 2 à 3 feuilles par tasse (250 ml) de jus.

Feuilles séchées : 1/8 c. à thé (0,5 ml) de stevia en poudre par tasse (250 ml) de jus.

Infusion : infuser 1 c. à thé (5 ml) de feuilles fraîches ou 1/4 c. à thé (1 ml) de feuilles séchées dans 1/4 de tasse (50 ml) d'eau bouillante pendant 10 minutes. Filtrer et ajouter à 1 tasse (250 ml) de jus.

Extrait liquide : de 1 à 2 gouttes par tasse (250 ml) de jus.

Sureau

Sambucus nigra

Plante arbustive vivace à croissance rapide très répandue dans plusieurs régions d'Amérique du Nord.

Parties utilisées

Écorce, fleurs, baies.

Vertus médicinales

Propriétés : (*Fleurs*) expectorant, réduit la sécrétion des muqueuses, stimule la circulation sanguine, favorise la sudation, diurétique, anti-inflammatoire topique. (*Baies*) favorise la sudation, diurétique, laxatif. (*Écorce*) purgatif, vomitif à fortes doses, diurétique.

Usages : les baies de sureau ont une action dépurative : elle accélère les fonctions intestinales, la sudation, la sécrétion de mucus et la production d'urine. Elles aident à combattre les virus, dont ceux de la grippe et du rhume. Elles fortifient les voies respiratoires et aident à combattre le rhume des foins.

Où s'en procurer ?

Les fleurs séchées, les baies fraîches ou séchées et la teinture sont vendues dans les magasins d'aliments naturels ou de santé.

Dans les jus

Infusion (fleurs) : infuser 1 c. à table (15 ml) de fleurs dans 1/4 de tasse (50 ml) d'eau bouillante pendant 10 minutes pour les fleurs séchées et 15 minutes pour les fleurs fraîches. Filtrer et ajouter à 1 tasse (250 ml) de jus.

Baies fraîches : déposer jusqu'à 1/4 de tasse (50 ml) de baies fraîches dans l'extracteur en même temps que les autres ingrédients.

Infusion (baies) : infuser 1 c. à table (15 ml) de baies fraîches ou 1 c. à thé (5 ml) de baies séchées dans 1/4 de tasse (50 ml) d'eau bouillante pendant 10 minutes. Filtrer et ajouter à 1 tasse (250 ml) de jus.

Teinture : 1 c. à thé (5 ml) de teinture par tasse (250 ml) de jus.

Thé vert

Camellia sinensis

Le thé provient d'un arbuste indigène des forêts humides de l'Asie et est cultivé pour ses précieuses feuilles en Asie, en Afrique en Amérique du Sud et en Caroline du Sud.

Parties utilisées

Feuilles.

Vertus médicinales

Propriétés : antioxydant, diurétique, anticancéreux selon de récentes découvertes).

Usages : protection contre le cancer, protection contre les radiations (si consommé quotidiennement au moins une semaine avant l'exposition).

Mise en garde

Les personnes qui supportent mal la caféine doivent le consommer avec modération.

Où s'en procurer ?

En feuilles : dans les épiceries fines, les magasins d'aliments naturels ou de santé et les épiceries orientales. En sachet : dans les supermarchés.

Dans les jus

Feuilles séchées : moudre finement et incorporer au jus frais à raison de 1 c. à thé (5 ml) par tasse (250 ml) de jus ou ajouter aux ingrédients des boissons frappées.

Infusion : infuser 1 c. à thé (5 ml) de feuilles dans 1/4 de tasse (50 ml) d'eau bouillante pendant 10 minutes. Filtrer et ajouter à 1 tasse (250 ml) de jus.

Thym

Thymus

Plante arbustive qui pousse facilement en Amérique du Nord.

Parties utilisées

Feuille.

Vertus médicinales

Propriétés : antioxydant, expectorant, antiseptique, antispasmodique, astringent, tonique, antimicrobien, antibiotique, cicatrisant, carminatif, calme la toux, nervin.

Usages : le thym est indiqué dans les cas d'infections de voies respiratoires, comme la toux et la bronchite chronique. Il est également utilisé dans les cas de sinusite, de laryngite, d'asthme et de syndrome du côlon irritable.

Mise en garde

Ne pas consommer durant la grossesse. Les enfants de moins de 2 ans et les personnes souffrant de problèmes de thyroïde doivent éviter de consommer du thym.

Où s'en procurer ?

Le thym frais et le thym séché sont vendus dans plusieurs magasins d'alimentation pendant toute l'année.

Dans les jus

Thym frais : rouler les brins en boules et les déposer dans l'extracteur avec les autres ingrédients à raison de 6 brins par tasse (250 ml) de jus.

Thym séché : moudre finement et incorporer au jus frais à raison de 1/2 c. à thé (2 ml) par tasse (250 ml) de jus ou ajouter aux ingrédients des boissons frappées.

Infusion : infuser 1 c. à table (15 ml) de thym frais ou 1 c. à thé (5 ml) de thym séché dans 1/4 de tasse (50 ml) d'eau bouillante pendant 15 minutes. Filtrer et ajouter à 1 tasse (250 ml) de jus.

Tilleul

Tilia cordata ou T. europea

Le tilleul commun est un arbre à feuilles caduques qui pousse dans les régions tempérées. Ses feuilles en forme de cœur sont vert foncé et brillantes. Au milieu de l'été, l'arbre se couvre de fleurs blanchâtres. En

Amérique du Nord, il est cultivé comme arbre ornemental.

Parties utilisées

Sommité fleurie.

Vertus médicinales

Propriétés : antispasmodique, favorise la sudation (tisane), diurétique (tisane), abaisse la pression artérielle, relaxant, astringent doux.

Usages : la tisane de tilleul a bon goût en plus de calmer les personnes qui souffrent d'anxiété ou de stress, d'apaiser les maux de tête de tension et de favoriser le sommeil. Le tilleul relaxe et nourrit les vaisseaux sanguins, ce qui la rend utile dans le traitement de l'hypertension et des maladies cardiaques. Son action sudorifique est appréciée en cas de rhume, de grippe et de fièvre. La tisane de tilleul peut être administrée aux enfants qui souffrent de fièvre.

Où s'en procurer ?

Les fleurs se cueillent à la fin du mois de juin. Les magasins d'aliments naturels ou de santé vendent des sommités fleuries séchées. Les magasins d'alimentation vendent le tilleul en sachet.

Dans les jus

Feuilles et fleurs séchées : les huiles essentielles du tilleul, en partie responsable de ses effets bénéfiques, sont libérées au contact de la chaleur. C'est pourquoi il est inutile de mélanger au jus des feuilles et des fleurs séchées.

Infusion : infuser 1 c. à table (15 ml) de tilleul frais ou séché dans 1/4 de tasse (50 ml) d'eau bouillante. Filtrer et ajouter à 1 tasse (250 ml) de jus.

Trèfle violet

Trifolium pratense

Vivace à fleurs coniques dont la couleur varie du rose au rouge. Elle pousse dans les champs à travers l'Amérique du Nord et elle se distingue par ses trois longues folioles.

Parties utilisées

Sommité fleurie.

Vertus médicinales

Propriétés : antispasmodique, expectorant, nutriment qui joue un rôle dans la régulation des hormones, éclaircit le sang, nettoyant lymphatique.

Usages : toux, bronchite, coqueluche, problèmes menstruels (le trèfle violet éclaircit le sang, c'est pourquoi il ne faut pas le consommer en présence de règles abondantes).

Où s'en procurer ?

Le trèfle violet se récolte dans la nature (on peut également le cultiver), du mois de mai à la fin de septembre. Les magasins d'aliments naturels ou de santé vendent des fleurs séchées. Évitez les fleurs séchées qui ont pris une coloration brune, achetez seulement celles qui sont toujours roses.

Dans les jus

Sommités fleuries fraîches : rouler en boules et déposer dans l'extracteur avec les autres ingrédients à raison de 6 sommités pour 1 tasse (250 ml) de jus.

Fleurs et feuilles séchées : réduire en une poudre fine et incorporer au jus frais à raison de 1 c. à thé (5 ml) par tasse (250 ml) de jus.

Infusion : infuser 1 c. à table (15 ml) de feuilles et de fleurs ou 1 c. à thé (5 ml) de feuilles et de fleurs séchées dans 1/4 de tasse (50 ml) d'eau bouillante pendant 15 minutes. Filtrer et ajouter à 1 tasse (250 ml) de jus.

Un peu d'histoire

Le trèfle violet était jadis utilisé pour prévenir et traiter le cancer.

Valériane

Valeriana officinalis

Vivace résistante au gel et de grande taille. Ses fleurs blanches disposées en grappe dégagent un parfum puissant. Elle pousse à l'état sauvage dans l'est du Canada et dans le nord-est des États-Unis.

Parties utilisées

Racine.

Vertus médicinales

Propriétés : sédatif, relaxant, antispasmodique.

Usages : hypertension artérielle, insomnie, anxiété, maux de tête de tension, crampes musculaires, migraine.

Mise en garde

Certaines personnes réagissent mal à la valériane.

Où s'en procurer ?

Les racines se récoltent à la fin de l'automne (on peut la cultiver ou la cueillir dans la nature). Les magasins d'aliments naturels ou de santé vendent de la teinture et de la racine de valériane séchée.

Dans les jus

Racine fraîche : les racines de valériane étant très petites, il est difficile d'en extraire le jus. Il vaut mieux préparer une décoction que l'on ajoutera au jus frais.

Décoction : amener à ébullition 1 c. à table (15 ml) de racine fraîche hachée ou 1 c. à thé (5 ml) de racine séchée hachée dans 1/4 de tasse (50 ml) d'eau, couvrir et laisser mijoter pendant 10 minutes. Laisser reposer 10 autres minutes, filtrer et verser dans 1 tasse (250 ml) de jus.

Teinture : de 20 à 40 gouttes par tasse (250 ml) de jus.

Un peu d'histoire

La valériane tire son nom du mot latin *Valere*, qui signifie bien se porter.

Verge d'or

Solidago virgaurea

Vivace à fleurs jaune doré et à feuilles ovales qui fleurit à la fin de l'été.

Parties utilisées

Parties aériennes.

Vertus médicinales

Propriétés : anti-catarrhal, anti-inflammatoire, antiseptique (muqueuses), antiseptique urinaire, diurétique, favorise la sudation.

Usages : bronchite, toux, congestion des voies respiratoires, urétrite, amygdalite, prostatite, problèmes de foie et de vessie.

Où s'en procurer ?

Elle pousse à l'état sauvage tant à la campagne qu'aux abords des villes ou dans les grandes étendues sauvages. Cueillir de juillet à la fin de l'automne. Il est possible de s'en procurer pendant toute l'année, sous forme séchée, dans les magasins d'aliments naturels et de santé.

Dans les jus

Feuilles et fleurs fraîches : rouler les brins en boules et les déposer dans l'extracteur avec les autres ingrédients à raison de 2 à 4 brins par tasse (250 ml) de jus.

Feuilles et fleurs séchées : moudre finement et incorporer au jus frais à raison de 1/4 à 1/2 c. à thé (1 à 2 ml) par tasse (250 ml) de jus ou ajouter aux ingrédients des boissons frappées.

Infusion : infuser 1 c. à table (15 ml) d'herbes fraîches ou 1 c. à thé (5 ml) de fleurs et de feuilles séchées dans 1/4 de tasse (50 ml) d'eau bouillante pendant 10 minutes. Filtrer et ajouter à 1 tasse (250 ml) de jus.

Verveine citronnelle

Aloysia triphylla

Arbuste à feuilles caduques originaire d'Amérique du Sud. De croissance rapide, il peut atteindre jusqu'à 2 mètres de hauteur. Ses feuilles vertes sont lancéolées. Ses longues tiges droites deviennent ligneuses à maturité. Ses petites fleurs, de couleur lavande, poussent en épis.

Parties utilisées

Feuille.

Vertus médicinales

Propriétés : antispasmodique, digestif.

Usages : indigestion, flatulences.

Où s'en procurer ?

Dans les magasins d'aliments naturels ou de santé.

Dans les jus

Feuilles fraîches : rouler en boules et déposer dans l'extracteur avec les autres ingrédients à raison de 4 à 6 brins par tasse (250 ml) de jus.

Feuilles séchées : moudre finement et incorporer au jus frais à raison de 1 c. à thé (5 ml) par tasse (250 ml) de jus ou ajouter aux ingrédients des boissons frappées.

Infusion : 1 c. à table (15 ml) de feuilles légèrement froissées ou 1 c. à thé (5 ml) de feuilles séchées dans 1/4 de tasse (50 ml) d'eau bouillante pendant 10 minutes. Filtrer et ajouter à 1 tasse (250 ml) de jus.

LES FRUITS

Un mot au sujet des fruits

Le sucre contenu dans les fruits ou fructose est transformé par l'organisme en énergie. Ce sucre permet également de rehausser la saveur des jus de légumes. Les fruits contiennent également de précieuses fibres, c'est pourquoi il est important de consommer des fruits entiers.

Mise en garde

Les personnes souffrant de diabète ou qui sont sujettes aux infections à levure ont tout intérêt à surveiller la teneur en fructose des jus qu'ils consomment.

Abricot

Propriétés : antioxydant, anti-cancérogène.

Usages : l'abricot est riche en bêta-carotène (3 petits abricots fournissent 2770 I.U. et 1/2 tasse (125 ml) d'abricots séchés contiennent 8175 I.U.). Le bêta-carotène est un précurseur de la vitamine A qui prévient la formation de plaque à l'intérieur des artères et par conséquent aide à prévenir les maladies du cœur. L'abricot aide à régulariser la tension artérielle, les fonctions cardiaques et l'équilibre de fluides corporels. Il est riche en potassium, en bore, en fer, en magnésium et en fibres. Il ne contient presque pas de sodium ou de gras. L'abricot est un fruit qui convient particulièrement bien aux femmes.

Dans les jus : choisir des abricots fermes de couleur jaune ou orangé. Peler les abricots s'ils ne sont pas de culture biologique et retirer les noyaux. 1 lb (500 g) d'abricots (environ 4) donne environ 1 1/2 tasse (375 ml) de jus.

Dans les smoothies : pour sucrer les smoothies, ajouter quelques abricots séchés, de préférence sans sulfate, surtout si vous souffrez d'allergie.

Agrumes

Orange, citron, citron vert, pamplemousse et tangerine

Propriétés : antioxydant, anticancéreux.

Usages : tous les agrumes sont riches en vitamine C et en limonème, un composé qui semble réduire les risques de cancer du sein. Le pamplemousse rouge est riche en lycopène, un autre composé anticancéreux. Les oranges constituent une bonne source de choline, une substance qui stimule fonctionnement du cerveau. Les fruits de la famille des agrumes sont des anticancéreux par excellence en raison de la présence de flavonoïdes, de caroténoïdes, de terpènes, de limonoïdes et de coumarin.

Dans les jus : peler les agrumes en prenant soin de laisser le plus de peau blanche possible. Cette peau contient de la pectine et des bioflavonoïdes, des composés qui favorisent l'absorption de la vitamine C et qui possèdent des propriétés antioxydantes. Elles renforcent les capillaires, améliorent la circulation sanguine et l'aspect de la peau. Ajoutez les pépins dans la centrifugeuse, ils contiennent des limonoïdes (anticancéreux), du calcium, du magnésium et du potassium.

Les jus d'agrumes extraits par centrifugation sont plus doux, moins acides et plus équilibrés que le jus d'agrumes pressés parce qu'ils contiennent les substances présentes dans la peau blanche entourant le fruit. 1 lb (500 g) de fruits (environ 3 oranges) donne à peu près 1 1/4 tasse (300 ml) de jus. Note : si vous conservez la pulpe pour faire des muffins ou des sauces, retirer le plus de peau blanche possible, sans quoi la pulpe aura un goût amer.

Ananas

Propriétés : digestif.

Usages : l'ananas constitue une bonne source de potassium, il contient de la vitamine C, du fer et parfume les jus tout en les sucrant.

Dans les jus : un ananas lourd est un ananas juteux. Couper les feuilles, couper en quatre dans le sens de la longueur et peler au couteau (ne pas retirer le cœur). Le tiers d'un ananas moyen donne environ 1/2 tasse (125 ml) de jus.

Banane

Propriétés : stimule le système immunitaire, abaisse le taux de cholestérol, prévient les ulcères, antibactérien.

Usages : la banane protège la paroi de l'estomac contre l'acide, c'est pourquoi elle est recommandée aux personnes qui souffrent d'un ulcère. Riche en potassium et en vitamine B6, la banane contribue à prévenir les crises cardiaques, les attaques cérébrales et plusieurs problèmes cardiaques.

Dans les smoothies : délicieuse dans les smoothies, la banane leur confère une consistante onctueuse. Ajouter 1 banane par 2 tasses (500 ml) de boisson.

Bleuet

Propriétés : antidiarrhéique, antioxydant, antibactérien, antiviral.

Usages : le bleuet est très riche en tannin, un composé antibactérien et antiviral qui prévient les infections de la vessie. Il contient de l'anthocyane, un composé qui protège les artères contre le cholestérol. Riche en pectine, en vitamine C, en fibres et en potassium, le bleuet contient des composés qui ressemblent à l'aspirine.

Dans les jus : ne pas conserver plus d'une journée après la cueillette ou l'achat. Laver au moment de faire le jus. Le jus de bleuets étant acide, notamment le jus de bleuets sauvages, il est préférable de le mélanger à des jus de fruits plus sucrés. Pour prévenir ou traiter les infections de la vessie : boire quotidiennement pendant au moins trois semaines un jus composé de 1/2 tasse (125 ml) de bleuets et de fruits plus sucrés (pommes, bananes, etc.). 2 tasses (500 ml) de bleuets donnent environ 1/2 tasse (125 ml) de jus.

Dans les smoothies : ajouter 1/3 à 1/2 tasse (50 à 125 ml) de bleuets à vos smoothies pour profiter de leurs propriétés bienfaisantes.

Canneberge

Propriétés : antibactérien, antiviral, antioxydant, anticancéreux.

Usages : la canneberge est très appréciée dans les cas d'infections des voies urinaires et de la vessie. Tout comme la baie de sureau, la canneberge empêche les bactéries de s'attacher aux cellules de la vessie ou des voies urinaires. Le jus de canneberge contribue à prévenir les infections, mais il ne saurait remplacer les antibiotiques qui permettent d'éliminer les bactéries en présence d'une infection. Riche en vitamine A et C, en iode et en calcium, la canneberge prévient la formation de calculs rénaux et purifie l'urine.

Dans les jus : le jus de canneberge frais est beaucoup plus efficace que le jus de canneberge vendu dans le commerce, lequel contient beaucoup plus de sucre. Les canneberges se congèlent facilement et on peut en extraire le jus alors qu'elles sont gelées. Les canneberges étant très acides, il est préférable de mélanger leur jus à d'autres jus de fruits plus sucrés (pomme, ananas, abricot, raisin). Pour prévenir ou traiter les infections urinaires : extraire le jus d'au moins 1/2 tasse (125 ml) de canneberges, mélanger à d'autres jus de fruits et boire chaque jour pendant au moins trois semaines. 1 lb (500 g) de canneberges donne environ 2/3 de tasse (175 ml) de jus.

Dans les smoothies : pour une boisson moins acide, cuire les canneberges avec un peu d'eau ou de jus de canneberge (voir Jus de canneberge, page 162) et un peu de sucre, de miel ou de stevia avant de les utiliser dans vos smoothies.

Cantaloup

Voir Melon

Cassis

Propriétés : antioxydant, antibactérien, stimule le système immunitaire, favorise la guérison, antidiarrhéique, anticancéreux.

Usages : la chair du cassis est très riche en vitamine C (200 mg par 100 g). Sa peau et la chair qui la tapisse contiennent de l'anthocyane, un composé qui entrave le développement de bactéries, dont la bactérie *E. coli.* Le cassis (notamment les graines) est riche en acide gammalinolénique. une substance qui assure le bon fonctionnement de plusieurs fonctions, notamment la fonction cardiaque. Il est donc préférable de réserver le cassis aux smoothies.

Dans les jus : utilisez des cassis entiers, frais ou surgelés. Le jus de cassis étant assez acide, il est préférable de le mélanger à des jus plus sucrés : banane, pomme ou abricot. Conserver la pulpe et l'ajouter aux salsas, muffins, tartinades, salade de chou ou pesto aux fruits. 2 tasses (500 ml) de cassis donnent 1/2 tasse (125 ml) de jus.

Dans les smoothies : utiliser des cassis entiers, frais ou surgelés ou des groseilles entières.

Cerise

Propriétés : antibactérien, antioxydant, anticancéreux.

Usages : la cerise contient de l'acide ellagique, une puissante substance anticancéreuse, de la vitamine A et C, de la biotine (vitamine H) et du potassium. La cerise noire protège les dents contre la carie.

Dans les jus : dénoyauter les cerises. 2 tasses (500 ml) de cerises donnent environ 5/8 de tasse (150 ml) de jus.

Citron

Voir Agrumes

Figue

Propriétés : antibactérien, anticancéreux, digestif, adoucissant, laxatif.

Usages : la figue contient du benzaldéhyde, un agent anticancéreux. Elle est riche en potassium et elle possède un excellent pouvoir sucrant.

Dans les jus : les figues contiennent très peu d'eau, c'est pourquoi il vaut mieux ne pas les passer dans l'extracteur.

Dans les boissons frappées : les figues fraîches sont vendues dans certaines épiceries, notamment les épiceries italiennes ou méditerranéennes. Les choisir bien tendres, retirer la pelure et ajouter aux ingrédients de votre smoothie.

Ajoutez des figues fraîches ou séchées à vos smoothies, Le lait de figue (voir page 260) les épaissira tout en les sucrant.

Fraise

Propriétés : antioxydant, antiviral, anticancéreux.

Usages : la fraise est efficace pour traiter les calculs rénaux, la goutte, les rhumatismes et l'arthrite. Le jus de fraise est utilisé comme tonique du foie et comme dépuratif. La fraise est riche en acide ellagique, un composé qui a des propriétés anticancéreuses, en vitamine C et A, en potassium et en fer. Prises en tisane, les feuilles du fraisier calment la diarrhée et la dysenterie.

Dans les jus : choisir les fraises bien rouges et fermes, ne pas acheter de fraises qui ont été équeutées. Consommer le plus tôt possible après la cueillette ou l'achat. Le jus de fraise gagne à être mélangé au jus de deux ou trois autres petits fruits. Quelques gouttes de citron rehausseront la saveur délicate de la fraise. 2 tasses (500 ml) de fraises donnent environ 1/2 tasse (125 ml) de jus.

Dans les smoothies : la fraise se marie bien avec la plupart des fruits et notamment la banane. Le mélange fraise, banane et orange est très populaire.

Framboise

Propriétés : renforce le système immunitaire.

Usages : la framboise est riche en potassium et en niacine. Elle contient également du fer et de la vitamine C (voir aussi, Framboise *(feuille)* page 37 et 38).

Dans les jus : dans la mesure du possible, consommer les framboises immédiatement après la cueillette ou l'achat. Ne pas laver les framboises à l'avance. Le jus de framboise parfume agréablement les jus de fruits. Un peu de citron rehaussera la saveur délicate de la framboise. 2 tasses (500 ml) de framboises donnent environ 1/2 tasse (125 ml) de jus.

Kiwi

Propriétés : antioxydant, anticancéreux, digestif.

Usages : le kiwi est riche en vitamines C et E, lesquelles ont des effets antioxydants (il est un des rares fruits qui contiennent de la vitamine E). Le kiwi est riche en potassium et contient du calcium.

Dans les jus : choisir des fruits mûrs dont la chair cède légèrement sous la pression des doigts. Toujours peler les kiwis. 1 lb (500 g) de kiwis donne environ 1/4 de tasse (75 ml) de jus.

Mangue

Propriétés : antioxydant, anticancéreux.

Usages : la mangue est riche en vitamine A (8000 I.U. de bêta-carotène), en vitamine C, en potassium, en niacine et en fibres. Elle aide l'organisme à combattre les infections, elle le protège contre l'athérosclérose et le cancer et elle favorise la régularité intestinale.

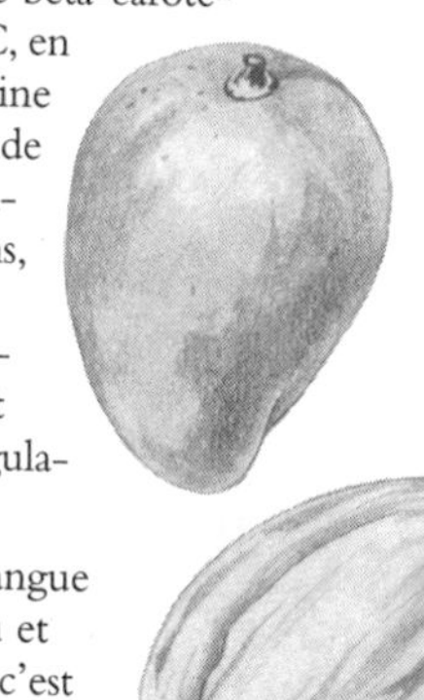

Dans les jus : la mangue contient peu d'eau et donne peu de jus, c'est pourquoi il est préférable de la réserver aux smoothies.

Dans les smoothies : choisir des fruits sans tache, de couleur jaune ou jaune marqué de rouge. Peler et prélever la chair autour du noyau.

Melons

Cantaloup, miel Honeydew, melon casaba, melon brodé

Propriétés : antioxydant, anticancéreux, anticoagulant (cantaloup et miel Honeydew).

Usages : le melon contient un anticoagulant naturel, l'adénosine, une substance qui éclaircit le sang et réduit les risques de crise cardiaque et d'attaque cérébrale. Le melon constitue une bonne source de vitamine A et contient de la vitamine C et du calcium. La consommation du melon contribue à réduire les risques de cancer.

Dans les jus : choisir un melon bien mûr, le peler, le couper en morceaux et le déposer dans l'extracteur avec les graines. 2 tasses (500 ml) de morceaux de melon donnent environ 5/8 de tasse (150 ml) de jus.

Mûre

Propriétés : antioxydant.

Usages : la mûre constitue une excellente source de vitamine C et de fibres. Elle est riche en potassium, en fer, en calcium et en manganèse.

Dans les jus : ne pas conserver plus d'une journée au réfrigérateur après l'achat ou la cueillette. Laver les mûres au moment de faire le jus. 2 tasses (500 ml) de mûres donnent environ 2/3 de tasse (175 ml) de jus.

Melon d'eau (Pastèque)

Propriétés : antibactérien, anticancéreux.

Usages : la pastèque contient de la vitamine A et C, du fer et du potassium.

Dans les jus : peler et conserver les pépins qui contiennent du zinc, de la vitamine E et des acides gras essentiels. Le jus de melon est très rafraîchissant, seul ou mélangé à d'autres jus. 2 tasses (500 ml) de melon en morceaux donnent environ 1 tasse (250 ml) de jus.

Nectarine

Propriétés : antioxydant, anticancéreux.

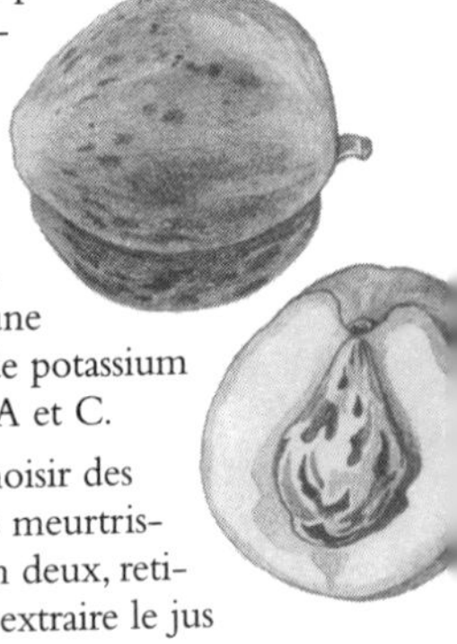

Usages : la nectarine est un fruit très ancien qui n'est pas issu d'un croisement entre une prune et une pêche, comme on le prétend parfois. Elle constitue une bonne source de potassium et de vitamine A et C.

Dans les jus : choisir des fruits mûrs sans meurtrissure. Couper en deux, retirer le noyau et extraire le jus avec la peau. La nectarine peut remplacer la pêche dans les jus. 1 lb (500 g) ou 3 nectarines donnent environ 1 tasse (250 ml) de jus.

Orange

Voir Agrumes

Pamplemousse

Voir Agrumes

Papaye

Propriétés : antioxydant, anticancéreux, digestif.

Usages : la papaye est riche en potassium et en vitamine A et C.

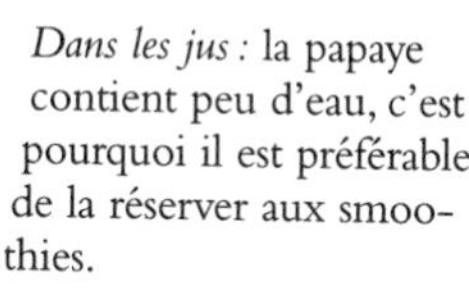

Dans les jus : la papaye contient peu d'eau, c'est pourquoi il est préférable de la réserver aux smoothies.

Dans les smoothies : choisir des fruits jaunes qui cèdent légèrement sous la pression des doigts. Peler et couper en morceaux et mélanger à d'autres fruits. La papaye confère une texture onctueuse aux smoothies. Vous pouvez ajouter les graines qui sont très riches en protéines.

Pêche

Propriétés : antioxydant, anticancéreux.

Usages : riche en vitamine A et en potassium, la pêche contient aussi de la niacine, du fer et de la vitamine C. La pêche a des effets protecteurs contre le cancer et les maladies cardiaques.

Dans les jus : choisir des fruits dont la chair cède légèrement sous la pression des doigts. Couper en deux, retirer le noyau et extraire le jus avec la peau. 1 lb (500 g) ou 4 pêches donne environ 5/8 de tasse (150 ml) de jus.

Poire

Propriétés : protège le côlon.

Usages : la poire est sans doute l'un des plus anciens fruits cultivés. Elle constitue une bonne source de vitamine C, de potassium et de fibres.

Dans les jus : utiliser la Bartlett, la Comice, la Seckel et la Bosc. Choisir des poires à la fois mûres et fermes, couper et extraire le jus du fruit entier (cœur et pelure). 1 lb (500 g) ou 3 poires donnent environ 1/2 tasse (125 ml) de jus.

Pomme

Propriétés : tonique, digestif, stimule le foie, diurétique, dépuratif, laxatif, antiseptique, abaisse le taux de cholestérol, antirhumatismal.

Usages : la pomme fraîche favorise l'élimination des substances toxiques, abaisse le cholestérol, maintient le taux de glucose dans le sang à un niveau élevé et favorise la digestion. Sa pelure entre dans des préparations destinées à soulager les rhumatismes, la goutte et les problèmes urinaires. La pomme constitue une excellente source de vitamine A et contient également de la vitamine C, B et G.

La pomme contient également deux composés phytochimiques importants : la pectine et le bore. La pectine contribue à abaisser le taux de cholestérol et à diminuer les risques de cancer du côlon. Le bore prévient la perte de calcium qui mène à l'ostéoporose, augmente le taux d'œstrogène dans le sang (utile lors de la ménopause) et stimule l'activité électrique du cerveau, augmentant la vigilance et l'efficacité lors de l'accomplissement d'une tâche.

Dans les jus : la pomme est un fruit très polyvalent qui peut être mélangé aux jus de légumes pour en rehausser la saveur. Plus la pomme est verte et plus son jus est acide. Peler les pommes, sauf si elles sont de culture biologique et ajouter le cœur (sans les pépins). 1 lb (500 g) de pommes ou 4 pommes moyennes donnent plus ou moins 1 tasse (250 ml) de jus.

Prune

Propriétés : antibactérien, antioxydant.

Usages : la prune constitue une bonne source de vitamine A, elle contient du calcium et un peu de vitamine C.

Dans les jus : utiliser des prunes jaunes, noires ou rouges. 1 lb (500 g) ou 4 grosses prunes donnent environ 2/3 de tasse (175 ml) de jus.

Dans les smoothies : si vous désirez profiter des propriétés laxatives de la prune, ajouter au moins de 4 à 6 prunes par tasse (250 ml) de smoothie.

Raisin

Propriétés : antioxydant, antiviral, anticancéreux.

Usages : le raisin contient de l'acide ellagique, lequel inactive les substances cancérogènes. Les flavonoïdes contenues dans le raisin ont une action protectrice sur le cœur. Les raisins constituent une bonne source de potassium. Le resvératrol, un composé du vin rouge et du jus de raisin rouge, a une action protectrice sur le système cardiovasculaire. Ils contiennent également du bore, lequel contribue au maintien du taux d'œstrogène et, par conséquent, permet de prévenir l'ostéoporose.

Dans les jus : les raisins Concorde et Thompson (sans pépin) verts ou rouges sont excellents pour les jus. Bien les laver et les déposer entiers dans l'extracteur. 2 tasses (500 ml) de raisin donnent environ 2/3 de tasse (175 ml) de jus.

Dans les smoothies: utiliser des raisins frais sans pépin.

Rhubarbe

Propriétés : laxatif.

Usages : bien qu'on l'apprête comme un fruit, la rhubarbe est en fait un légume. Elle est riche en potassium et contient une bonne quantité de fer. 1 tasse (250 ml) de rhubarbe cuite contiennent deux fois plus de calcium que la même quantité de lait.

Dans les jus : utiliser les tiges et les racines, jeter les feuilles qui contiennent une substance toxique, l'acide oxalique. La rhubarbe congelée pour être utilisée pour faire des jus. Comme elle ne contient presque pas de sucre, mélanger son jus à celui de fruits plus sucrés.

Dans les smoothies: mélanger la rhubarbe à d'autres fruits plus sucrés.

LES LÉGUMES

Ail

Voir page 23

Asperge

Propriétés : antioxydant, anticancéreux, prévient les cataractes, diurétique, favorise la guérison.

Usages : l'asperge est un des quatre légumes à teneur élevée en vitamine E. Elle contient de la vitamine C et A, du potassium, de la niacine et du fer.

Dans les jus : laver les asperges sans les couper et les déposer dans l'extracteur en les tenant par la pointe. 1 lb (500 g) d'asperges donne environ 2/3 de tasse (175 ml) de jus.

Avocat

Propriétés : antioxydant.

Usages : la teneur en potassium de l'avocat est supérieure à celle de la plupart des autres fruits et légumes. Riche en acides gras essentiels, il contient 17 vitamines et minéraux dont de la vitamine A, C, B et E, de la riboflavine, du fer, du calcium, du fer, du cuivre, du phosphore, du zinc, de la niacine, du magnésium et plus de protéines que tout autre fruit. La texture onctueuse de l'avocat alliée à sa remarquable valeur nutritive en fait un excellent aliment à inclure dans les boissons frappées.

Dans les jus : l'avocat ne contient pas suffisamment d'eau pour en extraire du jus.

Dans les boissons frappées : peler et couper en deux. Mélanger à des fruits ou à des légumes. Frotter la chair de l'avocat avec du jus de citron pour éviter l'oxydation (coloration brune).

Bette à carde

Voir Légumes feuilles

Betterave

Propriétés : antibactérien, antioxydant, tonique, détoxifiant, laxatif.

Usages : ajouter les feuilles de la betterave à vos jus, elles sont riches en vitamine A. On doit les utiliser immédiatement car elles se fanent rapidement, les racines (betteraves) peuvent être conservées pendant plus de 2 semaines dans un endroit sombre et frais. La betterave est une bonne source de vitamine A et de bétaïne, une enzyme qui renforce le foie et la vésicule biliaire. La betterave constitue également une bonne source de potassium. Les 8 % de choline qu'elle contient en font un puissant détoxifiant du foie, de la vésicule biliaire et des reins.

Dans les jus: bien nettoyer les betteraves et les couper en morceaux sans les peler. 1 lb (500 g) (environ 2 betteraves moyennes) donne à peu près 1 tasse (250 ml) de jus.

Brocoli

Propriétés : antioxydant, anticancéreux, prévient les cataractes, favorise la guérison.

Usages : le brocoli compte parmi les quatre légumes qui contiennent de la vitamine E. Il est riche en indoles, glucosoniate et dithiolthione, des composés anticancéreux. Il renferme de la vitamine A, B et C.

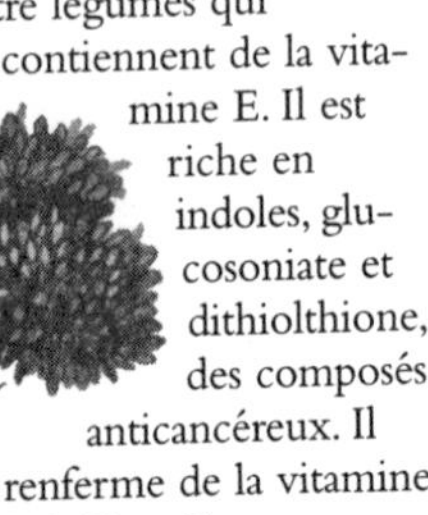

Dans les jus : utiliser les fleurs, la tige et les feuilles. Laver et couper en morceaux.

Carottes

Propriétés : antioxydant, anticancéreux, protège les artères, expectorant, antiseptique, diurétique, stimule le système immunitaire, antibactérien, abaisse le taux de cholestérol, prévient la constipation.

Usages : la carotte est très nutritive, elle est riche en vitamine A, B et C, en potassium, en fer, en calcium et en sodium. Elle contribue à nettoyer le foie et le système digestif, elle aide à prévenir la formation de calculs rénaux et elle soulage les douleurs de l'arthrite et de la goutte. Les propriétés antioxydantes des caroténoïdes (dont la bêta-carotène) réduisent les risques de cancer, protègent les artères et le cœur tout en contribuant à abaisser le taux de cholestérol. La carotte améliore le fonctionnement du cerveau, prévient les cataractes et la dégénérescence maculaire.

Dans les jus : la saveur du jus de carotte se marie bien avec la plupart des jus. Plus la carotte est orangée et plus elle est riche en bêta-carotène. Ne pas faire de jus avec des carottes qui présentent une coloration verte. 1 lb (500 g) de carottes (environ 6 carottes moyennes) donne à peu près 1 tasse (250 ml) de jus.

Dans les smoothies : la cuisson libère les composés anticancéreux contenus dans la carotte soit les carotènes (ou précurseurs de la vitamine A). Cuire à la vapeur ou à l'eau (à feu doux) jusqu'à ce qu'elles soient tendres et les ajouter aux autres fruits et légumes.

Céleri et céleri-rave

Propriétés : antibactérien.

Usages : le céleri sale naturellement les jus. Le céleri-rave est la racine d'une variété de céleri différente que le céleri en branches et sa saveur est plus prononcée.

Dans les jus : utiliser les feuilles et les branches. Laver et couper en morceaux. 1 branche de céleri donne environ 1/4 de tasse (50 ml) de jus.

Chou

Vert, rouge, de Savoie, bok choy, de Chine, chou-rave et chou de Bruxelles

Propriétés : système immunitaire, antibactérien, anticancéreux, améliore la mémoire, antioxydant, favorise la guérison. prévient les cataractes, détoxifiant, diurétique, anti-inflammatoire, tonique, antiseptique, fortifiant, antiulcéreux.

Usages : les choux sont riches en indoles, des composés anticancéreux, et ils contiennent de la choline, une substance qui améliore le fonctionnement du cerveau. Ils comptent parmi les quatre légumes qui contiennent de la vitamine E. Ils sont utiles dans le traitement de l'anémie et leurs propriétés toniques aident les convalescents à retrouver leur force. En plus d'être profitable au fonctionnement du foie, la consommation de chou réduit les risques de cancer du côlon et contribue à abaisser le taux de sucre sanguin. Le jus de chou est très efficace pour prévenir et traiter les ulcères.

Dans les jus : laver et couper le chou en morceaux sans enlever les feuilles extérieures et le cœur. Il est inutile de couper les choux de Bruxelles. 1 lb (500 g) de chou (environ 1/3 de chou) donne à peu près 1 tasse (250 ml) de jus.

Chou-fleur

Propriétés : anticancéreux.

Usages : comme tous les légumes de la famille des crucifères (navet, chou de Bruxelles, brocoli, chou-rave), le chou-fleur est riche en indoles, des composés anticancéreux. Il contient de la vitamine C, du potassium, des protéines et du fer.

Dans les jus : laver et couper en bouquets avec les feuilles et le cœur. 1 lb (500 g) de chou-fleur donne environ 1 tasse (250 ml) de jus.

Concombre

Propriétés : diurétique.

Usages : le concombre contient de la vitamine A, du fer et du potassium. Sa forte teneur en eau en fait un légume de prédilection pour les jus. Le concombre contient des stérols, des composés susceptibles de réduire le taux de cholestérol sanguin.

Dans les jus : peler le concombre si sa peau a été cirée. Couper en cubes. 1 lb (500 g) ou 1 gros concombre donnent environ 1 1/4 tasse (300 ml) de jus.

Courge

Poivrée, musquée, Hubbard, citrouille, turban

Propriétés : antioxydant, anticancéreux.

Usages : les courges fournissent moins de jus que la plupart des autres légumes. Il est assez épais, c'est pourquoi il est préférable de le mélanger aux jus d'autres légumes.

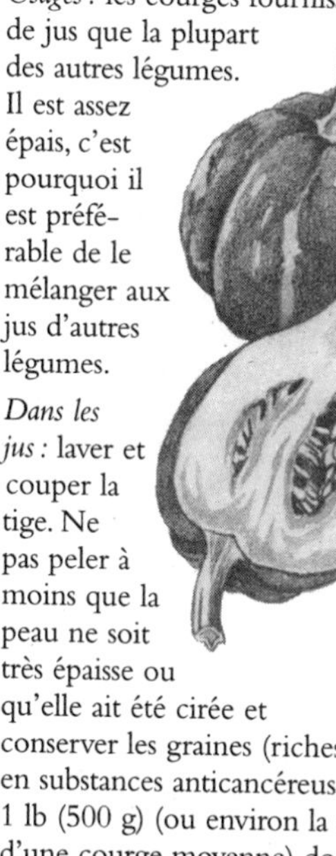

Dans les jus : laver et couper la tige. Ne pas peler à moins que la peau ne soit très épaisse ou qu'elle ait été cirée et conserver les graines (riches en substances anticancéreuses). 1 lb (500 g) (ou environ la moitié d'une courge moyenne) donne à peu près 1/2 tasse (125 ml) de jus.

Cresson de fontaine

Propriétés : antioxydant, diurétique, anticancéreux, tonique, antibiotique, purifiant.

Usages : le cresson de fontaine constitue une bonne source de vitamine C et A.

Dans les jus : bien laver et déposer les feuilles dans l'extracteur en alternant avec d'autres légumes plus charnus. Le cresson rehausse la saveur des jus de légumes.

Fenouil

Propriétés : antioxydant, les graines de fenouil sont digestives.

Usages : le fenouil est surtout apprécié pour son bulbe qui ressemble au céleri mais dont le goût est anisé. Il constitue une bonne source de vitamine A.

Dans les jus : utiliser le bulbe et les feuilles. Compter le tiers du bulbe (ou moins) par portion, sans quoi la saveur de fenouil dominera toutes les autres.

Épinard

Propriétés : anticancéreux, stimule la mémoire, antioxydant, prévient les cataractes, antianémique, favorise la guérison.

Usages : les épinards contiennent de la choline, une substance qui améliore le fonctionnement du cerveau et de l'acide folique, une substance essentielle au bon fonctionnement du cœur. L'épinard compte parmi les quatre légumes à contenir de la vitamine E. Il est riche en lutéine, une substance anticancéreuse, en chlorophylle et en vitamine A et C, il constitue également une bonne source de calcium, de fer, de protéines et de potassium.

Dans les jus : bien laver. Rouler les feuilles avec les tiges et introduire dans le tube d'alimentation de l'extracteur.

Haricots

Vert, jaune, romain, à parchemin, petits pois et pois mange-tout

Propriétés : améliore la mémoire, antioxydant.

Usages : les haricots et les pois frais ainsi que les haricots séchés (légumineuses) appartiennent à la même famille parce qu'ils produisent leurs graines dans des gousses. Ils constituent une bonne source de choline, un composé qui stimule les fonctions cérébrales. Les haricots contiennent de la vitamine A, B et C, du potassium ainsi que des protéines, du fer et du calcium.

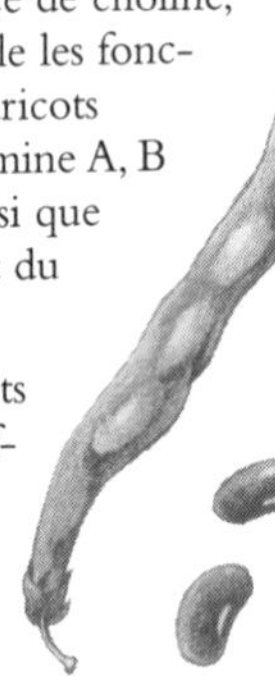

Dans les jus : les haricots ne contiennent pas suffisamment d'eau pour en extraire du jus.

Dans les boissons frappées : les petits pois blanchis ou crus donnent de la consistance aux boissons frappées. Bien les laver, les écosser et les ajouter aux ingrédients de vos boissons aux fruits ou aux légumes.

Légumes feuilles

Chou frisé, bette à carde, feuilles de moutarde, feuilles de navet

Propriétés : antioxydant, anticancéreux.

Usages : les légumes feuilles constituent une excellente source de vitamine A et de chlorophylle, ainsi qu'une bonne source de vitamine C, de calcium, de fer, d'acide folique et de potassium.

Dans les jus : bien laver, enrouler les feuilles pour les introduire dans le tube d'alimentation de l'extracteur.

Rutabaga

Propriétés : tonique, décongestionnant, antibactérien, anticancéreux, diurétique.

Usages : le rutabaga contribue à l'élimination des toxines, purifie le sang et est excellent pour l'appareil urinaire. C'est pourquoi il entre dans la composition de jus dépuratifs. Ses racines et ses tiges sont riches en glucosinolate, un composé qui semble inhiber le développement du cancer. Le rutabaga constitue une bonne source de calcium, de fer et de protéines.

Dans les jus : préférer les rutabagas dont la tige n'est pas coupée. Couper en deux et ex-traire le jus du rutabaga et de sa tige.

Oignon

Propriétés : antibactérien, anticancéreux, antioxydant, circulatoire, digestif, stimulant, antiseptique, dépuratif, abaisse le taux de cholestérol, hypotensif, hypoglycémiant, diurétique, effet protecteur sur le cœur.

Usages : l'oignon prévient les thromboses, abaisse la tension artérielle et le taux de sucre dans le sang, prévient l'inflammation et entrave la croissance des cellules cancéreuses. L'échalote (« française » et non l'oignon vert), l'oignon jaune et l'oignon rouge constituent une excellente source de quercétine, un puissant antioxydant et un composé phytochimique aux propriétés anticancéreuses.

Dans les jus : retirer la peau et couper en morceaux. Mélanger à d'autres jus de légumes. Un oignon moyen donne environ 3 c. à table (45 ml) de jus.

Panais

Propriétés : anti-inflammatoire, anticancéreux.

Usages : le panais est à son meilleur lorsqu'il a subi une période de gel durant laquelle une partie de son amidon est transformée en sucre. Il constitue une bonne source de vitamine C et E, il contient un peu de protéines, du potassium, de fer et du calcium. Comme les autres légumes racines, le panais se conserve bien ce qui en fait un excellent légume d'hiver.

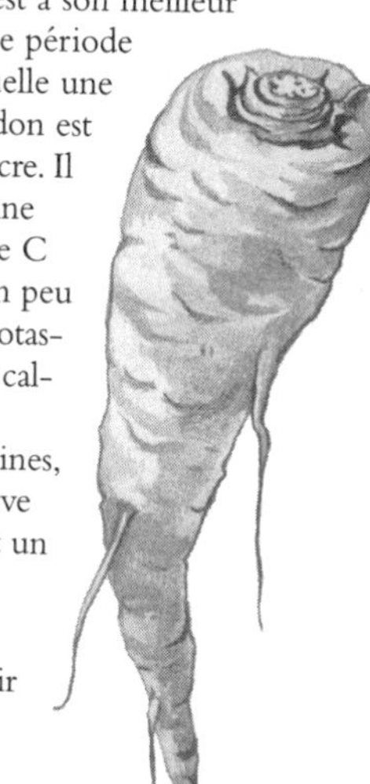

Dans les jus : choisir de petits panais dont la chair est ferme. 1 lb (500 g) de panais donne environ 1 tasse (250 ml) de jus.

Piment

Propriétés : stimulant, tonique, sudorifique, rubéfiant, antiseptique, antibactérien, expectorant, prévient la bronchite et l'emphysème, décongestionnant, éclaircit le sang, carminatif.

Usages : les piments (de Cayenne, Jalapeño, ancho-poblano, habanero, morasol, serrano et pasilla, pour n'en nommer que quelques-uns) contiennent une substance piquante, la capsaïcine. Riche en vitamine A, il contient de la vitamine C, du calcium, du fer, du magnésium, du phosphore et du potassium. Le piment soulage les personnes atteintes de bronchite en déclenchant la sécrétion de fluides qui éclaircissent le mucus, ce qui favorise son évacuation. La capsaïcine agit également comme analgésique en bloquant les signaux de la douleur. Consommé régulièrement, il prévient la formation de caillots sanguins. (Voir Cayenne, page 31 et types de piments, page 175.)

Dans les jus : laver et retirer les tiges. Portez des gants s'il s'agit de piments très forts, la capsaïcine brûle les yeux, les lèvres et le nez au moindre contact. Si vous ne connaissez pas la force des piments que vous utilisez, soyez prudent et extrayez le jus de piment après avoir extrait le jus des autres légumes et utilisez un contenant différent. Ajoutez à vos jus de légumes par cuillérée à thé, goûtez et ajustez jusqu'à ce que le jus soit à votre goût. Si vous n'avez pas de piments frais, ajouter quelques gouttes de sauce aux piments ou de piments de Cayenne moulus.

Poireau

Propriétés : expectorant, diurétique, relaxant, laxatif, antiseptique, digestif. Le poireau entre souvent dans la composition de tonique pour les convalescents. Stimulant, réchauffant et expectorant, le jus de poireau soulage le mal de gorge.

Dans les jus : conserver les racines et la tige verte. Couper le blanc de poireau en deux dans le sens de la longueur et bien laver toutes les couches. Introduire dans l'extracteur moitié par moitié. Utiliser jusqu'à un poireau par portion de jus.

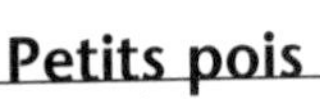

Petits pois

Voir haricots

Poivrons

Rouge, vert, jaune et orange

Propriétés : antioxydant, anticancéreux, protège le cœur.

Usages : riche en vitamine C et A (il contient un peu de potassium), le poivron est excellent dans tous les jus de légumes.

Dans les jus : préférer les poivrons charnus dont la chair est bien lisse. Laver, retirer la tige, mais conserver les graines. 1 lb (500 g) de poivrons donne environ 1 1/2 tasse (375 ml) de jus.

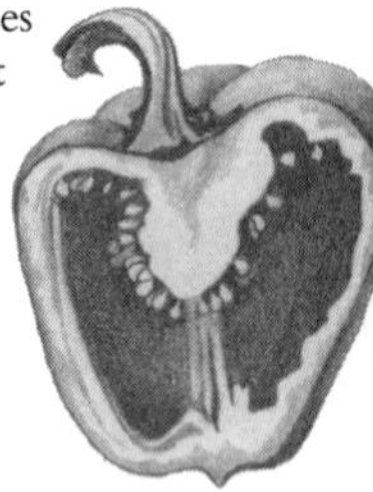

Radis

Rouge, blanc, daïkon (radis japonais)

Usages : le radis constitue une bonne source de potassium et de fer. Il ajoute un petit goût piquant aux jus.

Dans les jus : bien nettoyer, conserver la racine et la tige, mais couper les feuilles.

Tomate

Propriétés : antioxydant, anticancéreux.

Usages : la tomate est riche en lycopène et en glutathion, deux substances qui réduisent les risques de développer plusieurs types de cancers. Tout porte à croire que le lycopène contenu dans le jus de la tomate est plus facilement assimilé par l'organisme que celui de la tomate entière. La tomate contient aussi de l'acide glutamique, lequel est métabolisé en acide gamma-aminobutyrique, une substance calmante reconnue pour réduire l'hypertension d'origine rénale. Le jus de tomate a des propriétés relaxantes.

Dans les jus : laver, retirer le pédoncule et les feuilles. Ne pas peler et ne par retirer les graines. 7/8 de lb (375 g) de tomates (environ 3 petites tomates) donnent à peu près 1 tasse (250 ml) de jus.

Topinambour

Propriétés : antibactérien.

Usages : le topinambour est la racine tubéreuse d'une plante de la famille des tournesols. Sa douce saveur de noix fait merveille dans les jus de légumes. Les diabétiques digèrent bien l'inuline, un glucide contenu dans le topinambour. Il constitue une bonne source de calcium, de fer et de magnésium.

Dans les jus : bien nettoyer et couper en deux. 1 tasse (250 ml) de topinambour donne 1/2 tasse (125 ml) de jus.

Zucchini (courgette)

Propriétés : antioxydant.

Usages : le zucchini constitue une bonne source de vitamine A et C, de potassium et de niacine. Le jus des zucchinis a une saveur douce qui se marie bien à des jus de légumes plus goûteux.

Dans les jus : choisir de petits zucchinis dont la chair est très ferme. Bien laver, ne pas peler et ne pas couper le pédoncule. 2/3 de lb (300 g) de zucchinis (environ 1 zucchini moyen) donnent à peu près 1 tasse (250 ml) de jus.

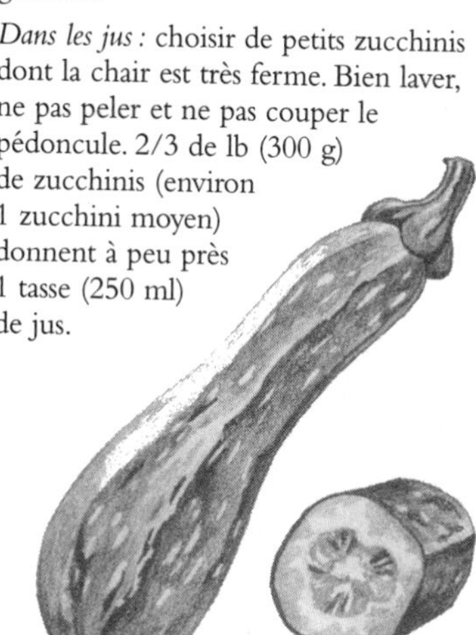

LES AUTRES INGRÉDIENTS

Algues

Aramé, rhodyménie palmé (dulse), hijiki, wakamé, laminaire (varech)

Les algues sont riches en vitamine A, en protéines et en minéraux (notamment en calcium et en fer). Faire tremper les algues séchées de 10 à 20 minutes dans l'eau chaude avant de les utiliser.

Propriétés : anticancéreux, diurétique, stimulant du système immunitaire, antibactérien.

Dans les jus : ajouter l'eau de trempage à vos jus frais, son goût salé rehausse la saveur des jus de légumes. Saupoudrer les jus d'un peu d'algues séchées.

Dans les smoothies : ajouter 1/4 à 1/2 tasse (50 à 125 ml) d'algues réhydratées aux ingrédients.

Algues vertes (spiruline)

Chlorella spirulina

Riches en caroténoïdes et en chlorophylle, ces plantes unicellulaires microscopiques, réduisent les effets des radiations et on pense qu'elles pourraient aider les personnes atteintes du VIH. Elles sont vendues en poudre ou en capsules.

Propriétés : réduit la toxicité des métaux lourds, anticancéreux, stimulant du système immunitaire, abaisse la tension artérielle, antioxydant.

Dans les jus : ajouter 2 c. à thé (10 ml) dans les jus ou les smoothies.

Caroube

La fève de caroubier moulu donne une poudre qui remplace agréablement le cacao et le chocolat. La caroube est faible en gras, elle ne contient pas de caféine et elle n'est pas aussi amère que le chocolat. Elle constitue une bonne source de calcium et de phosphore.

Elle est vendue en poudre ou en pépites. La caroube en poudre en délicieuse dans les smoothies.

Dans les jus : pour rehausser la saveur de vos jus, incorporer 1 c. à table (15 ml) de caroube par tasse (250 ml) de jus.

Dans les smoothies : ajouter jusqu'à 2 c. à table (30 ml) de caroube aux ingrédients.

Chanvre

La graine de chanvre est riche en protéines et contient environ 30 % d'acides gras oméga-3, oméga-6 et d'acide gamma-linoléique.

Moulue, la noix de chanvre (grain décortiqué) entre dans la composition d'un beurre semblable au beurre d'arachides et dans la composition de pâtisseries ou de *céréales à déjeuner.*

Dans les smoothies : ajouter de 2 à 3 c. à table (30 à 45 ml) de chanvre décortiqué aux ingrédients de vos smoothies.

Citrouille, graines de

Les graines de citrouille contiennent des acides aminées qui contribuent à réduire l'inflammation de la prostate.

Dans les smoothies : ajouter 2 c. à table (30 ml) de graines de citrouille décortiquées.

Germe de blé

Le germe de blé constitue une excellente source de vitamine E et de thiamine. Saupoudrer sur les jus frais pour garnir, ou ajouter aux ingrédients des smoothies à raison de 2 c. à table (30 ml) par 2 tasses (500 ml).

Germinations

Luzerne, radis, soja, etc.

Riche en vitamines B et C, en fer, en bioflavonoïdes et en enzymes, les germes ajoutent beaucoup de vitamines et de minéraux aux jus. Ils offrent un concentré des nutriments contenus dans les légumes issus des plants matures.

Dans les jus : extraire le jus des germes en alternance avec le jus de légumes plus charnus.

Dans les smoothies : ajouter 1 tasse (250 ml) de germinations aux ingrédients.

Grains

Avoine, blé, sarrasin, seigle, épeautre, amarante, quinoa

Les grains entiers n'ont subi aucune transformation et possèdent une grande valeur nutritive en raison de la présence du son (enveloppe du grain) et du germe. Tous les grains entiers contiennent des protéines, des glucides complexes, des phytates, de la vitamine E, des fibres (lignine), des vitamines du complexe B (thiamine, riboflavine, niacine, folacine) du fer, du zinc et du magnésium.

Propriétés : anticancéreux, antioxydant, prévient les maladies cardiaques et l'obésité, abaisse le taux de sucre sanguin.

Dans les smoothies : ajouter 2 à 3 c. à table (30 à 45 ml) de flocons de grains entiers (flocons d'avoine, d'épeautre, etc.) aux ingrédients de vos laits ou yogourts frappés.

Graines de lin

L'huile de graines de lin constitue la meilleure source d'oméga-3 (acides gras), lesquels contribuent à la lubrification des articulations et préviennent l'absorption des toxines en stimulant la digestion.

Dans les jus : 1 c. à table (15 ml) d'huile de lin par 2 tasses (500 ml) de jus.

Dans les smoothies: ajouter 1 c. à table (15 ml) d'huile de lin aux ingrédients.

Herbe de blé et herbe d'orge

L'herbe de blé et l'herbe d'orge sont récoltées au tout début de la croissance des plants (entre 12 et 15 cm de haut).L'herbe peut se manger fraîche, on la vend aussi séchée, sous forme de poudre ou de comprimés. Riches en chlorophylle (laquelle favorise la guérison et la lutte contre les infections), en bêta-carotène et en vitamine C et E, les jeunes pousses de blé ou d'orge se mélangent aisément aux jus et aux smoothies. Elles constituent une excellente source de protéines. Elles contiennent plus de protéines que le soja et les légumineuses.

Propriétés : antioxydant, anti-inflammatoire, anticancéreux, antibiotique, purifie le sang, effet protecteur contre les radiations.

Dans les jus : il n'est pas possible d'extraire le jus des pousses de blé ou d'orge avec un extracteur ordinaire. La saveur du jus d'herbe est puissante, c'est pourquoi il est préférable de lui ajouter de l'eau ou de le mélanger à d'autres jus de fruits ou de légumes. Compter 1 c. à table (15 ml) de poudre d'herbe de blé ou d'orge pour 1 à 2 tasses (250 à 500 ml) de jus.

MISE EN GARDE

Ne buvez pas plus de 2 cuillérées à table de jus d'herbe par jour pour commencer. En plus grande quantité, il est susceptible de causer de la nausée et de la diarrhée.

Jus embouteillés

Les jus frais préparés avec des légumes, des fruits et des herbes fraîches constituent une meilleure source de nutriment et d'énergie que les jus vendus dans le commerce. Ces jus ont été extraits à haute température et contiennent parfois du sucre raffiné, des saveurs artificielles, des stabilisants, des agents texturants, des produits chimiques divers et des agents de conservation. Si vous souhaitez ajouter des jus embouteillés à vos jus frais, choisissez un jus sans sucre et sans agent de conservation ajoutés.

Mélasse noire

La mélasse est un sous-produit du raffinage du sucre, un procédé par lequel on sépare le saccharose (sucre) des éléments liquides et des nutriments extraits de la canne brute. Parmi les différents types de mélasse, la noire est celle qui contient le moins de sucre et qui présente la plus grande valeur nutritive (fer, 6 vitamines du groupe B, calcium, phosphore et potassium).

Dans les jus : la mélasse a une saveur très puissante, utilisez-la parcimonieusement. Pour sucrer vos jus, compter environ 1 à 2 c. à thé (5 à 10 ml) par tasse (250 ml) de jus.

Miel

À la différence du sucre, le miel contient de petites quantités de calcium, de fer, de zinc, de potassium et de phosphore. Il possède également des propriétés antibactériennes et antioxydantes. Règle générale, plus le miel est foncé et plus il contient d'antioxydants. (Voir page 217.)

Propriétés : antioxydant, antibactérien, antimicrobien, calmant, antidiarrhéique.

Dans les jus : le miel adoucit les jus de légumes qui ont un goût amer ou ajouter au grog et aux remèdes maison contre la grippe.

MISE EN GARDE

Il est préférable de ne pas donner de miel aux enfants de moins de 1 an.

Noix

Toutes les noix sont riches en protéines, en vitamine E, en fibres et en inhibiteur de protéase, un agent reconnu pour bloquer le développement du cancer chez les animaux. Les noix contiennent beaucoup de bons gras polyinsaturés, lesquels contribuent à réduire le taux de cholestérol. Elles contiennent également des acides gras essentiels, lesquels sont indispensables à la santé de la peau, des cheveux, des glandes, des muqueuses, des nerfs, des artères et participent au maintien d'une bonne santé cardiaque. Les noix contribuent à équilibrer le taux d'insuline et de sucre dans le sang, ce qui en fait un bon aliment pour les diabétiques.

Propriétés : anticancéreux, prévient le cholestérol, régule le taux de sucre sanguin.

Dans les jus : moudre les noix et en garnir vos jus.

Dans les smoothies : ajouter 1/4 de tasse (50 ml) de noix ou du lait de noix (voir pages 258, 259) aux autres ingrédients.

MISE EN GARDE

Les noix provoquent de puissantes réactions allergiques chez certaines personnes. Les arachides sont particulièrement sujettes à la contamination par une moisissure cancérogène l'aflatoxine. Assurez-vous qu'elles sont toujours bien fraîches.

Poudre de protéines

Il semble que les isoflavones contenus dans la fève de soja contribuent à réduire les risques de cancer du sein, de l'endomètre et de la prostate. Les isoflavones imitent l'action de l'œstrogène, par conséquent, ils réduisent les symptômes de la ménopause et contribuent à prévenir l'ostéoporose. Des recherches démontrent que les protéines de soja réduisent le taux de cholestérol. Choisir une poudre de protéines de soja à base de fèves lavées à l'eau (et non à l'alcool), de culture biologique et reconnue pour sa haute teneur en isoflavones.

Dans les smoothies : ajouter 3 c. à table (45 ml) aux autres ingrédients.

Mise en garde

La consommation prolongée de soja soulève plusieurs inquiétudes (voir Produits du soja, page 81).

Produits de l'apiculture

Le **pollen** est la graine mâle de la fleur qui s'accroche aux pattes des abeilles qui butinent. Elles le mélangent ensuite à du nectar et à leurs enzymes. Le pollen contient de la vitamine A, B, C et E, du calcium, du magnésium, du sélénium, des acides nucléiques et de la lécithine. Ajouter le pollen aux ingrédients de vos smoothies à raison de 1 c. à table (15 ml) de pollen par 2 tasses (500 ml) de boisson.

Le **propolis** est une gomme recueillie par les abeilles sur les conifères. Le propolis stimule le système immunitaire et possède des propriétés toniques. Ajouter le propolis aux ingrédients de vos smoothies à raison de 1 c. à thé (5 ml) par tasse (250 ml) de boisson.

La **gelée royale** est une substance laiteuse produite exclusivement par la reine. Elle est riche en vitamines du complexe B et en vitamine A, C, D et E. Elle est vendue fraîche ou surgelée. Ajouter 1 c. à table (15 ml) de gelée royale par 2 tasses (500 ml) de jus ou de smoothie.

Psyllium

En augmentant le volume des selles, les graines de psyllium déclenchent les mouvements de contractions intestinales. Le psyllium doit toujours être consommé avec beaucoup d'eau sans quoi il pourrait gonfler dans l'œsophage et causer l'étouffement. Une alimentation riche en fruits et en légumes frais permet, en général, d'assurer la régularité intestinale.

Dose quotidienne : 1 à 3 c. à table (15 à 45 ml) de psyllium dans un peu d'eau (boire immédiatement après avoir versé l'eau) suivi d'un grand verre d'eau. Boire au moins 8 verres d'eau durant la journée. Ne pas prendre pendant plus de 7 jours consécutifs.

Mise en garde

Le psyllium peut provoquer des réactions allergiques chez certaines personne. Cessez immédiatement l'utilisation. Les personnes qui souffrent d'asthme devraient éviter de consommer du psyllium. Ne pas prendre de psyllium en cas d'occlusion intestinale.

Produits du soja

Le soja est la seule source de protéines végétales complètes, autrement dit, il contient tous les acides aminés essentiels à la croissance et à la survie des cellules. Certaines recherches ont démontré que les isoflavones contenus dans la fève de soja contribuent à réduire les risques de cancer du sein, de l'endomètre et de la prostate. Toutefois, des études récentes ont obtenu des résultats contradictoires.

Propriétés : propriétés anticancéreuses possibles, prévient le cholestérol, stimule le système immunitaire.

Note : la culture du soja génétiquement modifié étant de plus en plus répandue, de même que l'utilisation de pesticides, il est préférable d'utiliser des produits du soja de culture biologique.

Fèves de soja : faire tremper les fèves de soja séchées et les cuire dans l'eau. Ajouter 1/2 tasse (125 ml) de fèves de soja cuites aux ingrédients des smoothies.

Tofu : aussi appelée « viande sans os », le tofu donne de l'onctuosité aux préparations. Utiliser du tofu souple ou soyeux dans les smoothies. Ne pas consommer quotidiennement.

Tempeh : le tempeh est fabriqué à partir de soja fermenté, on le vend souvent surgelé. Ajouter environ 1/4 de tasse (50 ml) de tempeh surgelé et émietté aux ingrédients de vos smoothies. Ne pas consommer quotidiennement.

Sésame, graines de

Les graines de sésame constituent une excellente source de protéines végétales (mais il ne s'agit pas de protéines complètes). L'huile de sésame est très stable (se conserve longtemps sans rancir) et contient de la vitamine E et une coenzyme essentielle, la coenzyme Q-10.

Propriétés : garnir vos jus avec quelques graines de sésames ou ajouter 1 c. à thé (5 ml) d'huile de sésame.

Dans les smoothies : ajouter 1 c. à table (15 ml) d'huile de sésame aux ingrédients.

Sirop d'érable

La sève des érables à sucre est recueillie au printemps au moment où la sève remonte des racines jusqu'aux branches pour lui fournir l'énergie utile à sa croissance. Le sirop d'érable est obtenu par évaporation de la sève, laquelle contient de 95 à 97 % d'eau. Le sirop qui se compose de 65 % de sucre contient des minéraux (principalement du calcium et du potassium), des vitamines et des composés aminés. 1/4 de tasse (50 ml) de sirop d'érable fournit 6 % de l'apport quotidien recommandé de calcium et de thiamine et 2 % de l'apport en magnésium et en riboflavine.

Dans les jus : de 1 à 2 c. à table (15 à 30 ml) de sirop d'érable par 1 à 2 tasses (250 à 500 ml) de jus.

Tournesol, graines de

Les graines de tournesol constituent une bonne source de vitamine E et de zinc. Ajouter 2 c. à table (30 ml) de graines décortiquées aux ingrédients de vos smoothies.

Vinaigre de cidre

Le vinaigre de cidre est fait de jus de pomme naturellement fermenté. Il n'a pas été chauffé et il ne contient pas d'enzymes ajoutées, d'agents clarifiants ou de conservation. Ce vinaigre naturel contient de la pectine, des traces de minéraux, des bonnes bactéries et des enzymes.

Dans les jus : ajouter 1 c. à thé (5 ml) de vinaigre de cire dans vos jus.

Yogourt

Le yogourt est produit par l'ensemencement de bactéries dans le lait, deux bactéries sont couramment utilisées dans la fabrication du yogourt : lactobacilli et acidophilus. Toutes deux contribuent au maintien d'une flore intestinale saine, mais la seconde pourrait réduire les risques de développer un cancer du côlon. Les personnes qui tolèrent mal le lait ne ressentent pas de malaises lorsqu'ils consomment du yogourt.

Propriétés : antibactérien, anticancéreux, prévient les ulcères, renforce le système immunitaire, abaisse le taux de cholestérol.

Dans les jus : ajouter jusqu'à 1 tasse (250 ml) de yogourt nature aux smoothies et environ 1/4 de tasse (50 ml) aux jus frais.

Pour votre santé

Problèmes de santé ou conditions spécifiques

Les études scientifiques, l'observation et le bon sens démontrent l'importance de l'alimentation dans le développement des maladies et, leur traitement. Pour plus d'information de consultez les Consignes pour une alimentation saine (pages 14-15). Cette section explore des solutions pour des problèmes de santé ou des conditions spécifiques.

Ces recommandations ne remplacent en rien l'avis d'un médecin. Pour de meilleurs résultats, spécialement si vous souffrez d'une maladie grave, il vaut mieux consulter un professionnel de la santé. Pour chacun des problèmes répertoriés, vous trouverez la liste des aliments recommandés. Pour en savoir plus sur ces aliments, reportez-vous aux pages 63 à 82.

Allaitement

La mère et l'enfant ont tous deux besoin d'aliments nourrissants et riches en minéraux. Pour éviter les coliques, la mère qui allaite peut prendre, en tisane ou dans les plats, du fenouil, de l'aneth ou de l'anis. Pendant le sevrage, boire des tisanes de sauge pour réduire la production de lait.

ALIMENTS THÉRAPEUTIQUES

Fruits et légumes : banane, avocat, carotte, haricot vert, patate douce, cresson.

Plantes : camomille allemande, feuille de framboisier, feuille et fleur de bourrache, graine de fenouil, luzerne, ortie, persil*, pissenlit.

Autres : algues, amande, germe de blé, graine de citrouille, graine de tournesol, grains entiers, légumineuses, mélasse, yogourt avec ferments actifs.

suite…

CHOSES À FAIRE

Favoriser

- Les aliments non raffinés (voir Consignes pour une alimentation saine, pages 14-15).
- Les aliments contenant des vitamines du complexe B (grains entiers, légumes-feuilles, algues) qui favorisent la lactation.
- Les aliments contenant du calcium pour favoriser le développement des os du nourrisson (légumes-feuilles, algues).
- Les tisanes riches en minéraux : tisane d'ortie, de feuilles de framboisier, de luzerne, de trèfle violet et de pissenlit.

Réduire

- La consommation d'ail, d'oignon et de piments forts qui peuvent provoquer des flatulences chez le bébé.
- Les aliments raffinés, particulièrement le sucre et la farine blanche.

Éliminer

- Les additifs alimentaires, les colorants et les édulcorants qui peuvent être toxiques pour l'organisme de l'enfant.

** Durant la grossesse, limitez la consommation de persil à 1/2 c. à thé (2 ml) de persil séché ou à un brin de persil frais par jour. Ne pas consommer de persil si vous souffrez d'inflammation rénale.*

RECETTES

Choisir un ou plusieurs ingrédients figurant dans la liste à gauche et en incorporer de 1 c. à thé à 2 c. à table (5 à 30 ml) à vos boissons.

Jus

Algues et chou frisé
Folique plus
Délice aux algues
Temps des récoltes

Smoothies

Avocat et ananas

Tisanes

Tisane à la framboise
Tisane de lactation

Autres

Eau digestive

ALLERGIES
(FIÈVRE DES FOINS, ECZÉMA ET ASTHME)

Les symptômes de la fièvre des foins, de l'eczéma et de l'asthme proviennent d'une réaction inflammatoire déclenchée par l'organisme en réponse à une agression. L'intolérance à certains aliments, le stress et une mauvaise digestion permettent parfois aux toxines d'activer le système immunitaire et de provoquer une réponse inflammatoire de la peau, des yeux ou des voies respiratoires.

L'alimentation et certaines plantes peuvent modifier cette réponse inflammatoire.

ALIMENTS THÉRAPEUTIQUES

Fruits et légumes : asperge, betterave, bleuet, carotte, cresson de fontaine, épinard, fraise, framboise, mangue, oignon, orange, poivron, pomme, raisin.

Plantes : achillée millefeuille*, ail, astragale, bardane, calendula*, cannelle, curcuma, fleur de sureau, gingembre, ortie, persil, racine et feuille de pissenlit**, réglisse**, thym.

Autres : graine de lin, noix (sauf arachide, graine de citrouille, grains entiers, produit à base de soja, yogourt avec ferments actifs, riz.

** Les personnes allergiques à l'ambroisie sont parfois allergiques aux plantes de la même famille (composacées ou marguerites).*

suite…

CHOSES À FAIRE

FAVORISER

- La consommation d'acides gras essentiels, pour leurs propriétés anti-inflammatoires. Manger du poisson, des graines de lin et des graines de tournesol, aliments qui contribuent à réduire les réactions allergiques.
- Les fruits et les légumes. Ils contiennent des flavonoïdes et des antioxydants qui réduisent les réactions allergiques.
- La racine de pissenlit, qui optimise la digestion, l'astragale et l'ail qui renforcent l'immunité, la paille d'avoine et la scutellaire, qui alimentent le système nerveux.

ÉLIMINER

- Les aliments qui sont source d'allergie ou d'intolérance (voir page 304).
- Le sucre, le miel et les sucres de fruits. Des études ont démontré que le sucre affaiblit le système immunitaire en nuisant au bon fonctionnement des globules blancs. Le sucre favorise les infections à levure, lesquelles intensifient les réactions allergiques.
- L'alcool, qui déprime le système immunitaire.
- Les produits laitiers et les bananes, qui favorisent la sécrétion de mucosité.

L'achillée millefeuille, la bardane, la calendula, la camomille, le chardon-Marie, la chicorée, la grande camomille, l'échinacée et le pissenlit font partie de la même famille que l'ambroisie.

** *La réglisse est fortement déconseillée aux personnes souffrant d'hypertension. L'usage prolongé de la réglisse chez les sujets en bonne santé n'est pas recommandé.*

Autres recommandations

- Le stress et les émotions fortes affaiblissent l'immunité, augmentant par le fait même la susceptibilité aux allergies. Le sommeil et la relaxation contrent les effets néfastes du stress sur le système immunitaire.
- Une mauvaise digestion favorise la formation de toxines et affecte l'absorption des nutriments. En améliorant la digestion de façon à ce que les aliments soient complètement digérés, il est parfois possible de supprimer les réactions allergiques (voir Les combinaisons alimentaires, pages 307-308).
- Les protéines sont essentielles au bon fonctionnement du système immunitaire. Les poissons, notamment le thon, le saumon, les sardines, la truite, la morue et le hareng, comptent parmi les meilleures sources de protéines.

RECETTES

Choisir un ou plusieurs ingrédients figurant dans la liste à gauche et en incorporer de 1 c. à thé à 2 c. à table (5 à 30 ml) à vos boissons.

Jus

Betterave enchantée
Célébration printanière
Cocktail de petits fruits
Bleuet
Cocktail d'agrumes
Verdure plus
Raisin énergisant *(remplacer le romarin par une des plantes suggérées à gauche)*

Smoothies

Énergie verte *(remplacer le ginkgo par une des plantes suggérées à gauche)*

Mangue envoûtante *(remplacer la banane par 1/4 de tasse (50 ml) de yogourt)*

Tisanes

Équilibre du système immunitaire
Tisane expectorante
Tisane d'ortie

Alopécie

ALIMENTS THÉRAPEUTIQUES

Fruits et légumes : ail, brocoli, chou, épinard, oignon.

Herbes : gingembre, ortie, romarin.

Autres : graine de lin et de tournesol, noix, œufs, produit à base de soja, riz brun.

L'alopécie désigne la perte partielle ou totale des cheveux à la suite d'un stress important, d'une maladie de la peau, d'une surexposition au soleil, d'un déséquilibre hormonal ou de la thyroïde, ou encore par des produits chimiques comme ceux utilisés dans le traitement du cancer ou par certains produits utilisés en coiffure.

Les cheveux se composent de protéines, c'est pourquoi l'alimentation influence grandement la qualité des cheveux.

Traditionnellement, on traitait les problèmes capillaires avec du romarin. La tisane de romarin, en usage interne ou externe, stimule la circulation du cuir chevelu.

CHOSES À FAIRE

Favoriser	Réduire
• La consommation de fruits et de légumes pour leurs propriétés antioxydantes.	• Le stress. Faire des exercices de relaxation, des séances de méditation ou de yoga.

Introduire dans notre alimentation

- Des aliments riches en protéines, comme la viande, le poisson, la volaille, les œufs, le fromage, le riz brun, les noix, les graines et le soja.
- Le soufre, contenu dans les jaunes d'œufs, le chou-fleur, le navet, l'oignon et l'ail.
- Le calcium que l'on trouve dans les produits laitiers, les légumes-feuilles et les algues.

RECETTES

Choisir un ou plusieurs ingrédients figurant dans la liste à gauche et en incorporer de 1 c. à thé à 2 c. à table (5 à 30 ml) à vos boissons.

Jus

Cocktail antioxydant
Choupinard
Panais enchanté

Smoothies

Énergie verte

Tisanes

Tisane pour la circulation

Anémie

ALIMENTS THÉRAPEUTIQUES

Fruits et légumes : agrumes, betterave et feuille de betterave, brocoli, carotte, cresson, fenouil, fraise, légumes-feuilles, pomme, pêche, petit pois, raisin, topinambour.

Plantes : feuille et racine de pissenlit, ortie, persil*, racine de bardane.

Autres : abricot sec, amande, laminaire, mélasse noire, prune, raisin.

suite…

L'anémie est une diminution du taux d'hémoglobine dans le sang, qui provoque de la fatigue et de la pâleur. Les autres symptômes varient selon le type d'anémie, lequel est déterminé par des analyses sanguines. L'anémie ferriprive est la plus fréquente et peut être déclenchée par des règles abondantes, des saignements internes, une alimentation pauvre en fer, la grossesse ou la polyarthrite rhumatoïde. Il est important d'augmenter la consommation de certains nutriments et d'éliminer les facteurs en cause.

CHOSES À FAIRE

Favoriser

- La consommation d'aliments riches en fer : algues, amande, betterave, cresson de fontaine épinard, fruits séchés, ortie, persil.
- La consommation d'aliments riches en vitamine : toniques amers aux herbes (racine de pissenlit) pour favoriser l'absorption du fer.

Réduire

- Le pain de blé entier, qui limite l'absorption du fer.

Éliminer

- Les aliments qui limitent l'absorption du fer : café, thé, chocolat, son de blé.

★ Durant la grossesse, limitez la consommation de persil à 1/2 c. à thé (2 ml) de persil séché ou à un brin de persil frais par jour. Ne pas consommer de persil si vous souffrez d'inflammation rénale.

RECETTES

Choisir un ou plusieurs ingrédients figurant dans la liste à gauche et en incorporer de 1 c. à thé à 2 c. à table (5 à 30 ml) à vos boissons.

Jus

Abricot et pêche — Betterave enchantée — Betterave verte
Petits pois — Pomme, betterave et poire
Tonique de Popeye

Smoothies

Algues fruitées

Succédanés de café

Café de racines express

Tisanes

Fer plus — Tisane d'orties — Tonique printanier

Anxiété

(Anxiété, stress et attaque de panique)

ALIMENTS THÉRAPEUTIQUES

Fruits et légumes : abricot, banane, brocoli, carotte, céleri, cresson, fenouil, légumes-feuilles, oignon.

Plantes : bourrache, camomille allemande, feuille de pissenlit, kawa, lavande, luzerne, mélisse, millepertuis, persil★, scutellaire, valériane★★.

Autres : dulse, grains entiers (particulièrement l'avoine), lait d'amande, miel, noix (particulièrement les amandes), tofu, varech.

★Durant la grossesse, limitez la consommation de persil à 1/2 c. à thé (2 ml) de persil séché ou à un brin de persil frais par jour. Ne pas consommer de persil si vous souffrez d'inflammation rénale.

★★ Certaines personnes réagissent mal à la valériane.

L'anxiété est un trouble émotionnel caractérisé par un sentiment d'insécurité ou de peur et est souvent associée à de l'insomnie. L'attaque de panique relève d'un état d'anxiété sévère. La fatigue, le stress, certains désordres nerveux, la dépression et le déséquilibre hormonal peuvent être à l'origine d'une attaque de panique.

CHOSES À FAIRE

Favoriser

- La consommation de fruits et de légumes frais pour améliorer la résistance de l'organisme au stress.
- La consommation d'aliments riches en vitamine B, comme les grains entiers et les légumes-feuilles, pour renforcer le système nerveux.
- La consommation d'aliments riches en calcium et en magnésium, comme la laminaire, la dulse, les produits à base de soja, les amandes, le chou frisé et le persil, pour calmer la tension nerveuse.
- La camomille, la lavande et la scutellaire facilitent la détente et le sommeil.

Éliminer

- Le café, le thé vert, le chocolat et les boissons gazeuses.
- L'alcool.
- La farine et le sucre raffiné.
- Les additifs alimentaires.
- Les aliments auxquels vous êtes allergiques ou intolérants (voir pages 304-305).

RECETTES

Choisir un ou plusieurs ingrédients figurant dans la liste à gauche et en incorporer de 1 c. à thé à 2 c. à table (5 à 30 ml) à vos boissons.

Jus

Temps des récoltes — Tonique de Popeye
Verdure plus

Smoothies	
Bananes et amandes	
Tisanes	
Tisane à la lavande	Tisane calmante
Tisane surrénales plus	
Autres	
Antidote à l'anxiété	Lait frappé à la banane

ARTHRITE

POLYARTHRITE RHUMATOÏDE ET ARTHROSE

ALIMENTS THÉRAPEUTIQUES

Fruits et légumes : artichaut, asperge, betterave, brocoli, canneberge, carotte, céleri, cerise, chou, chou-fleur, cresson, mangue, navet, oignon, papaye, pomme, raisin, topinambour.

Plantes : ail, camomille allemande, curcuma, graine de céleri et de fenouil, gingembre, luzerne, mélisse, ortie, persil★★, réglisse★, reine-des-prés, racine et feuille de pissenlit, romarin,

Autres : dulse, germe de blé, graines (citrouille, lin, sésame, tournesol), huile de poisson, huile d'olive de première pression, légumineuses, mélasse noire, noix (particulièrement les amandes), pousse de céréale, produit à base de soja, huile d'olive de première pression, varech, yogourt nature avec ferments actifs.

suite…

Parmi les maladies inflammatoires des articulations, la polyarthrite rhumatoïde est la plus fréquente. On la diagnostique par la présence d'anticorps (appelés « facteurs rhumatoïdes ») dans le sang. La polyarthrite n'est donc pas causée par l'usure, il s'agit plutôt d'une maladie systémique dont les symptômes sont la perte de poids, la fièvre, la fatigue et une dégradation générale de l'état de santé. Les poignets, les coudes, les chevilles, les genoux, les hanches, les articulations des mains et des pieds sont les articulations les plus fréquemment touchées. L'atteinte est généralement symétrique et provoque de l'enflure et de l'inflammation. Lorsque la colonne vertébrale est touchée, le cou peut être ankylosé et douloureux. Les articulations peuvent se déformer sous l'effet de l'inflammation qui entrave le processus normal de réparation des tissus. La douleur et les raideurs sont généralement pires au lever et s'atténuent progressivement durant la journée.

L'arthrose, au contraire de la polyarthrite, est causée par l'usure et débute généralement après 50 ans. Elle se caractérise par une dégénérescence du cartilage des articulations porteuses, comme les hanches, les genoux et la colonne vertébrale ainsi que les articulations des mains et des pieds. Cette dégénérescence entraîne la formation de tissus osseux, de cartilage et de tissu conjonctif qui gênent la mobilité des articulations. La douleur de l'arthrose est associée aux mouvements et disparaît avec le repos, c'est pourquoi elles sont généralement plus intenses en soirée qu'en début de journée. La perte de poids contribue à atténuer l'arthrose. Elle peut également être liée à une carence en minéraux qui peut être comblée par l'adoption d'une diète plus saine.

Les personnes qui souffrent d'arthrite ont généralement une mauvaise circulation sanguine (mains et pieds

** La réglisse est fortement déconseillée aux personnes souffrant d'hypertension. L'usage prolongé de la réglisse chez les sujets en bonne santé n'est pas recommandé.*

*** Durant la grossesse, limitez la consommation de persil à 1/2 c. à thé (2 ml) de persil séché ou à un brin de persil frais par jour. Ne pas consommer de persil si vous souffrez d'inflammation rénale.*

froids), elles transpirent peu et sont constipées. Ces facteurs favorisent la rétention des toxines, c'est pourquoi ces problèmes doivent être traités en priorité.

CHOSES À FAIRE

Favoriser

- La consommation de fruits et de légumes.
- La consommation de fluides pour favoriser l'élimination des toxines.
- Les poissons gras (saumon, thon, hareng, sardine), qui ont des propriétés anti-inflammatoires.
- Les plantes qui facilitent la digestion (camomille, mélisse, menthe poivrée), pour améliorer l'absorption des nutriments.
- Les plantes aux propriétés anti-inflammatoires (camomille, gingembre, réglisse, reine-des-prés), pour réduire la douleur et les dommages aux articulations.
- Les plantes aux propriétés diurétiques (feuille de pissenlit) et aux propriétés lymphatiques (fleur de trèfle violet), pour favoriser l'évacuation des déchets.
- Les plantes qui soutiennent la fonction hépatique (racine de pissenlit et réglisse), pour l'élimination des toxines.
- Les plantes qui stimulent la circulation (gingembre, ortie), pour favoriser l'apport en nutriments aux articulations.
- Les plantes analgésiques (camomille, reine-des-prés), pour soulager la douleur.

Éliminer

- Identifier et cesser de consommer le ou les aliments responsables de réactions allergiques ou d'intolérance. Certains aliments comme la tomate, la patate, les aubergines, les poivrons, le piment de Cayenne, le blé, le chocolat et les arachides causent fréquemment des allergies ou des intolérances.
- La viande, particulièrement le bœuf et le porc, les charcuteries (saucisse, saucisson, etc.) qui favorisent l'inflammation.
- La margarine, le shortening et les huiles pressées à chaud. Les remplacer par de l'huile d'olive de première pression.
- Les crustacés.
- Les aliments transformés et en conserve.
- Le sucre et les édulcorants artificiels. Les remplacer par du miel, du sirop d'érable ou du stevia.
- Les agrumes, qui peuvent être allergènes pour les personnes qui souffrent de polyarthrite rhumatoïde.
- Le vinaigre et les aliments vinaigrés, à l'exception du vinaigre de cidre.
- L'alcool.
- Les additifs alimentaires.
- Les aliments contaminés par les pesticides.
- La malbouffe.

Réduire

- La consommation d'aliments raffinés.
- Le thé, le café et les boissons gazeuses.
- Le sel et les aliments salés.
- Les fruits et les légumes acides (rhubarbe, canneberge, prune, épinard, bette à carde, feuille de betterave).

RECETTES

Choisir un ou plusieurs ingrédients figurant dans la liste à gauche et en incorporer de 1 c. à thé à 2 c. à table (5 à 30 ml) à vos boissons.

Jus

Brocoli et carotte
Carotte et pomme
Cocktail de chou
Cocktail dépuratif à la betterave
Cocktail épicé aux pommes
Délice aux algues
Brocoli et topinambour
Chou-chou
Cocktail antioxydant
Cocktail petit matin
Nourriture cellulaire

Smoothies

Bananes et amandes
Camomille calmante

Tisanes

Tisane au gingembre
Tisane épicée à la camomille
Tisane anti-goutte

Laits frappés

Lait frappé à la banane
Lait frappé aux dattes et aux noix
Lait frappé au chocolat

Bronchite

ALIMENTS THÉRAPEUTIQUES

Fruits et légumes : abricot, agrumes, brocoli, canneberge, carotte, chou, cresson, légumes-feuilles, navet, oignon, poire, poivron.

Plantes : ail, baie de sureau, cannelle, feuille d'ortie, gingembre, guimauve, graine de fenugrec, hysope, persil★★, piment de Cayenne, plantain, réglisse★, thym.

Autres : graine de sésame et de tournesol, légumineuses, produit à base de soja, particulièrement le yogourt de soja.

★ La réglisse est fortement déconseillée aux personnes souffrant d'hypertension. L'usage prolongé de la réglisse chez les sujets en bonne santé n'est pas recommandé.

★★Durant la grossesse, limitez la consommation de persil à 1/2 c. à thé (2 ml) de persil séché ou à un brin de persil frais par jour. Ne pas consommer de persil si vous souffrez d'inflammation rénale.

La bronchite est une inflammation des bronches caractérisée par de la congestion et une toux persistante. Elle peut être d'origine bactérienne ou virale ou résulter d'une exposition à la fumée et aux produits chimiques. Sans traitement, la bronchite peut devenir chronique.

CHOSES À FAIRE

Favoriser

- La consommation de fruits et de légumes, particulièrement ceux qui sont riches en vitamines C et en bêta-carotène.

Réduire

- La viande.
- Le sel.

Éliminer

- Les produits laitiers.
- Le sucre.
- Les farines raffinées.
- L'alcool.
- Les aliments qui causent des allergies et des intolérances (voir pages 304-305).

RECETTES

Choisir un ou plusieurs ingrédients figurant dans la liste à gauche et en incorporer de 1 c. à thé à 2 c. à table (5 à 30 ml) à vos boissons.

Jus

Cocktail antioxydant
Cocktail à la tomate
Brocoli et gingembre
Carotte ravigote
C-Vitaminé

Tisane

Apaisement pulmonaire

Brûlures d'estomac

ALIMENTS THÉRAPEUTIQUES

Fruits et légumes : banane, betterave, carotte, céleri, chou, concombre, panais, papaye.

Plantes : aneth, calendula, camomille allemande, cardamome, fenouil, feuille de pissenlit, gingembre, guimauve, persil★★, poudre d'écorce d'orme rouge, racine de reine-des-prés, réglisse★.

Autres : graine de lin.

★La réglisse est fortement déconseillée aux personnes souffrant d'hypertension. L'usage prolongé de la réglisse chez les sujets en bonne santé n'est pas recommandé.

★★Durant la grossesse, limitez la consommation de persil à 1/2 c. à thé (2 ml) de persil séché ou à un brin de persil frais par jour. Ne pas consommer de persil si vous souffrez d'inflammation rénale.

La sensation de brûlure dans la poitrine trahit la présence de problèmes digestifs. Les brûlures d'estomac peuvent provenir d'une hernie hiatale, d'une indigestion ou d'une inflammation de l'estomac. Il est important de consulter un médecin pour en connaître la cause et pour éliminer la possibilité d'un problème cardiaque. Certains jus de fruits et de légumes ainsi que la consommation de plantes aux propriétés antiacides, comme le pissenlit ou la reine-des-prés, et de plantes adoucissantes, comme la guimauve et l'écorce d'orme rouge, peuvent soulager les brûlures d'estomac. Une alimentation en accord avec les principes de combinaisons alimentaires facilite la digestion (voir pages 307-308).

CHOSES À FAIRE

Favoriser

- Les légumes et les fruits frais.
- La consommation d'eau (entre les repas seulement).
- Prendre de la poudre d'écorce d'orme rouge pour protéger l'estomac de l'acidité.

Réduire

- La consommation d'aliments qui favorisent l'acidité, comme la viande et les produits laitiers.

Éliminer

- Le café, les colas, l'alcool et le chocolat.
- Les aliments frits, gras ou épicés.
- Les agrumes et les tomates.
- Les aliments marinés.
- La farine et le sucre raffinés.
- Le tabac.
- Les repas copieux.
- Les antiacides et les anti-inflammatoires qui peuvent irriter la paroi de l'estomac.

RECETTES

Choisir un ou plusieurs ingrédients figurant dans la liste à gauche et en incorporer de 1 c. à thé à 2 c. à table (5 à 30 ml) à vos boissons.

Jus

Betterave enchantée

Cocktail de chou *(omettre l'ail)*

Carotte et pomme

Smoothie

Estomac paisible

Succédané de café

Café de racines

Calculs biliaires

ALIMENTS THÉRAPEUTIQUES

Fruits et légumes : agrumes, asperge, betterave, brocoli, carotte, céleri, citron, cresson, légumes-feuilles, poire, pomme, tomate, radis.

Plantes : ail, chardon-Marie, curcuma, feuille et racine de pissenlit, gingembre, persil*.

Autres : avoine, graine de lin, grains entiers, lécithine, légumineuses, huile d'olive de première pression.

**Durant la grossesse, limitez la consommation de persil à 1/2 c. à thé (2 ml) de persil séché ou à un brin de persil frais par jour. Ne pas consommer de persil si vous souffrez d'inflammation rénale.*

Le cholestérol du gras animal est le principal responsable de la formation des calculs biliaires. Les principaux symptômes des calculs biliaires sont : l'indigestion, des douleurs aiguës dans la portion supérieure droite de l'abdomen, de la constipation, des flatulences, des nausées et des vomissements. Lorsque le calcul reste coincé dans la voie biliaire principale, il arrive qu'il doive être retiré chirurgicalement. Une alimentation saine réduit les risques de calculs biliaires. Les végétariens sont moins susceptibles de souffrir de calculs biliaires.

CHOSES À FAIRE

Favoriser
- Les protéines végétales (voir page 81 et les Consignes pour une alimentation saine, pages 14-15).
- Les fruits, les légumes, les grains entiers et les légumineuses.

Réduire
- Les viandes grasses et les produits laitiers.

Éliminer
- Le sucre.
- Les aliments raffinés.
- Le café.

Autres recommandations
- Augmenter la consommation de poissons gras (saumon, maquereau, sardine, thon) qui contribuent à réduire le taux de cholestérol.
- Les plantes amères qui augmentent l'écoulement de la bile et préviennent la formation de calculs biliaires (voir Les plantes amères, pages 251-253).
- L'huile d'olive prévient le développement de calculs biliaires.

RECETTES

Choisir un ou plusieurs ingrédients figurant dans la liste à gauche et en incorporer de 1 c. à thé à 2 c. à table (5 à 30 ml) à vos boissons.

Jus

Brocoli et carotte
Cocktail bitter
Casseur de pierres
Carotte et pomme
Célébration printanière
Cocktail dépuratif au citron
Cocktail à la tomate
Limonade anisée *(remplacer la réglisse par 1 c. à thé [5 ml] d'une des plantes présentées à gauche)*
Pomme, betterave et poire
Rafraîchissement automnal
Verdure plus
Tomate vivifiante
C-Vitaminé

Tisane

Tisane au gingembre

Succédanés de café

Café de racines
Café de racines express

ALIMENTS THÉRAPEUTIQUES

Fruits et légumes : abricot, asperge, brocoli, céleri, fenouil, maïs, mangue, melon, oignon, pêche, poireau.

Plantes : feuille et racine de guimauve, ortie, plantain, verge d'or.

Autres : graines (lin, citrouille, sésame, tournesol), grains entiers, riz brun.

Calculs rénaux

Les calculs rénaux sont beaucoup moins fréquents chez les végétariens (60 % moins de prévalence). Une alimentation riche en fibres et en liquide et faible en protéines est le meilleur moyen de prévenir les calculs rénaux, tandis qu'une diète riche en protéines favorise leur formation. Les calculs rénaux sont généralement composés de calcium et d'acide oxalique. Les calculs faits d'acide urique et de minéraux sont moins courants. Consultez votre médecin pour identifier le type de calculs dont vous souffrez.

CHOSES À FAIRE

Favoriser

- La consommation d'eau (au moins 2 grands verres d'eau 4 fois par jour entre les repas) pour éliminer les calculs et freiner le développement de bactéries.
- Les aliments qui favorisent la production d'alcalinité comme l'orange, le citron et tous les légumes (dans le cas des calculs rénaux composés d'acide urique).

Réduire

- La consommation de protéines animales (viande et produits laitiers).

Éliminer

- Le sel et les aliments riches en sodium, comme le bacon et les aliments transformés.
- Le sucre.
- Les aliments riches en oxalate, comme les légumes-feuilles, la rhubarbe, le café, le thé, le chocolat, le pamplemousse, le persil, l'arachide, la tomate (calculs formés de calcium et d'oxalate).
- Les fruits de mer (calculs formés de calcium et d'oxalate).
- L'alcool.
- Les farines raffinées.

Autres recommandations

- Remplacer les protéines animales par des protéines végétales (soja et autres, voir Consignes pour une alimentation saine, pages 14-15).
- La tisane de feuilles de guimauve apaise les voies urinaires et peut contribuer à briser les calculs.

RECETTES

Choisir un ou plusieurs ingrédients figurant dans la liste à gauche et en incorporer de 1 c. à thé à 2 c. à table (5 à 30 ml) à vos boissons.

Jus

Abricot et pêche   Cocktail antioxydant   Délice printanier

Tisane

Mangue enchantée

Succédané de café

Café de graines

CANDIDOSE

ALIMENTS THÉRAPEUTIQUES

Fruits et légumes : canneberge, brocoli, carotte, céleri, chou, chou-fleur, courge, légumes-feuilles, oignon, patate douce, poivron rouge.

Plantes : ail, calendula, clou de girofle, échinacée, gingembre, mélisse, menthe poivrée, ortie, persil*, racine et feuille de pissenlit, romarin, thym.

Autres : acide caprylique, dulse, graines, grains entiers, huile d'olive de première pression, légumineuses, noix, produit à base de soja, varech, yogourt nature avec ferments actifs.

* *Durant la grossesse, limitez la consommation de persil à 1/2 c. à thé (2 ml) de persil séché ou à un brin de persil frais par jour. Ne pas consommer de persil si vous souffrez d'inflammation rénale.*

La candidose génitale est une infection à levure qui se traduit, chez la femme, par des pertes vaginales et des irruptions cutanées. Les candidoses buccales provoquent une sensation de brûlure ou des ballonnements en cas d'infection du système digestif. Les principaux symptômes de la candidose sont les suivants : fatigue, changement d'humeur, dépression, pertes de mémoire, maux de tête, rage de sucre, irrégularité intestinale, douleurs musculaires et articulaires, et problèmes de peau.

Les candidoses ont des causes diverses : hypothyroïdie, diabète, grossesse, prise d'antibiotiques et de stéroïdes, carences alimentaires, utilisation d'un déodorant vaginal ou de produits cosmétiques, et transmission sexuelle.

La scutellaire, la verveine et l'avoine renforcent les nerfs et réduisent par conséquent le stress.

CHOSES À FAIRE

FAVORISER

- La consommation de légumes antioxydants.
- L'apport en protéines végétales (soja, légumineuses et riz).
- La consommation d'ail frais. Manger plusieurs gousses d'ail crues par jour tue les levures qui causent l'infection.
- Le yogourt avec ferments actifs, qui freinent la croissance des levures.

RÉDUIRE

- Les fruits et les jus de fruits : le sucre favorise la croissance des levures.
- Les légumes à haute teneur en glucides, comme la pomme de terre, le panais et le maïs.

ÉLIMINER

- Les aliments qui causent des allergies ou des intolérances (voir pages 304-305).
- Les bananes, les agrumes, les fruits séchés, les champignons.
- L'alcool, le café, le chocolat, le thé.
- Les produits laitiers, à l'exception du yogourt : ils contiennent du lactose (sucre du lait) et des antibiotiques.
- Le miel, la mélasse, la sauce soja, le sucre et les édulcorants.
- La viande.
- Les aliments raffinés.
- Les aliments contenant du vinaigre, comme le ketchup, la moutarde, les marinades, les vinaigrettes, etc.
- Les produits contenant de la levure, comme les pâtisseries, le pain, etc.

RECETTES

Choisir un ou plusieurs ingrédients figurant dans la liste à gauche et en incorporer de 1 c. à thé à 2 c. à table (5 à 30 ml) à vos boissons.

Jus

Cocktail digestif — Courge épicée — Limonade anisée

Explosion de vitamines C
Fontaine de jouvence 1
Verdure plus — Vert divin
Orange piquante
Tonique de Popeye

Tisanes

Tisane de ginseng
Tisane de pissenlit
Tisanes à base de millepertuis, d'ail ou d'échinacée

ALIMENTS THÉRAPEUTIQUES

Fruits et légumes : betterave, légumes-feuilles, oignon, pomme, poire, poireau, prune, rhubarbe.

Plantes : ail, camomille allemande, cannelle, gingembre, graine de fenouil, lavande, mélisse, menthe poivrée, patience crépue, racine de bardane et de pissenlit, réglisse*, verveine.

Autres : fruits séchés, graines de citrouille, de lin et de sésame, légumineuses, mélasse, noix, psyllium, yogourt avec ferments actifs.

** La réglisse est fortement déconseillée aux personnes souffrant d'hypertension. L'usage prolongé de la réglisse chez les sujets en bonne santé n'est pas recommandé.*

CONSTIPATION

La constipation est la conséquence d'une diverticulose, d'un état anémique — deux états de santé qui requièrent des traitements (voir pages 103 et 88) — , du stress, du manque d'exercice, d'une diète pauvre en fibres ou d'une prise excessive de laxatifs (qui cause de la paresse intestinale).

Une diète riche en fibres associée à de l'exercice quotidien et une consommation d'eau suffisante permet généralement de soulager la constipation.

La constipation peut se manifester chez les personnes trop tendues comme chez celles qui sont asthéniques. Le piment de Cayenne et le gingembre stimulent les asthéniques tandis que la camomille, la lavande, la verveine ou la mélisse calment les personnes tendues.

Remplacer les produits laitiers par des produits à base de riz ou de soja peut contribuer à soulager la constipation chez l'enfant.

CHOSES À FAIRE

FAVORISER

- L'apport en fibres en mangeant des fruits et des légumes crus, des légumineuses, des noix, des graines et des grains entiers.
- La consommation de liquide. Boire au moins 8 verres d'eau, de jus frais ou de tisane par jour.
- La consommation de plantes amères (racine de pissenlit, camomille allemande, bardane, gingembre, fenouil, patience crépue) pour stimuler doucement les sucs digestifs et les intestins.
- Suivre les Consignes pour une alimentation saine (voir pages 14-15).

ÉLIMINER

- Les aliments raffinés.

RECETTES

Choisir un ou plusieurs ingrédients figurant dans la liste à gauche et en incorporer de 1 c. à thé à 2 c. à table (5 à 30 ml) à vos boissons.

Jus

Poire anisée — Rhubarbe ravigotante

Smoothies

Énergie plus — Prune enchantée
Smoothie à la rhubarbe

Tisanes

Tisane de pissenlit — Tisane au gingembre
Tisane digestive — Tisane épicée à la camomille
Tisanes avec de la camomille et du citron

Autres

Purée de pomme — Tonique nerveux

DÉFICIT IMMUNITAIRE

Un système immunitaire en santé constitue le meilleur moyen de résister aux infections, aux allergies et aux maladies chroniques. Le système immunitaire protège et défend le corps contre les virus, les bactéries, les parasites et les infections aux champignons. L'alimentation, l'activité physique, l'état d'esprit, la vie sociale et spirituelle sont des facteurs qui influencent le système immunitaire.

ALIMENTS THÉRAPEUTIQUES

Fruits et légumes : consommer une grande variété de fruits et de légumes.

Plantes : ail, astragale, baie et fleur de sureau, bardane, clou de girofle, curcuma, échinacée, ginseng, millepertuis, persil, piment de Cayenne, réglisse*, romarin, sauge, thé vert, thym, trèfle violet.

Autres : champignon shiitake, graines, grains entiers, légumineuses, noix, pousse de céréale, yogourt nature avec ferments actifs.

**La réglisse est fortement déconseillée aux personnes souffrant d'hypertension. L'usage prolongé de la réglisse chez les sujets en bonne santé n'est pas recommandé.*

CHOSES À FAIRE

FAVORISER

- Les aliments entiers (voir Consignes pour une alimentation saine, pages 14-15).
- Les fruits et les légumes crus et de culture biologique, qui constituent une excellente source de minéraux, de vitamines, d'enzymes digestives et d'antioxydants utiles au bon fonctionnement du système immunitaire.

ÉLIMINER

- Le sucre, qui prive l'organisme de vitamines et de minéraux, affaiblit le système immunitaire et favorise les infections à levure.
- Les aliments industriels, les marinades et les boissons gazeuses : ils déséquilibrent les taux de minéraux et nuisent à l'absorption des acides gras essentiels.
- Les additifs alimentaires, les pesticides provenant des végétaux issus de l'agriculture non biologique.
- L'alcool, qui déprime le fonctionnement du système immunitaire.
- L'abus d'antibiotiques et de corticostéroïdes. Prises en grande quantité, ces substances affaiblissent le système immunitaire et peuvent être à l'origine de nouveaux problèmes de santé.
- La margarine, les vinaigrettes et les huiles de cuisson (à l'exception de l'huile d'olive et de certaines huiles végétales de première pression), parce qu'elles inhibent l'absorption des acides gras essentiels.
- Les nitrites ajoutés au bacon et au jambon que l'organisme transforme en substances toxiques.

CHOSES À FAIRE

Éliminer (suite)

- Identifier les aliments auxquels vous êtes allergiques. Les produits laitiers, le gluten, le maïs, les œufs, les oranges, les fraises, le porc, les tomates, le thé, le café, les arachides et le chocolat sont des aliments qui causent fréquemment des allergies (voir pages 304 à 305).

Autres recommandations

- Les protéines fournissent à l'organisme les acides aminés nécessaires aux organes et à la production d'anticorps.
- Une meilleure digestion améliore aussi l'absorption des nutriments (voir Indigestion, page 117).
- Le stress affaiblit le système immunitaire. La pratique régulière d'exercice de relaxation comme le yoga, la méditation et le tai-chi contribue à réduire le stress.
- Consommer des plantes qui sont des régulateurs du système immunitaire (astragale, échinacée, ail, réglisse*, thym).
- Consommer des végétaux aux propriétés antibiotiques (bardane, piment de Cayenne, clou de girofle, échinacée, ail, trèfle violet, thym).
- Consommer des végétaux aux propriétés antivirales (bardane, fleur et baie de sureau, ail, gingembre, mélisse, réglisse, marjolaine, millepertuis, achillée millefeuille.
- Consommer des végétaux aux propriétés antioxydantes (astragale, aubépine, curcuma, chardon-Marie, gingko biloba, romarin, sauge, thé vert).

RECETTES

Choisir un ou plusieurs ingrédients figurant dans la liste à gauche et en incorporer de 1 c. à thé à 2 c. à table (5 à 30 ml) à vos boissons.

Jus

Ananas en folie
Betterave embrasée
Cocktail antibiotique
Cocktail antioxydant
Cocktail matinal au melon
Fontaine de jouvence 2
Immunité
Repas liquide
Réveille-matin
Topinambour et carotte
Verdure plus

Tisanes

Tisane antioxydante
Tisane casse-grippe
Tisane diable vert
Équilibre du système immunitaire

DÉPRESSION

voir la page suivante

La dépression se caractérise par une humeur triste et s'accompagne souvent de maux de tête, d'insomnie, de fréquents épisodes de somnolence, de difficultés de concentration et d'une dégradation de l'immunité. Si la dépression doit faire l'objet d'un suivi médical,

Fruits et légumes : brocoli, carotte, cresson, épinard, fève de soja, haricot noir, mangue.

Plantes : ail, avoine, bourrache, camomille allemande, cannelle, cardamome, clou de girofle, gingembre, ginkgo, graine de citrouille et de tournesol, grains entiers, mélisse, persil*, piment de Cayenne, racine de bardane et de pissenlit.

Autres : pousse de céréale, graines de citrouille, de lin et de tournesol, grains entiers, huile d'onagre, noix, son d'avoine, varech.

* *Durant la grossesse, limitez la consommation de persil à 1/2 c. à thé (2 ml) de persil séché ou à un brin de persil frais par jour. Ne pas consommer de persil si vous souffrez d'inflammation rénale.*

l'adoption de bonnes habitudes alimentaires peut grandement contribuer à améliorer le fonctionnement du système nerveux.

CHOSES À FAIRE

FAVORISER

- Suivre les Consignes pour une alimentation saine (voir pages 14-15).
- La consommation d'aliments riches en vitamines du complexe B, particulièrement les grains entiers et les légumes-feuilles, pour améliorer le fonctionnement du système nerveux.
- La consommation de plantes relaxantes (bourrache, camomille, mélisse, millepertuis, scutellaire,) pour réduire l'anxiété et le stress.
- La consommation de plantes qui aident la fonction hépatique (racine de bardane et de pissenlit, romarin) pour stimuler le métabolisme et favoriser l'évacuation des toxines.
- Les noix et les graines.

ÉLIMINER

- Les additifs alimentaires, qui peuvent jouer un rôle dans la dépression.

RECETTES

Choisir un ou plusieurs ingrédients figurant dans la liste à gauche et en incorporer de 1 c. à thé à 2 c. à table (5 à 30 ml) à vos boissons.

Jus

Brocoli et carotte — Temps des récoltes — Verdure plus

Smoothies

Énergie verte — Petit futé

Tisanes

Tisane aide-mémoire — Chasse-spleen

Succédané de café

Café de graines

DIABÈTE

ALIMENTS THÉRAPEUTIQUES

Fruits et légumes : avocat, bleuet, brocoli, pamplemousse, pomme, citron, citron vert, légumes-feuilles, oignon, poire, topinambour.

Plantes : achillée millefeuille, ail, cannelle, clou de girofle, coriandre, curcuma, fleur de tilleul, graine

suite…

Le diabète sucré est dû à l'insuffisance de la sécrétion d'insuline entraînant un taux élevé de sucre dans le sang. Cette carence affecte le métabolisme des protéines, des glucides et du gras, ce qui peut favoriser les infections. Les personnes atteintes de diabète doivent être suivies par un médecin. Un diabète mal contrôlé peut mener à de l'hypertension et à de graves problèmes circulatoires. Il peut occasionner des troubles nerveux, des problèmes rénaux et oculaires.

Le diabète de type I se déclare durant l'enfance. Il se traite par des injections quotidiennes d'insuline, le pancréas n'en produisant plus assez.

de fenugrec, gingembre, ginkgo, huile d'onagre, racine et feuille de pissenlit, stevia.

Autres : avoine, graine de citrouille et de lin, grains entiers, huile d'olive de première pression, huile de poisson, lait de soja, légumineuses, spiruline, tofu, yogourt nature avec ferments actifs.

Le diabète de type II se déclare généralement à l'âge adulte. L'obésité est un facteur de risque majeur dans ce type de diabète. Le pancréas sécrète l'insuline nécessaire, mais le corps est incapable de l'utiliser efficacement. Une diète appropriée combinée avec la pratique régulière d'une activité physique peut abaisser de façon significative le taux de sucre dans le sang. Certaines plantes associées à une alimentation saine permettent de diminuer le taux de sucre sanguin, d'améliorer la digestion des nutriments et la circulation tout en renforçant le système immunitaire.

CHOSES À FAIRE

Favoriser

- La consommation de fruits, de légumes, de légumineuses et de grains entiers pour une meilleure régulation du taux de sucre sanguin et pour renforcer le système immunitaire.
- Les acides gras oméga-3 (poissons et huile de poisson, les graines de lin, les graines de citrouille et les produits à base de soja) qui favorisent une bonne circulation.

Réduire

- L'apport en gras animal (viande et produits laitiers). Remplacer la viande par du poisson et des protéines végétales, et les produits laitiers par des succédanés à base de soja.

Éliminer

- Les aliments auxquels vous êtes allergiques ou intolérants (voir pages 304-305).
- Les produits laitiers.
- Les pommes de terre.
- Les fruits séchés, le sucre, les édulcorants, à l'exception du stevia et du miel pris en petite quantité.
- Les huiles et les gras, à l'exception de l'huile d'olive de première pression.
- Les aliments transformés.
- Les aliments raffinés.
- La caféine, le thé et les boissons gazeuses.

Autres recommandations

- Le stress chronique a une influence sur le taux de sucre sanguin. La scutellaire et l'avoine calment le système nerveux.
- La pratique régulière d'une activité physique permet une meilleure régulation du taux de sucre.

RECETTES

Choisir un ou plusieurs ingrédients figurant dans la liste à gauche et en incorporer de 1 c. à thé à 2 c. à table (5 à 30 ml) à vos boissons.

Jus

Avalanche de bêta-carotène
Cocktail antioxydant
Brocoli et topinambour
Pomme, betterave et poire

Smoothies

Cerise bleue
Énergie verte
Spa délice

Tisanes

Équilibre du système immunitaire
Tisane pour la circulation

Succédanés de café

Café de graines
Café de racines express

Diarrhée

ALIMENTS THÉRAPEUTIQUES

Fruits et légumes : banane, carotte, citron, citron vert, pomme cuite, pomme de terre.

Plantes : camomille allemande, cardamome, écorce d'orme rouge, feuille de framboisier, gingembre, graine de fenouil, mélisse, muscade, reine-des-prés.

Autres : huile d'onagre, graines de lin, de citrouille, de tournesol, riz, grains entiers, yogourt avec ferments actifs.

La diarrhée est une inflammation des intestins causée par une infection bactérienne ou virale, une allergie ou une intolérance à certains aliments, ou un mauvais fonctionnement du système digestif. Consultez votre médecin si la diarrhée persiste pendant plus d'une semaine.

La déshydratation causée par la diarrhée peut être fatale aux enfants en bas âge, consultez un médecin immédiatement.

CHOSES À FAIRE

Favoriser

- La consommation d'eau (bouillie et refroidie) et de tisanes.
- Les aliments riches en amidon, comme la pomme de terre, la carotte et le riz.

Réduire

- La consommation de fruits frais, susceptibles de favoriser la diarrhée (à l'exception des bananes).
- Les légumes crus, irritants pour l'intestin.

Éliminer

- L'alcool, le café, le lait, les boissons gazeuses, le sucre et les édulcorants.
- Les aliments susceptibles de causer des allergies et des intolérances (voir pages 304-305).

RECETTES

Choisir un ou plusieurs ingrédients figurant dans la liste à gauche et en incorporer de 1 c. à thé à 2 c. à table (5 à 30 ml) à vos boissons.

Smoothie

Délice estival *(utilisez des bleuets)*

Tisane

Tisane framboise gingembre

Autres

Lait frappé à la banane
Purée de pomme
Pouding au riz et au citron

Diverculose colique et diverticulite

Aliments thérapeutiques

Fruits et légumes : banane, brocoli, carotte, céleri, chou, cresson, légumes-feuilles, mangue, poire, pomme, prune, raisin.

Plantes : ail, camomille allemande, cannelle, gingembre, guimauve, graine de fenugrec, poudre d'écorce d'orme rouge, psyllium, racine et feuille de menthe poivrée, réglisse*, valériane**.

Autres : farine d'avoine, germe de blé, graine de lin, grains entiers, légumineuses, spiruline, yogourt avec ferments actifs.

**La réglisse est fortement déconseillée aux personnes souffrant d'hypertension. L'usage prolongé de la réglisse chez les sujets en bonne santé n'est pas recommandé.*

***Certaines personnes réagissent mal à la valériane.*

La diverticulose se caractérise par la présence de petites poches (diverticules) dans la paroi du gros intestin. La diverticulite survient lorsque les diverticules sont enflammés. Elle s'accompagne le plus souvent de constipation associée à une alimentation pauvre en fibres. Elle provoque des douleurs à gauche de l'abdomen, des flatulences et, dans certains cas, de la diarrhée.

Choses à faire

Favoriser
- La consommation de fruits et de légumes.
- Les grains entiers et les légumineuses.
- La consommation d'eau (au moins 8 grands verres par jour).

Réduire
- Les protéines animales (viande et produits laitiers).

Éliminer
- Le thé, le café et le chocolat.
- L'alcool.
- Les aliments frits.
- Les aliments vinaigrés.
- Le jambon, le bacon et les viandes grasses.
- Les aliments transformés et raffinés.
- Les aliments épicés.
- Le sucre.
- Les produits laitiers, à l'exception du yogourt avec ferments actifs.
- En cas de constipation : pour plus d'information reportez-vous à Constipation en page 97.

Autres recommandations
- Suivre la méthode des combinaisons alimentaires (voir pages 307-308).
- Introduire graduellement des aliments riches en fibres dans votre alimentation.
- Ne pas consommer d'aliments riches en fibres durant l'inflammation (comme les légumes crus ou le son, car ils peuvent irriter l'intestin). Boire des jus thérapeutiques à base d'épinard, de chou, de betterave, d'ail et de carotte. Ajouter un peu d'écorce d'orme rouge à vos jus.

Recettes

Choisir un ou plusieurs ingrédients figurant dans la liste à gauche et en incorporer de 1 c. à thé à 2 c. à table (5 à 30 ml) à vos boissons.

Jus
Brocoli et gingembre — Orme rouge et betterave — Poire et pomme — Temps des récoltes — Tonique de Popeye

Smoothies
Mangue envoûtante — Prune enchantée — Tropiques (avec de l'orme rouge)

Tisanes
Estomac paisible — Tisane digestive

Endométriose

L'endométriose se caractérise par la présence de tissus de la paroi utérine en dehors de l'utérus (vessie, intestins ou trompes de Fallope). Ce tissu est sensible au cycle hormonal et saigne au moment des règles. Les symptômes de l'endométriose sont la douleur, des règles irrégulières et des problèmes intestinaux.

Aliments thérapeutiques

Fruits et légumes : abricot, betterave, brocoli, cerise, chou, courge, fraise, légumes-feuilles, pamplemousse, patate douce, pois, poivron, pomme.

Plantes : baie de gattilier, calendula, camomille allemande, curcuma, huile d'onagre, passiflore, racine et feuille de pissenlit, reine-des-prés, romarin, valériane.

Autres : avoine, graines, grains entiers, huile de poisson, huile d'olive de première pression, légumineuses, orge, tofu, yogourt de soja avec ferments actifs.

**Certaines personnes réagissent mal à la valériane.*

Choses à faire

Favoriser

- Les antioxydants (provenant des légumes), ils contribuent à éliminer les cellules défectueuses.
- La consommation d'acides gras essentiels (noix fraîches, graines et céréales).

Réduire

- La viande et les produits laitiers et choisir des produits biologiques. Les hormones contenues dans le lait ordinaire accentuent le déséquilibre hormonal.
- La consommation de fruits. Les fruits augmentent le taux de sucre sanguin et favorisent les infections à levure (candidoses) souvent associées à l'endométriose.

Éliminer

- Le sucre et les aliments sucrés.
- Les produits contenant de la levure (pain, pâtisserie, etc.).
- Le café.
- L'alcool.
- La malbouffe.
- Les aliments auxquels vous être intolérants (voir pages 304-305).

Autres recommandations

- Rééquilibrer le taux d'hormones par la prise de gattilier.
- Plantes analgésiques (camomille allemande, reine-des-prés, passiflore, romarin, valériane) pour soulager la douleur.
- Le curcuma pour ses propriétés antimicrobiennes, antiseptiques et anti-inflammatoires.
- La calendula, la racine de pissenlit et le romarin contribuent au bon fonctionnement du métabolisme des hormones.
- L'huile d'onagre est un antidépresseur qui prévient la croissance anormale des cellules.

Recettes

Choisir un ou plusieurs ingrédients figurant dans la liste à gauche et en incorporer de 1 c. à thé à 2 c. à table (5 à 30 ml) à vos boissons.

Jus

Betterave enchantée	Cocktail de chou	Courge épicée
Petits pois	Poivron	Soleil levant

Tisanes

Équilibre hormonal	Tisane à la lavande

Succédanés de café

Café de graines	Café de racines

Excès de poids

ALIMENTS THÉRAPEUTIQUES

Fruits et légumes : ananas, avocat, brocoli, chou, cresson, légumes-feuilles.

Plantes : camomille, feuille de pissenlit, luzerne, paille d'avoine, persil*, plantain, ortie.

Autres : algues, feta, fruits séchés, mélasse noire, noix et graines, poisson et huile de poisson, sardine, saumon, spiruline, tofu, yogourt avec ferments actifs.

**Durant la grossesse, limitez la consommation de persil à 1/2 c. à thé (2 ml) de persil séché ou à un brin de persil frais par jour. Ne pas consommer de persil si vous souffrez d'inflammation rénale.*

Un excès de poids peut être causé par un manque d'activités physiques (en proportion des aliments ingérés), d'un déséquilibre hormonal et de certains médicaments (notamment les corticoïdes et les contraceptifs oraux). La période de maintien de la perte de poids doit mener à l'adoption d'une alimentation saine et la pratique régulière d'activités physiques.

CHOSES À FAIRE

Favoriser

- Les fruits et les légumes frais : ils accélèrent le métabolisme et favorisent l'élimination des toxines.
- La consommation d'eau (au moins 8 verres par jour) pour réduire l'appétit et favoriser l'élimination des toxines.
- Les gras (viande et produits laitiers) et les huiles, à l'exception de l'huile d'olive de première pression.
- Les aliments riches en amidon, comme le pain, le maïs, le panais, la pomme de terre, la courge et la patate douce.

Réduire

- Les produits à base de farines raffinées et la malbouffe.

Éliminer

- Le sucre et les édulcorants artificiels.
- Les aliments frits.
- Les additifs alimentaires.

Autres recommandations

- Manger des poissons gras (saumon, sardine, maquereau) de 2 à 3 fois par semaine pour aider le corps à brûler l'excédant de gras.
- Éliminer les aliments qui affectent votre digestion. Les aliments qui causent le plus fréquemment des allergies ou des intolérances sont : les produits laitiers, le blé, les œufs, les oranges et le gluten (voir pages 304-305).
- Manger les fruits en collation pour favoriser leur digestion.
- Faire de l'exercice tous les jours.
- Boire des jus frais en remplacement des boissons et des collations composées de calories vides.

RECETTES

Choisir un ou plusieurs ingrédients figurant dans la liste à gauche et en incorporer de 1 c. à thé à 2 c. à table (5 à 30 ml) à vos boissons.

Jus

Ananas en folie, Brocoli et topinambour, Bise automnale, Cocktail d'agrumes, Matin radieux, Soleil levant, Salade express, Verdure plus, Cocktail matinal au melon, Tonique de Popeye

Smoothies

Algues fruitées, Vitamine B

Tisanes

Tisane dépurative, Tisane au gingembre, Tisane digestive

FATIGUE

La fatigue est un symptôme de plusieurs maladies, dont l'anémie, le diabète, l'hépatite, un faible taux de sucre sanguin ou d'un problème de thyroïde, des troubles de santé qui sont aisément détectables par une analyse sanguine. Elle peut également être la conséquence d'une alimentation peu équilibrée, d'un manque d'exercice et du style de vie. Une alimentation équilibrée fournit les enzymes essentielles à la transformation des aliments en énergie.

ALIMENTS THÉRAPEUTIQUES

Fruits et légumes : ananas, banane, brocoli, carotte, citron vert, cresson, épinard, fraise, légumes-feuilles, mangue, oignon, orange, raisin.

Plantes : ail, cannelle, cardamome, clou de girofle, feuille de framboisier, fruit de l'églantier, gingembre, ginseng*, luzerne, menthe poivrée, ortie, persil***, racine de bardane et de patience crépue, racine et feuille de pissenlit, réglisse**.

Autres : algues, amande, avoine, datte, germe de blé, graines de citrouille, de lin et de tournesol, grains entiers, huile de poisson, pousse de céréale, tofu, yogourt avec ferments actifs.

**Ne pas prendre de ginseng si vous souffrez d'hypertension ou si vous buvez du café. Ne pas consommer de ginseng pendant plus de 4 semaines d'affilée.*

***La réglisse est fortement déconseillée aux personnes souffrant d'hypertension. L'usage prolongé de la réglisse chez les sujets en bonne santé n'est pas recommandé.*

****Durant la grossesse, limitez la consommation de persil à 1/2 c. à thé (2 ml) de persil séché ou à un brin de persil frais par jour. Ne pas consommer de persil si vous souffrez d'inflammation rénale.*

CHOSES À FAIRE

FAVORISER

- Les fruits et les légumes frais.
- Les grains entiers.
- Les noix et les graines.
- Les acides gras essentiels (voir page 305).

RÉDUIRE

- Le gras animal (viande et produits laitiers).
- Les aliments frits.

ÉLIMINER

- Le sucre et la caféine, qui drainent de l'énergie.
- Les aliments à base de farine raffinée qui sont des voleurs de nutriments et qui contiennent beaucoup d'additifs chimiques.
- Margarine, shortening et vinaigrette, à l'exception de l'huile d'olive.
- L'alcool.

AUTRES RECOMMANDATIONS

- Faire de l'exercice quotidiennement selon votre condition physique.
- Prendre de petits repas plutôt que trois gros repas, pour éviter les variations du taux de sucre sanguin.
- Pratiquer des activités de relaxation, comme le yoga, le tai-chi et la méditation, pour réduire le stress.
- La racine de pissenlit et de bardane stimule le métabolisme et aide à éliminer les toxines qui causent la fatigue.

RECETTES

Choisir un ou plusieurs ingrédients figurant dans la liste à gauche et en incorporer de 1 c. à thé à 2 c. à table (5 à 30 ml) à vos boissons.

Jus

Brocoli et carotte — Carotte épicée — Matin radieux
Pomme fraîche — Réveille-matin
Délice fruité *(remplacer le ginkgo par une des plantes suggérées à gauche)*

Smoothies

Ananas vitaminé — Énergie verte — Tropiques
Vitamine B

Tisanes

Fer plus — Tisane de ginseng
Tisane de lactation — Tisane surrénales plus

Fibrome utérin

ALIMENTS THÉRAPEUTIQUES

Fruits et légumes : betterave, carotte, céleri, cresson, légumes-feuilles, pomme.

Plantes : achillée millefeuille, ail, cannelle, feuille de framboisier, feuille et racine de pissenlit, gattilier, gingembre, ortie, patience crépue, racine de bardane, trèfle violet, verveine.

Autres : grains entiers, tofu, varech.

Le fibrome utérin est une tumeur bénigne dont la croissance est stimulée par l'œstrogène. Les fibromes peuvent causer des douleurs, des saignements abondants, de l'anémie ou des problèmes de vessie. Ils deviennent souvent plus petits à la ménopause, au moment où le taux d'œstrogène diminue.

Augmenter la circulation sanguine au niveau pelvien par des exercices (marche, danse, yoga).

Traiter l'anémie (voir Anémie, page 88, le cas échéant, et régler les problèmes de constipation (voir Constipation, page 97).

CHOSES À FAIRE

Favoriser

- La consommation d'algues pour réduire la croissance de la tumeur.
- Les fibres végétales (fruits, légumes et grains entiers) pour favoriser l'élimination des toxines.
- Les plantes qui favorisent l'équilibre hormonal (gattilier) et les plantes et les légumes qui aident les fonctions hépatiques (betterave, carotte, racine de pissenlit, racine de bardane, graine de chardon-Marie).

Éliminer

- La viande et les produits laitiers qui ne sont pas issus de l'agriculture biologique.
- La caféine, qui augmente le taux d'œstrogène.
- Les aliments frits, la margarine et l'huile, à l'exception de l'huile d'olive.
- L'alcool.
- Les additifs alimentaires, les agents de conservation et les colorants, ils contribuent à l'accumulation des toxines et favorisent les déséquilibres hormonaux.

RECETTES

Choisir un ou plusieurs ingrédients figurant dans la liste à gauche et en incorporer de 1 c. à thé à 2 c. à table (5 à 30 ml) à vos boissons.

Jus

Algues et chou frisé Carotte et pomme Temps des récoltes
Betterave enchantée *(ajouter du gingembre frais)*

Tisanes

Équilibre hormonal Tisane relaxante Tisane dépurative
Tisane pour la circulation

Succédané de café

Café de racine express

FIBROMYALGIE

ALIMENTS THÉRAPEUTIQUES

Fruits et légumes : betterave, brocoli, céleri, chou, chou-fleur, courge, cresson, fenouil, haricots verts, oignon, patate douce, pomme, topinambour.

Plantes : astragale, calendula, chardon-Marie, curcuma, échinacée, feuille et racine de pissenlit, huile d'onagre, luzerne, millepertuis, passiflore, persil**, poudre d'écorce d'orme rouge, racine et graine de bardane, réglisse*.

Autres : graines de citrouille, de lin et de tournesol, grains entiers (particulièrement le riz brun), huile de poisson, pousses d'orge, produit à base de soja, yogourt non sucré avec ferments actifs.

**La réglisse est fortement déconseillée aux personnes souffrant d'hypertension. L'usage prolongé de la réglisse chez les sujets en bonne santé n'est pas recommandé.*

***Durant la grossesse, limitez la consommation de persil à 1/2 c. à thé (2 ml) de persil séché ou à un brin de persil frais par jour. Ne pas consommer de persil si vous souffrez d'inflammation rénale.*

La fibromyalgie se caractérise par des douleurs dans les muscles et les articulations, de la fatigue et des troubles du sommeil. Les zones les plus fréquemment touchées sont le cou, les épaules, le bas du dos, la poitrine et les cuisses. Elle s'apparente à la fatigue chronique, le principal symptôme étant ici la douleur musculaire plutôt que la fatigue. Elle peut être d'origine virale ou être le résultat d'une accumulation de toxines. L'alimentation, les médicaments et certaines carences nutritionnelles peuvent aussi entrer en ligne de compte. Quelles qu'en soient les causes, l'adoption de saines habitudes alimentaires contribue grandement à la guérison.

CHOSES À FAIRE

FAVORISER

- Les légumes, pour leurs propriétés antioxydantes.
- Les protéines végétales (voir page 81 et les Consignes pour une alimentation saine, pages 14-15).
- Les noix et les graines.
- Les légumineuses.

RÉDUIRE

- La consommation de fruits. Pris en grande quantité, les fruits contribuent parfois à abaisser le taux de sucre sanguin (voir Hypoglycémie).
- Les fruits et les légumes acides (agrumes, petits fruits, rhubarbe, groseille, tomate, épinard), susceptibles d'aggraver les symptômes.

ÉLIMINER

- Le sucre et les aliments contenant du sucre, y compris certains fruits (banane, melon d'eau, fruits séchés, etc.).
- Les produits à base de farine raffinée et les additifs alimentaires.
- L'alcool.
- Les aliments susceptibles de provoquer des intolérances, tout particulièrement les aliments qui contiennent du gluten, les tomates, les aubergines et les poivrons.
- Le thé, le café et les boissons gazeuses. La caféine diminue l'absorption des minéraux, ce qui peut accentuer les symptômes.
- Les produits laitiers : les remplacer par des produits à base de soja.
- Les aliments très salés, vinaigrés ou frits.
- Le porc, les crustacés et les viandes grasses.
- Les additifs artificiels.

AUTRES RECOMMANDATIONS

- Manger des poissons gras 2 ou 3 fois par semaine (saumon, truite, morue, flétan, maquereau, hareng, thon).
- Pratiquer des exercices de relaxation comme le yoga, le tai-chi ou la méditation.
- Faire de l'exercice quotidiennement, selon votre condition physique.

RECETTES		
Choisir un ou plusieurs ingrédients figurant dans la liste à gauche et en incorporer de 1 c. à thé à 2 c. à table (5 à 30 ml) à vos boissons.		
Jus		
Betterave enchantée	Brocoli et topinambour	
Chou-chou	Cocktail de chou	
Cocktail petit matin	Fontaine de jouvence 2	Verdure plus
Tisane		
Équilibre du système immunitaire		
Succédanés de café		
Café de racines	Café de racines express	

FLATULENCES

ALIMENTS THÉRAPEUTIQUES

Fruits et légumes : kiwi, papaye, pomme.

Plantes : ail, aneth, basilic, camomille allemande, cannelle, cardamome, clou de girofle, coriandre, cumin, gingembre, graines de fenouil et de moutarde, menthe poivrée, piment de Cayenne, thym.

Autre : yogourt.

Les gaz sont un sous-produit de la digestion. Les haricots secs et les autres aliments riches en glucides produisent plus de gaz parce qu'ils ne sont pas entièrement digérés par les enzymes. Des bactéries assurent la fermentation des glucides non digérés, processus au cours duquel des gaz se forment. Lorsque les enzymes nécessaires à la digestion d'un aliment donné sont absentes, des gaz sont produits, comme chez les personnes qui ne disposent pas de l'enzyme nécessaire à la digestion du lactose. Les édulcorants artificiels causent souvent des flatulences.

Un brusque changement des habitudes alimentaires peut causer des flatulences, particulièrement chez les personnes qui remplacent la viande par des légumineuses et des aliments riches en fibres. C'est pourquoi il est préférable de faire ces changements graduellement sur une période de 4 à 6 semaines.

Pour réduire les flatulences causées par les légumineuses, les faire tremper toute la nuit dans beaucoup d'eau avant de les cuire. Une fois cuites, bien les rincer avant de les cuisiner. Faire cuire les légumineuses avec certaines plantes qui chassent les gaz du système digestif (voir liste à gauche).

CHOSES À FAIRE

FAVORISER	ÉLIMINER
• Les tisanes à base de plantes digestives entre les repas. • Les combinaisons alimentaires (voir page 307).	• Les édulcorants artificiels et tous les produits qui en contiennent. • Les produits laitiers. Les remplacer par des produits à base de soja.

RECETTES

Choisir un ou plusieurs ingrédients figurant dans la liste à gauche et en incorporer de 1 c. à thé à 2 c. à table (5 à 30 ml) à vos boissons.

Digestifs

Cocktail digestif	Cocktail smoothie digestif
Eau digestive	Menthe apéritive

Tisanes

Thé digestif	Tisane à la rose et à la menthe
Tisane de pissenlit	Tisane carminative de James Duke
Tisane épicée à la papaye	

GOUTTE

ALIMENTS THÉRAPEUTIQUES

Fruits et légumes : avocat, banane, carotte, céleri, cerise, épinard, fraise, framboise, mûre.

Plantes : achillée millefeuille, ail, curcuma, feuille de pissenlit, gingembre, graine de fenouil, ortie, patience crépue, persil★★, racine et graine de bardane, réglisse★.

Autre : graine de lin.

★La réglisse est fortement déconseillée aux personnes souffrant d'hypertension. L'usage prolongé de la réglisse chez les sujets en bonne santé n'est pas recommandé.

★★Durant la grossesse, limitez la consommation de persil à 1/2 c. à thé (2 ml) de persil séché ou à un brin de persil frais par jour. Ne pas consommer de persil si vous souffrez d'inflammation rénale.

La goutte se caractérise par une augmentation de la production d'acide urique qui se dépose dans les articulations, particulièrement celles des doigts et des orteils. Si certaines personnes y sont génétiquement prédisposées, la goutte peut également être la conséquence d'un excès d'alcool, de viande et d'aliments riches en amidon, qui stimulent la production d'acide urique.

Diminuer la production d'acide urique et favoriser l'évacuation de l'urine contribue à apaiser la goutte.

CHOSES À FAIRE

FAVORISER

- Augmenter la consommation d'eau (au moins 3 grands verres par jour) pour favoriser l'élimination des urates.
- Une diète végétarienne.
- Les tisanes de graine de céleri, pour dissoudre les urates. Les tisanes de feuille de pissenlit et d'ortie, pour favoriser l'évacuation des urates.

RÉDUIRE

- La consommation de protéines (à l'exception du poulet et des poissons blancs, avec modération).
- Le gras animal (viande et produits laitiers).
- Le sel.
- Les œufs (de poule de ferme).
- Le blé qui favorise la production d'acide. Préférez le sarrasin et le riz brun.

ÉLIMINER

Les aliments qui favorisent la production d'acide :

- Le porc et le bœuf.
- Les viandes en conserve.
- Les tomates.
- Les épinards.
- Le vinaigre, sauf le vinaigre de cidre.
- Le sucre et la farine raffinée.
- Le café et le thé.
- Le fromage.
- Les additifs alimentaires.
- L'alcool.

Aliments riches en purines :

- Les abats.
- Les crustacés, le hareng, les sardines, les anchois, le maquereau.
- Les arachides.
- Les asperges.
- Les champignons.
- Les légumineuses (pois, haricots, lentilles).

RECETTES

Choisir un ou plusieurs ingrédients figurant dans la liste à gauche et en incorporer de 1 c. à thé à 2 c. à table (5 à 30 ml) à vos boissons.

Jus

Céleri
Cocktail anti-goutte
Délice estival
Immunité

Tisane

Tisane anti-goutte

Succédané de café

Café de racine

GRIPPE

ALIMENTS THÉRAPEUTIQUES

Fruits et légumes : ananas, brocoli, carotte, citron, cresson, épinard, fraise, orange, persil, topinambour.

Plantes : achillée millefeuille, ail, baie et fleur de sureau, cannelle, échinacée, gingembre, menthe poivrée, piment de Cayenne, réglisse*, thym.

Autres : graine de psyllium, riz très bien cuit, varech.

**La réglisse est fortement déconseillée aux personnes souffrant d'hypertension. L'usage prolongé de la réglisse chez les sujets en bonne santé n'est pas recommandé.*

La grippe est une infection virale des voies respiratoires. Elle se manifeste par de la fièvre, des sueurs, de la toux, des maux de tête, des douleurs musculaires, de la fatigue et une perte d'appétit. Il vaut mieux commencer à traiter la grippe dès qu'elle se présente pour éviter d'éventuelles complications. Il est impératif de se reposer pour permettre au corps de se concentrer sur sa guérison et de boire beaucoup de liquide pour favoriser l'élimination des toxines.

En réduisant l'énergie requise pour la digestion par la prise de petits repas principalement composés de jus de légumes, le corps peut allouer plus d'énergie à la guérison. Les plantes « chaudes » comme le gingembre et le piment de Cayenne augmentent la température du corps et favorisent la destruction des virus.

CHOSES À FAIRE

FAVORISER	ÉLIMINER
• La consommation de fruits et de légumes frais. • La consommation de liquides, au moins 8 verres d'eau, de jus ou de tisanes par jour.	• L'alcool, le sucre et les produits à base de sucre qui affaiblissent le système immunitaire.

RECETTES

Choisir un ou plusieurs ingrédients figurant dans la liste à gauche et en incorporer de 1 c. à thé à 2 c. à table (5 à 30 ml) à vos boissons.

Jus

Ananas et agrumes
Brocoli et carotte
Brocoli et topinambour
Carotte ravigote
Célébration printanière
Cocktail antibiotique
Immunité

Tisanes

Tisane antioxydante
Tisane casse-grippe

Autre

Grog antibiotique

Grossesse

ALIMENTS THÉRAPEUTIQUES

Fruits et légumes : agrumes, avocat, banane, cantaloup, carotte, cresson, fraise, légumes-feuilles, patate douce, pois.

Plantes : feuille de framboisier, fruit de l'églantier, luzerne, mélisse, ortie, paille d'avoine, racine et feuille de pissenlit.

Autres : dulse, germe de blé, graines (particulièrement de lin et de tournesol), grains entiers, huile d'olive de première pression, légumineuses, mélasse noire, noix (particulièrement les amandes), produit à base de soja, varech, yogourt avec ferments actifs.

Mise en garde : *voir Appendice : Plantes à éviter durant la grossesse, pages 309-311.*

L'alimentation de la mère est un facteur primordial tant pour favoriser la conception que pour le développement du fœtus. Idéalement, tous les nutriments devraient provenir des aliments et non de suppléments alimentaires. Une alimentation à base de grains entiers, de légumineuses, de fruits et de légumes frais, de viande maigre, de poisson et de produits à base de soja est idéale.

CHOSES À FAIRE

Favoriser

- La consommation de fruits et de légumes.
- Les noix et les graines.
- L'apport en acide folique (jaune d'œuf, germe de blé, légumes-feuilles, fèves de soja, asperge, orange).
- Les acides gras oméga-3 (graine de lin, noix, poissons gras comme le saumon, le thon, le maquereau, le hareng, la sardine].

Réduire

Les aliments qui suscitent une perte de calcium :

- Le sucre et les édulcorants artificiels.
- Le thé, le café et les boissons gazeuses.
- Les gras.
- Les farines raffinées.
- Le son, les tomates, les pommes de terre, les aubergines et les poivrons.

Éliminer

- L'alcool.
- Les additifs alimentaires.
- Les végétaux qui contiennent des pesticides.
- La malboufffe.

RECETTES

Choisir un ou plusieurs ingrédients figurant dans la liste à gauche et en incorporer de 1 c. à thé à 2 c. à table (5 à 30 ml) à vos boissons.

Jus

Algue et chou frisé
Cocktail d'agrumes
Temps des récoltes
Avalanche de bêta-carotène
Folique plus
Pois et carotte

Smoothie

Avocat et ananas

Tisane

Tisane de lactation

Gueule de bois

voir la page suivante

L'alcool déshydrate l'organisme et acidifie le système digestif, ce qui entraîne une perte de potassium et de minéraux. Il affecte également le fonctionnement du foie

Fruits et légumes : banane, citron, citron vert, pomme.

Plantes : camomille allemande, cumin, gingembre, huile d'onagre, lavande, poudre d'écorce d'orme rouge, reine-des-prés.

Autres : aliments riches en vitamines du complexe B (grains entiers, légumes-feuilles verts).

et du système nerveux. Une consommation excessive d'alcool peut provoquer des maux de tête, de la fatigue, des nausées, des étourdissements et un état dépressif. Les boissons suggérées ici sont plus efficaces lorsqu'elles sont prises avant d'aller au lit.

CHOSES À FAIRE	
• Boire beaucoup d'eau avant, pendant et après la consommation d'alcool. • Boire des jus riches en vitamine C.	• Boire des tisanes pour favoriser le rétablissement de l'estomac. • Prendre de la poudre d'écorce d'orme rouge pour protéger l'estomac de l'acidité.

RECETTES

Choisir un ou plusieurs ingrédients figurant dans la liste à gauche et en incorporer de 1 c. à thé à 2 c. à table (5 à 30 ml) à vos boissons.

Jus

Tonique contre la gueule de bois

Smoothie

Camomille calmante

Tisane

Lendemain difficile

Herpès simplex
(herpès génital et feu sauvage)

ALIMENTS THÉRAPEUTIQUES

Fruits et légumes : abricot, asperge, baies, brocoli, carotte, chou, courge, cresson, légumes-feuilles, oignon, papaye, poire, pomme, raisin.

Plantes : achillée millefeuille, ail, astragale, bardane, calendula, clou de girofle, échinacée, fleur de sureau, ginseng, mélisse, millepertuis, persil*, piment de Cayenne, racine de pissenlit.

suite…

Le virus de l'herpès simplex de type 1 est responsable des boutons de fièvre ou feux sauvages. L'herpès génital est causé par le virus de l'herpès simplex de type 2. Le virus reste à l'état dormant dans les terminaisons nerveuses des personnes infectées et peut être réactivé à la suite d'un affaiblissement du système immunitaire, d'un stress important ou de la consommation de certains aliments. Une diète spécifique associée à un suivi médical peut contribuer à réduire les crises d'herpès génital. La meilleure thérapie consiste à conserver une bonne immunité, en gérant le stress et en évitant les aliments susceptibles de déclencher une crise. Certaines plantes contribuent à renforcer le système immunitaire et à nourrir les nerfs (lieu où se tapit le virus).

CHOSES À FAIRE	
FAVORISER • Les légumes qui ont des propriétés antioxydantes. • Le poisson (saumon, sardine, thon, flétan), les légumineuses et la levure.	Ces aliments sont riches en lysine, une substance qui inhibe la réplication du virus. • Les plantes aux propriétés antivirales : astragale,

Autres : algues, fèves germées, légumineuses (à l'exception des pois chiches), levure, yogourt avec ferments actifs.

**Durant la grossesse, limitez la consommation de persil à 1/2 c. à thé (2 ml) de persil séché ou à un brin de persil frais par jour. Ne pas consommer de persil si vous souffrez d'inflammation rénale.*

CHOSES À FAIRE

FAVORISER (SUITE)
calendula, échinacée, ail, mélisse, millepertuis.

- Les plantes qui stimulent le système immunitaire : astragale, échinacée, bardane.
- Les plantes qui combattent le stress : ginseng, mélisse, millepertuis.

RÉDUIRE
- La consommation de fruits.
- Les grains entiers, les graines et le riz brun.

ÉLIMINER
- Les noix, le blé, la caféine, le chocolat, la caroube, le bacon, le café, les sucres, les tomates, les aubergines, les poivrons, les champignons. Ces aliments sont riches en arginine, un acide aminé qui favorise la réplication du virus de l'herpès.
- L'alcool, les aliments industriels et raffinés, qui dépriment le système immunitaire.

AUTRES RECOMMANDATIONS
- Pratiquer des exercices de relaxation comme la méditation, le yoga et des exercices de respiration.

RECETTES

Choisir un ou plusieurs ingrédients figurant dans la liste à gauche et en incorporer de 1 c. à thé à 2 c. à table (5 à 30 ml) à vos boissons.

Jus

Brocoli et carotte
Cocktail antioxydant
Petit matin
Verdure plus
Choupinard *(remplacer le romarin par 2 c. à table [30 ml] de mélisse)*

Tisanes

Équilibre du système immunitaire
Nourriture des nerfs
Tisane contre l'herpès
Tisane dépurative

Tonique

Tonique nerveux

HYPERTROPHIE BÉNIGNE DE LA PROSTATE

ALIMENTS THÉRAPEUTIQUES

Fruits et légumes : agrumes, asperge, betterave, brocoli, chou-fleur, cresson, légumes-feuilles, oignon, poire, pomme, tomate.

Plantes : ail, baie de chou-palmiste, gingembre, persil, plantain, racine d'ortie fraîche, thé vert, verge d'or.

suite…

On constate une hypertrophie bénigne de la prostate chez 50 % des hommes de 50 ans, 60 % des hommes de 60 ans et 100 % des centenaires. L'hypertrophie obstrue le canal urinaire et gène le passage de l'urine.

CHOSES À FAIRE

FAVORISER
- La consommation de fruits et de légumes pour leurs propriétés antioxydantes.
- Les tomates : elles réduisent les risques de cancer de la prostate.
- Les aliments à base de soja, qui ont un effet protecteur.
- Les aliments riches en zinc (crustacés, riz brun, légumineuses, légumes-feuilles, fruits séchés, oignon, graine de

Autres : amande, curcuma, graine de citrouille, de lin et de sésame, noix de cajou, noix du Brésil, pacane, varech.

CHOSES À FAIRE

FAVORISER (SUITE)
tournesol, graine de citrouille, jaune d'œuf). Le zinc aide à réduire la taille de la prostate.

- Les aliments riches en vitamine C (agrumes, petits fruits, légumes-feuilles, persil, poivron), qui favorisent l'assimilation du zinc.
- Les aliments riches en vitamine B6 (banane, chou, jaune d'œuf, légumes-feuilles, légumineuses, prune, raisin, fève de soja, graine de tournesol) pour accroître l'efficacité du zinc.

AUTRES RECOMMANDATIONS

- Manger des poissons gras (saumon, maquereau, sardine, thon) 2 ou 3 fois par semaine.
- Un apport suffisant en protéines contribue à l'absorption du zinc.

RECETTES

Choisir un ou plusieurs ingrédients figurant dans la liste à gauche et en incorporer de 1 c. à thé à 2 c. à table (5 à 30 ml) à vos boissons.

Jus

Algues et chou frisé
Célébration printanière
Cocktail de crucifères
Cocktail de petits fruits
Jus de framboise
Délice printanier
C-Vitaminé
Betterave enchantée
Cocktail antioxydant
Cocktail de légumes
Explosion de vitamine C
Limonade fraise et orange
Temps des récoltes
Verdure plus

Smoothie

Vitamine B

Tisanes

Tisane au gingembre
Tisane diurétique
Tisane de chou palmiste

HYPOGLYCÉMIE

ALIMENTS THÉRAPEUTIQUES

Fruits et légumes : betterave crue, brocoli, carotte crue, cerise, chou, chou-fleur, légumes-feuilles, pamplemousse, pomme, prune, tomate, topinambour.

Plantes : camomille allemande, ginseng, racine de pissenlit, réglisse*.

suite…

L'hypoglycémie se caractérise par une surproduction d'insuline, d'où un taux de sucre sanguin anormalement bas. Fringales, étourdissements, maux de tête, fatigue, insomnie, problèmes digestifs, palpitations, tremblements, sueurs, nausées et tension nerveuse, ses symptômes peuvent également se manifester après avoir sauté un repas. L'alimentation contribue à stabiliser le taux de sucre sanguin.

CHOSES À FAIRE

FAVORISER

- La consommation de grains entiers, de légumes et de légumineuses.
- Prendre plusieurs petits repas, plutôt que trois gros.

Autres : graine de lin, graines, grains entiers, légumineuses, noix, pousse de céréales, spiruline, varech, yogourt avec ferments actifs.

** La réglisse est fortement déconseillée aux personnes souffrant d'hypertension. L'usage prolongé de la réglisse chez les sujets en bonne santé n'est pas recommandé.*

CHOSES À FAIRE

FAVORISER (SUITE)

- Les légumes de la famille des crucifères (brocoli, chou, chou-fleur) aident à stabiliser le taux de sucre.

RÉDUIRE

- Les aliments sucrés, les fruits et plus particulièrement les bananes, le melon d'eau et les fruits séchés.

ÉLIMINER

- Le sucre et la farine raffinée.
- Le thé noir, le café, les boissons gazeuses et l'alcool.
- Le tabac, qui déséquilibre le taux de sucre sanguin.

RECETTES

Choisir un ou plusieurs ingrédients figurant dans la liste à gauche et en incorporer de 1 c. à thé à 2 c. à table (5 à 30 ml) à vos boissons.

Jus

Brocoli et topinambour
Cocktail de chou-fleur
Soleil levant
Cocktail de chou
Cocktail de crucifères
Temps des récoltes

Tisane

Tisane épicée à la camomille

Succédané de café

Café de graines

IMPUISSANCE

L'impuissance se caractérise par l'incapacité d'obtenir ou de maintenir une érection. Elle peut être causée par le stress, une mauvaise circulation dans le pénis (provenant de dépôts de cholestérol dans les vaisseaux sanguins), un abus d'alcool, le tabagisme, la prise de médicaments, le diabète, une hypertrophie de la prostate ou un faible niveau de testostérone.

Une diète riche en aliments non transformés fournit les vitamines et les minéraux nécessaires à une bonne santé sexuelle. Les plantes qui stimulent la circulation sanguine, comme le gingembre et le piment de Cayenne, sont souvent utiles dans le traitement de l'impuissance due à une mauvaise circulation sanguine. *Voir page 89 pour des suggestions concernant la réduction du stress.*

ALIMENTS THÉRAPEUTIQUES

Fruits et légumes : tous.

Plantes : ail, cannelle, chou-palmiste, feuille de pissenlit, gingembre, ginkgo, huile d'onagre, muscade, ortie.

Autres : avoine, germe de blé, graines de citrouille, de lin et de tournesol, huile de poisson, légumineuses, produit à base de soja, varech.

CHOSES À FAIRE

FAVORISER

- La consommation de fruits et de légumes frais, de grains entiers, de noix et de graines (voir Consignes pour une alimentation saine, pages 14-15).
- Les aliments contenant de la vitamine E (céréales entières, riz brun, noix et graines, germe de blé,

CHOSES À FAIRE

FAVORISER (SUITE)

produit à base de soja, varech, feuille de pissenlit, huile d'olive de première pression), pour protéger les vaisseaux sanguins du pénis des dommages causés par les radicaux libres. Des études récentes indiquent qu'il est préférable de consommer de la vitamine E de source alimentaire que de prendre des suppléments.

RÉDUIRE

- La consommation de protéines animales, à l'exception du poisson et du poulet.

ÉLIMINER

- Les aliments frits et la malbouffe.
- Le sucre.
- La caféine.
- Les produits à base de farine blanche.
- L'alcool.

RECETTES

Choisir un ou plusieurs ingrédients figurant dans la liste à gauche et en incorporer de 1 c. à thé à 2 c. à table (5 à 30 ml) à vos boissons.

Jus

Betterave embrasée
Cocktail cajun
Cocktail antibiotique
Immunité

Smoothies

Énergie verte
Vitamine B

Tisanes

Tisane de ginseng
Tisane surrénales plus
Tisane pour la circulation

Succédané de café

Café de graines

INDIGESTION

Les excès de table, sauter des repas ou manger à des heures irrégulières, l'abus d'alcool ou la tension nerveuse peuvent être à l'origine d'une indigestion. Le reflux gastrique, la nausée et les maux de ventre sont les principaux symptômes de l'indigestion. L'indigestion chronique peut être causée par le syndrome du côlon irritable, une intolérance alimentaire, un ulcère gastrique ou un mauvais fonctionnement de la vésicule biliaire. Les symptômes de l'indigestion chronique sont des ballonnements, de la fatigue, de la diarrhée ou de la constipation.

ALIMENTS THÉRAPEUTIQUES

Fruits et légumes : abricot, ananas, banane, citron, courge, légumes-feuilles, mangue, melon, papaye, patate douce, topinambour.

Plantes : camomille allemande, cannelle, cardamome, cumin, curcuma, fenouil, gingembre, mélisse, menthe poivrée, piment de Cayenne, poudre d'écorce

suite…

CHOSES À FAIRE

FAVORISER

- Le calme et la relaxation durant les repas.
- Consommer quotidiennement du yogourt avec ferments actifs.
- Les fruits et les légumes réputés pour leurs propriétés antioxydantes.

d'orme rouge, racine de pissenlit, reine-des-prés.

Autres : amande, graine de lin, orge, vinaigre de cidre, yogourt avec ferments actifs.

CHOSES À FAIRE

FAVORISER (SUITE)

- Les tisanes digestives entre les repas.

RÉDUIRE

- L'alcool.
- Le thé.
- Le café.
- Les produits laitiers, les œufs et la viande.

ÉLIMINER

- Les aliments auxquels vous êtes intolérants (voir pages 304-305).
- Le sucre et les édulcorants artificiels.
- Les boissons froides, particulièrement en mangeant et juste après le repas.
- Les jus de fruits.
- Les aliments gras et frits.
- Les produits laitiers, à l'exception du yogourt.
- Les aliments salés et épicés.
- Les repas copieux.
- Le café.

RECETTES

Choisir un ou plusieurs ingrédients figurant dans la liste à gauche et en incorporer de 1 c. à thé à 2 c. à table (5 à 30 ml) à vos boissons.

Jus

Cocktail kiwi et ananas
Cocktail petit matin
Courge épicée
Temps des récoltes

Smoothies

Mangue enchantée
Vitamine B

Tisanes

Tisane digestive
Tisane épicée à la papaye

DIgestifs

Cocktail digestif
Eau digestive
Thé digestif
Cocktail smoothie digestif
Tisane à la rose et à la menthe
Tisane carminative de James Duk

INFECTIONS URINAIRES

ALIMENTS THÉRAPEUTIQUES

Fruits et légumes : bleuet, canneberge, carotte, céleri, citron, fenouil, melon d'eau, oignon, panais, navet.

Plantes : achillée millefeuille*, ail, buchu, cannelle, coriandre, cumin, échinacée, feuille de pissenlit, graine de fenouil, ortie, poudre d'écorce d'orme rouge, racine de guimauve.

suite…

Les infections urinaires peuvent être causées par des levures ou des bactéries. L'infection peut migrer vers la vessie causant une cystite.

La cystite est une inflammation de la vessie caractérisée par de fréquentes envies d'uriner et des douleurs durant la miction, et est causée par une infection bactérienne de la vessie.

CHOSES À FAIRE

FAVORISER

- La consommation d'eau, boire de 8 à 10 tasses (2 à 2 1/2 litres) d'eau, de jus de légumes et de tisanes par jour, pour diluer les bactéries et les éliminer.
- Le jus de canneberge ou de bleuet non sucré, pour empêcher les bactéries d'adhérer à la paroi de la vessie.
- Les oignons et l'ail, pour leurs propriétés antibactériennes, particulière-

Autres : graine de citrouille, orge, yogourt avec ferments actifs.

**Ne pas consommer d'achillée millefeuille durant la grossesse.*

CHOSES À FAIRE

FAVORISER (SUITE)

ment l'ail cru. Ajouter de l'ail aux ingrédients de vos jus, dans les salades et les plats de légumes, ou manger de l'ail cru haché.

- L'eau d'orge, un vieux remède anti-inflammatoire.
- Les plantes aux propriétés antibactériennes, adoucissantes ou diurétiques (voir les aliments suggérés à gauche).

RÉDUIRE

- La viande rouge. La remplacer par des protéines végétales (légumineuses et riz, ou tofu).
- L'alcool, le sucre et les additifs alimentaires, ils irritent la vessie déjà fragilisée par l'inflammation.
- Le sucre et les farines raffinées.
- Les produits laitiers.

ÉLIMINER

- La caféine, le thé et les boissons gazeuses.

RECETTES

Choisir un ou plusieurs ingrédients figurant dans la liste à gauche et en incorporer de 1 c. à thé à 2 c. à table (5 à 30 ml) à vos boissons.

Jus

Brise océane
Céleri
Jus de canneberge
Panais enchanté

Smoothies

Orange et canneberge
Pastèque joyeuse

Tisane

Tisane diurétique

Tonique

Eau d'orge

INFERTILITÉ FÉMININE

L'âge, les infections vaginales, les lubrifiants, les cicatrices opératoires, les kystes ovariens, les fibromes utérins, l'hypothyroïdie, les carences alimentaires, le stress et les déséquilibres hormonaux affectent la fertilité des femmes.

Il est essentiel que la mère soit en bonne santé avant et pendant la conception. Pour ce faire, elle doit adopter une alimentation saine, composée d'aliments non transformés et riches en vitamines et en minéraux. Pour augmenter les chances d'avoir un bébé en santé, la mère doit adopter des habitudes saines quelques mois avant la conception de l'enfant.

Un cycle menstruel irrégulier est le signe d'un déséquilibre hormonal. Le gattilier et la racine de pissenlit contribuent à la régulation hormonale.

ALIMENTS THÉRAPEUTIQUES

Fruits et légumes : abricot, asperge, avocat, betterave, brocoli, carotte, framboise, légumes-feuilles, orange, patate douce, pêche.

Plantes : feuille de framboisier, feuille et racine de pissenlit, huile d'onagre, ortie, romarin, trèfle violet.

suite…

Autres : algues, amande, bulgur, germe de blé, graines (citrouille, lin, sésame, tournesol), haricot azuki, haricot rouge, noix du Brésil, produit à base de soja, yogourt avec ferments actifs.

CHOSES À FAIRE

Favoriser

- Les aliments non transformés (voir pages 14-15).
- Les fruits et les légumes aux propriétés antioxydantes.
- Les noix et les graines.
- Les aliments contenant de l'acide folique (bulgur, jus d'orange, épinard, haricot, graine de tournesol, germe de blé).

Réduire

- Les aliments qui favorisent la production d'acide et qui désavantagent les spermatozoïdes (viande, poisson, grains, fromage, œuf, thé, café, alcool, canneberge, prune, lentille, pois chiche, arachide, noix).

Éliminer

- Les farines raffinées.
- Le tabac.
- Le sucre.
- Les additifs artificiels.

Autres recommandations

- Pour calmer le stress, boire de la tisane à base de plantes qui renforcent le système nerveux, comme la camomille, la scutellaire, la paille d'avoine ou la verveine. Faire de l'exercice régulièrement (marche, méditation, yoga, tai-chi).
- Diversifier l'apport en protéines, manger de la viande, du poisson et des protéines végétales (p. ex. soja ou haricots avec du riz).

RECETTES

Choisir un ou plusieurs ingrédients figurant dans la liste à gauche et en incorporer de 1 c. à thé à 2 c. à table (5 à 30 ml) à vos boissons.

Jus

Abricot et pêche
Betterave enchantée
Brocoli et carotte
Fontaine de jouvence 2
Framboise

Smoothies

Explosion de bêta-carotène
Vitamine B

Tisanes

Équilibre hormonal
Tisane à la framboise

Infertilité masculine

L'infertilité masculine se caractérise par une faible numération et une faible mobilité des spermatozoïdes. Elle peut être associée à une carence nutritionnelle, à un déséquilibre hormonal ou au stress. Il est possible que les œstrogènes contenus dans les pesticides et certains polluants chimiques aient contribué à réduire la production de spermatozoïdes depuis les 50 dernières années.

ALIMENTS THÉRAPEUTIQUES

Fruits et légumes : asperge, avocat, baie, brocoli, cantaloup, chou, chou-fleur, fraise, kiwi, légumes-feuilles (particulièrement l'épinard), orange, pamplemousse, poivron.

suite…

Plantes : astragale, feuille de framboisier, gingembre, ginkgo, ginseng, piment de Cayenne.

Autres : graine de citrouille et de tournesol, grains entiers, huile de poisson, légumineuses, noix, produit à base de soja, son.

CHOSES À FAIRE

Favoriser

- La consommation de fruits et de légumes antioxydants, particulièrement ceux qui sont riches en vitamine C. Des études ont démontré que la mobilité des spermatozoïdes est associée à la consommation de cette vitamine.
- Les aliments riches en zinc, pour la mobilité des spermatozoïdes (fruits de mer, légumineuses, grains entiers, graine de tournesol, graine de citrouille).
- Les plantes qui améliorent la circulation (piment de Cayenne, gingembre).

Réduire

- Le sel iodé. Un excès d'iode réduit la production de spermatozoïdes.
- Les aliments raffinés, comme le riz blanchi et la farine blanche.
- Le gras animal (viande et produits laitiers).

Éliminer

- L'alcool, le café, le thé, les colas, ils nuisent à la santé des spermatozoïdes.

Autres recommandations

- Pour calmer le stress, boire de la tisane à base de plantes qui renforcent le système nerveux, comme la camomille, la scutellaire, la paille d'avoine ou la verveine. Faire de l'exercice régulièrement (marche, méditation, yoga, tai-chi).

RECETTES

Choisir un ou plusieurs ingrédients figurant dans la liste à gauche et en incorporer de 1 c. à thé à 2 c. à table (5 à 30 ml) à vos boissons.

Jus

Chou-chou
Cocktail d'agrumes
C-Vitaminé
Cocktail de petits fruits
Verdure plus

Tisanes

Tisane à la framboise
Tisane de ginseng
Tisane pour la circulation

Tonique

Tonique nerveux

Insomnie

ALIMENTS THÉRAPEUTIQUES

Fruits et légumes : banane, laitue, légumes-feuilles, pomme.

Plantes : camomille allemande, feuille de laitue sauvage, hou-

suite…

L'incapacité de trouver le sommeil peut être causée par un taux de sucre anormalement bas (voir Hypoglycémie, page 115), l'anxiété, la dépression, la chaleur ou le froid, la consommation de caféine. Les aliments riches en vitamines du complexe B, le calcium et le magnésium favorisent le sommeil.

blon*, lavande, mélisse, millepertuis, passiflore, scutellaire, valériane**.

Autres : avoine, graine de tournesol, miel, noix, riz brun, yogourt avec ferments actifs.

** Ne pas consommer de houblon si vous souffrez de dépression.*

*** Certaines personnes réagissent mal à la valériane.*

CHOSES À FAIRE

FAVORISER

- Les boissons sans caféine et les tisanes calmantes.
- Les aliments riches en vitamines du complexe B (grains entiers, légumes-feuilles, légumes verts, brocoli, germe de blé), en calcium (yogourt, tofu, brocoli), et en magnésium (pomme, avocat, raisins bleus, noix, riz brun).

ÉLIMINER

- L'alcool.
- La caféine. le thé, le chocolat, les boissons gazeuses.
- Les additifs alimentaires.

RECETTES

Choisir un ou plusieurs ingrédients figurant dans la liste à gauche et en incorporer de 1 c. à thé à 2 c. à table (5 à 30 ml) à vos boissons.

Jus

Temps des récoltes

Tisanes

Tisane à la lavande Tisane calmante Tonique nerveux

Succédané de café

Antidote à l'anxiété

LARYNGITE

La laryngite est une inflammation des cordes vocales souvent associée au rhume ou à une autre infection ou causée par une utilisation excessive de la voix. Il est alors préférable de laisser reposer la voix pendant quelques jours. Si vous avez de la fièvre et de la toux pendant plus de deux jours, consultez un médecin.

ALIMENTS THÉRAPEUTIQUES

Fruits et légumes : jus de carotte, tous les fruits.

Plantes : ail, gingembre, sauge*, thym.

Autres : miel**.

** Ne pas consommer de sauge si vous êtes enceinte, si vous allaitez ou si vous souffrez d'hypertension.*

*** Ne pas donner de miel aux enfants de moins de 1 an.*

CHOSES À FAIRE

FAVORISER

- Les fruits frais et les jus de fruits.
- Les tisanes et les gargarismes

RECETTES

Choisir un ou plusieurs ingrédients figurant dans la liste à gauche et en incorporer de 1 c. à thé à 2 c. à table (5 à 30 ml) à vos boissons.

Jus

Abricot et pêche Avalanche de bêta-carotène
Explosion de vitamine C

Tisanes

Tisane antioxydante Tisane pour la gorge

LIBIDO FAIBLE

ALIMENTS THÉRAPEUTIQUES

Fruits et légumes : betterave, citron, cresson, légumes-feuilles, oignon, poireau, pomme, raisin rouge.

Plantes : ail, cannelle, clou de girofle, gingembre, ginseng, graine de fenouil, moutarde, menthe poivrée, ortie, persil*, pétales de rose, piment de Cayenne, romarin.

Autres : amandes, avoine, germe de blé, graine de citrouille, de lin et de tournesol, grains entiers, huile de poisson, légumineuses, miel, noix, noix du Brésil, pousse de céréale, produits à base de soja.

** Durant la grossesse, limitez la consommation de persil à 1/2 c. à thé (2 ml) de persil séché ou à un brin de persil frais par jour. Ne pas consommer de persil si vous souffrez d'inflammation rénale.*

Une faible libido, un manque de vigueur ou d'intérêt sexuel peut être stimulé en accroissant le niveau d'énergie général et en nourrissant les organes génitaux.

Une alimentation riche en aliments non transformés fournit les vitamines et les minéraux nécessaires à une bonne santé sexuelle. Les fruits et les légumes améliorent la circulation sanguine en prévenant la formation de dépôts de cholestérol sur les parois des vaisseaux sanguins. Les acides gras essentiels contenus dans les noix et dans les graines favorisent la réponse sexuelle.

Lorsque le stress est en cause, tournez-vous vers des plantes calmantes, comme l'avoine, la mélisse et la scutellaire.

CHOSES À FAIRE

FAVORISER

- Les légumes et les fruits, pour leurs propriétés antioxydantes.
- Les noix et les graines.
- Les plantes énergisantes et qui stimulent la circulation sanguine (piment de Cayenne, cannelle, clou de girofle, ail, gingembre, romarin). Les plantes suggérées dans la colonne de gauche sont reconnues pour leurs vertus aphrodisiaques.

RÉDUIRE

- La viande.

ÉLIMINER

- L'alcool.
- Le café.
- Les produits laitiers.
- Les aliments raffinés et transformés.
- Le sucre.

RECETTES

Choisir un ou plusieurs ingrédients figurant dans la liste à gauche et en incorporer de 1 c. à thé à 2 c. à table (5 à 30 ml) à vos boissons.

Jus

Betterave embrasée — Betterave enchantée — Cocktail antioxydant — Pomme fraîche — Temps des récoltes

Smoothie

Énergie verte

Tisanes

Tisane de ginseng — Tisane pour la circulation

Autre

Purée de pommes

LUPUS

ALIMENTS THÉRAPEUTIQUES

voir la page suivante

Il existe deux types de lupus : le lupus érythémateux chronique, qui affecte la peau, et le lupus érythémateux disséminé, qui affecte le tissu conjonctif. Les pre-

Fruits et légumes : ananas, abricot, avocat, bleuet, brocoli, cantaloup, carotte, cassis, cerise, chou, chou-fleur, courge, cresson, fenouil, légumes-feuilles, mûre, oignon, pomme, raisin.

Plantes : ail, curcuma, échinacée, fenouil, feuille et racine de pissenlit, fleur de sureau, gingembre, huile d'onagre, mélisse, millepertuis, ortie, racine de bardane, réglisse*, reine-des-prés, thym, trèfle violet.

Autres : champignon shiitake, graine de lin, graines, grains entiers, huile de poisson, huile d'olive de première pression, légumineuses, pousse de céréale, produit à base de soja, yogourt de soja.

** La réglisse est fortement déconseillée aux personnes souffrant d'hypertension. L'usage prolongé de la réglisse chez les sujets en bonne santé n'est pas recommandé.*

*** Durant la grossesse, limitez la consommation de persil à 1/2 c. à thé (2 ml) de persil séché ou à un brin de persil frais par jour. Ne pas consommer de persil si vous souffrez d'inflammation rénale.*

miers symptômes du lupus disséminé sont la fatigue, une perte de poids et des douleurs arthritiques dans les articulations. Dans les stades avancés, la maladie peut toucher le foie et le cœur. Le lupus étant une maladie touchant le système immunitaire, il est important d'éviter les infections virales, la fatigue et le stress. Une alimentation saine associée à certaines plantes contribue à renforcer le système immunitaire et à stimuler les organes en charge de l'élimination des toxines. Le sommeil et la pratique d'exercice de relaxation participent au renforcement du système immunitaire.

CHOSES À FAIRE

Favoriser

- Les fruits et les légumes, pour leurs propriétés antioxydantes.
- La consommation d'eau (au moins 8 grands verres par jour).
- Les acides gras essentiels contenus dans les noix et les graines (particulièrement les graines de lin moulues), qui renforcent le système immunitaire et améliorent la circulation sanguine.

Éliminer

- Les protéines animales de la viande et des produits laitiers qui favorisent le développement du lupus. Les remplacer par des protéines de soja, des légumineuses et du riz.
- Les aliments susceptibles de provoquer des réactions allergiques. Tenir un journal des aliments que vous mangez et noter les symptômes ressentis (voir pages 304-305).
- Les huiles (à l'exception de l'huile d'olive de première pression), parce qu'elles favorisent l'inflammation.
- Le sucre et l'alcool, ils affaiblissent le système immunitaire.
- Les germes et les graines de luzerne, elles peuvent favoriser l'inflammation.

Autres recommandations

- Consommer des poissons gras (saumon, maquereau, sardine, hareng) au moins trois fois par semaine pour leur apport en oméga-3.
- Consommer des plantes aux propriétés anti-inflammatoires (camomille allemande, fleur de sureau, fenouil, gingembre, reine-des-prés, curcuma).
- Consommer des plantes qui favorisent l'élimination des toxines (bardane, racine et feuille de pissenlit, persil**).
- Consommer des plantes qui renforcent le système immunitaire (échinacée, ail, champignons shiitake, pousse de céréale).
- Faire de l'exercice quotidiennement selon votre condition physique.

RECETTES

Choisir un ou plusieurs ingrédients figurant dans la liste à gauche et en incorporer de 1 c. à thé à 2 c. à table (5 à 30 ml) à vos boissons.

Jus		
Abricot et pêche	Ananas en folie	Ananas panaché
Bleuet	Brocoli et carotte	Chou-chou
Cocktail de crucifères		Verdure plus

Tisanes	
Équilibre du système immunitaire	
Nourriture des nerfs	Tisane antioxydante

Succédané de café
Café de racines express

Maladie d'Alzheimer

La démence se caractérise par une dégénérescence des facultés intellectuelles: mémoire, jugement et pensée abstraite. Elle peut être causée par l'artériosclérose (dépôt de gras dans les vaisseaux sanguins du cerveau) ou par une maladie dégénérative, la maladie d'Alzheimer, par exemple. L'Alzheimer se caractérise notamment par une baisse de l'acétylcholine, la présence de radicaux libres et l'inflammation des tissus cérébraux. De bonnes habitudes alimentaires permettent de prévenir l'élévation du taux de cholestérol à l'origine de la formation de dépôts de gras dans les vaisseaux sanguins et fournissent un apport important en antioxydants, empêchant la formation de radicaux libres. Les aliments qui contiennent de la choline, une des composantes de l'acétylcholine (un médiateur chimique qui joue un rôle fondamental dans la cognition et le raisonnement) pourraient aider les malades. Les noix du Brésil, la lécithine, les fleurs de pissenlit, les haricots mungo et les gourganes en contiennent.

Aliments thérapeutiques

Fruits et légumes: agrumes, asperge, betterave et feuille de betterave, bleuet, brocoli, carotte, chou frisé, cresson, épinard, gombo, igname, oignon, patate douce, persil, poivron vert, raisin.

Plantes: ail, basilic, camomille allemande, curcuma, fleur de trèfle violet, feuille et fleur de pissenlit, gingembre, ginkgo, gotu kola, mélisse, ortie, persil, racine de réglisse*, romarin, sauge, scutellaire.

Autres: algues, avoine, germe de blé, graine de citrouille et de lin, huile d'olive de première pression, jaune d'œuf, lécithine, légumineuses, lentilles, noix, noix du Brésil, produit à base de soja, riz brun, vinaigre de cidre.

* *La réglisse est fortement déconseillée aux personnes souffrant d'hypertension. L'usage prolongé de la réglisse chez les sujets en bonne santé n'est pas recommandé.*

Choses à faire

Favoriser

- La consommation de fruits et de légumes frais qui constituent une excellente source de vitamines et de minéraux, pour nourrir les tissus cérébraux, et d'antioxydants pour combattre les radicaux libres.
- La consommation d'aliments contenant de l'acétylcholine: noix du Brésil, lécithine, fleur de pissenlit.
- La consommation de noix et de graines: elles contiennent des acides gras essentiels, utiles au bon fonctionnement du cerveau.

Réduire

- La viande et les produits laitiers.
- L'exposition aux toxines environnementales.

CHOSES À FAIRE

Éliminer

- Les aliments transformés et raffinés.
- L'alcool.
- Les aliments gras, frits et toutes les huiles, sauf l'huile d'olive de première pression.
- Les casseroles en aluminium, le papier d'aluminium, les déodorants et les antiacides. On soupçonne l'existence d'un lien entre l'aluminium et le développement de la maladie d'Alzheimer.

Autres recommandations

- Les poissons gras (saumon, sardine, maquereau, hareng) contiennent des acides gras essentiels au bon fonctionnement du cerveau et du système nerveux.
- Le romarin et la sauge, deux plantes riches en composés antioxydants et reconnues pour améliorer la mémoire. Des études ont démontré qu'elles contiennent de l'acétylcholine.
- Le ginkgo améliore la circulation sanguine cérébrale.
- La camomille allemande, le ginseng, la réglisse, le curcuma et l'écorce de saule blanc peuvent contribuer à réduire l'inflammation des tissus cérébraux.

RECETTES

Choisir un ou plusieurs ingrédients figurant dans la liste à gauche et en incorporer de 1 c. à thé à 2 c. à table (5 à 30 ml) à vos boissons.

Jus

Ananas en folie
Brocoli et carotte
Célébration printanière
Explosion de vitamine C
Betteraves
Bleuets
Temps des récoltes
Délice aux algues
Raisin énergisant

Smoothies

Algues fruitées
Petit futé

Tisane

Tisane aide-mémoire

Maladie de Parkinson

La maladie de Parkinson se caractérise par une rigidité musculaire, une perte de réflexes, une lenteur des mouvements et par des tremblements causés par la dégénérescence des cellules nerveuses du cerveau qui mène à une carence en dopamine. Bien qu'il n'existe aucun traitement pour la maladie de Parkinson, l'adoption d'une diète thérapeutique contribue à prévenir la dégénérescence des neurones par les neurotoxines. Choisissez des aliments qui sont riches en antioxydants et des aliments biologiques pour éviter de consommer des polluants et des métaux lourds.

ALIMENTS THÉRAPEUTIQUES

Fruits et légumes : agrumes, ananas, asperge, brocoli, céleri, cerise, chou, concombre, cresson, fenouil, fraise, laitue, légumes-feuilles, melon d'eau, mûre, pomme, radis, raisin, topinambour.

suite…

Plantes : ail, fenouil, gingembre, graine de psyllium, huile d'onagre, mouron des oiseaux, persil★, piment de Cayenne, racine et feuille de pissenlit.

Autres : graine de lin, grains entiers, légumineuses, varech, produits à base de soja, noix, varech, vinaigre de cidre.

CHOSES À FAIRE

Favoriser

- Les fruits et les légumes crus de culture biologique, pour maximiser l'apport en vitamines, en minéraux et en enzymes digestives.
- Les noix et les graines (particulièrement les graines de tournesol) pour leur apport en vitamine E, qui ralentit la progression de la maladie. Les légumineuses constituent une bonne source de vitamine E.

Réduire

- Les protéines animales (viande et produits laitiers), ils aggravent les symptômes de la maladie.

Éliminer

- Les aliments raffinés et transformés.
- Le sucre et les édulcorants artificiels.
- L'alcool.
- Le blé et le foie : ils contiennent du manganèse, une substance qui peut aggraver la maladie.
- Les aliments gras, la margarine et les huiles, à l'exception de l'huile d'olive de première pression.

Autres recommandations

- Les gourganes contiennent de la lévodopa, un précurseur de la dopamine. La consommation de 1/2 tasse (125 ml) de gourganes peut permettre de réduire la médication. Parlez-en à votre médecin pour éviter le surdosage.
- La passiflore réduit les tremblements.
- Le ginkgo améliore la circulation sanguine au cerveau et contribue ainsi à apporter plus de nutriments et à prévenir d'éventuels dommages.
- Choisir les antiacides, les déodorants et l'eau ne contenant pas d'aluminium, un métal qui pourrait avoir de mauvais effets sur les malades du Parkinson.
- La graine de lin moulue soulage la constipation et constitue une importante source d'acides gras qui nourrissent le cerveau et les nerfs.

RECETTES

Choisir un ou plusieurs ingrédients figurant dans la liste à gauche et en incorporer de 1 c. à thé à 2 c. à table (5 à 30 ml) à vos boissons.

Jus

Betterave enchantée Réveille-matin Verdure plus

Smoothies

Énergie plus *(remplacer la poudre de protéines par de la graine de lin)*
Petit futé Spa délice

Tisanes

Tisane antioxydante Tisane au gingembre
Tisane pour la circulation

Maladie inflammatoire des intestins

La maladie de Crohn et la colite ulcéreuse sont des affections graves pour lesquelles il est important d'avoir un suivi médical. Lisez les informations qui suivent et consultez votre médecin.

Aliments thérapeutiques

Fruits et légumes : carottes bouillies, jus d'épinard, jus de betterave et de feuille de betterave, jus de carotte.

Plantes : ail, camomille allemande, racine d'écorce d'orme rouge, racine de guimauve, valériane*.

Autres : graines de lin moulues, graine de psyllium, riz, varech.

* *Certaines personnes réagissent mal à la valériane.*

Choses à faire

Favoriser

- Le riz et les légumes-racines cuits.
- Le jus de betterave, pour ses propriétés nutritives et dépuratives (sang et foie).
- La consommation quotidienne d'ail cru, pour éliminer les toxines des intestins.
- La méthode des combinaisons alimentaires (voir pages 307-308) pour maximiser l'absorption des nutriments.
- La consommation d'eau et de tisanes entre les repas.

Éliminer

- La viande rouge qui favorise l'inflammation. La remplacer par des poissons gras (saumon, sardine, thon) et un peu de blanc de poulet.
- Tous les aliments qui favorisent l'inflammation des intestins : café, chocolat, champignon, alcool, boissons gazeuses, malbouffe, saveurs et colorants artificiels, aliments frits, sel.
- Les aliments auxquels vous êtes allergique ou intolérant. Les produits laitiers, le blé, le seigle, l'avoine, le maïs, les agrumes, les œufs, les crucifères (brocoli, chou, chou-fleur, chou de Bruxelles), la tomate, la levure causent souvent des intolérances ou des allergies (voir pages 304-305).
- Le sucre et les aliments qui en contiennent.
- Le tabac.

Recettes

Choisir un ou plusieurs ingrédients figurant dans la liste à gauche et en incorporer de 1 c. à thé à 2 c. à table (5 à 30 ml) à vos boissons.

Jus

Betterave enchantée
Temps des récoltes
Tonique de Popeye

Tisane

Estomac paisible

MALADIES CARDIAQUES
(CHOLESTÉROL ÉLEVÉ, HYPERTENSION, MALADIES CARDIOVASCULAIRES, INSUFFISANCE CARDIAQUE, ACCIDENT VASCULAIRE CÉRÉBRAL)

L'hérédité, le tabagisme, l'abus d'alcool et un taux élevé de mauvais cholestérol augmentent de façon importante les risques d'hypertension, de problèmes circulatoires et de maladies cardiovasculaires. La plupart des maladies cardiovasculaires et des problèmes circulatoires sont causés par un rétrécissement des artères dû à des dépôts de cholestérol.

Le cholestérol est une substance essentielle à la vie. Il existe deux grands types de cholestérol : le cholestérol LDL (lipoprotéines de basse densité ou mauvais cholestérol), qui augmente les risques d'hypertension, de maladies cardiovasculaires et de calculs biliaires, et le cholestérol HDL (lipoprotéines de haute densité ou bon cholestérol), qui réduit ces risques.

CHOSES À FAIRE

FAVORISER

- La consommation de fruits et de légumes frais, de grains entiers, de noix et de graines. Ces aliments contribuent à réguler la tension artérielle, réduisent le taux de cholestérol LDL et augmentent le taux de cholestérol DHL (bon cholestérol).
- L'ail et l'oignon. Ils réduisent la tension artérielle et contribuent à abaisser le taux de cholestérol.
- Les fruits et les légumes. Leurs propriétés antioxydantes préviennent le dépôt de cholestérol sur la paroi des artères.
- Les raisins rouges, ils préviennent la formation de caillots.

RÉDUIRE

- La consommation d'alcool.
- Le café.
- Les œufs.
- Les aliments salés, particulièrement les aliments industriels.
- Le sucre et les aliments qui contiennent beaucoup de sucre.

ÉLIMINER

- Les viandes grasses (jambon, bacon, porc, steak) et les produits laitiers, à l'exception des produits faits de lait écrémé.
- La margarine et les huiles à salade, à l'exception de l'huile d'olive de première pression.
- Les aliments frits.
- Le lait et le chocolat.
- L'alcool.
- Les sucres et les farines raffinées.
- La noix de coco.

ALIMENTS THÉRAPEUTIQUES

Fruits et légumes : abricot, ananas, asperge, avocat, bleuet, brocoli, canneberge, carotte, céleri, courge, cresson, fraise, kiwi, légumes-feuilles, mangue, melon, mûre, orange, papaye, oignon, pamplemousse*, panais, pois, pomme, poivron, raisin.

Plantes : ail, curcuma, feuille et racine de pissenlit, fleur de tilleul, gingembre, graine de fenugrec, ortie, persil**, piment de Cayenne, racine de chicorée, romarin.

Autres : amande, avoine, germinations, graines de citrouille, de lin, de sésame et de tournesol, grains entiers, huile de poisson, huile d'olive de première pression, laminaire, lécithine, légumineuses, noix, orge, produit à base de soja, yogourt avec ferments actifs.

**Ne pas consommer de pamplemousse si vous prenez un inhibiteur calcique.*

*** Durant la grossesse, limitez la consommation de persil à 1/2 c. à thé (2 ml) de persil séché ou à un brin de persil frais par jour. Ne pas consommer de persil si vous souffrez d'inflammation rénale.*

Autres recommandations

- Faire de l'exercice quotidiennement (p. ex. : marcher 30 minutes par jour ou selon votre condition physique). Pratiquer une activité de relaxation, comme le tai-chi, le yoga ou la méditation.
- Manger des poissons gras (saumon, maquereau, sardine, thon) deux ou trois fois par semaine.
- Remplacer la viande (à certains repas) par des protéines végétales (voir Consignes pour une alimentation saine, pages 14-15).
- Certaines plantes contribuent à abaisser le taux de cholestérol (voir les plantes suggérées à gauche).

RECETTES

Choisir un ou plusieurs ingrédients figurant dans la liste à gauche et en incorporer de 1 c. à thé à 2 c. à table (5 à 30 ml) à vos boissons.

Jus

Ananas en folie	Brocoli et carotte
Célébration printanière	Cocktail antioxydant
Cocktail d'agrumes	Cocktail matinal au melon
Explosion de vitamine C	Pois et carotte
Raisin zen	Réveille-matin C-Vitaminé

Pomme fraîche *(remplacer le romarin par du ginseng)*

Raisin énergisant *(utiliser du raisin rouge)*

Tisane

Tisane pour la circulation

Succédanés de café

Café de racines	Café de racines express

Maladies de peau (acné, peau sèche, psoriasis, rosacée)

ALIMENTS THÉRAPEUTIQUES

Fruits et légumes : abricot, betterave et feuille de betterave, cantaloup, carotte, concombre, citrouille, courge, cresson, légumes-feuilles, mangue, papaye, petits fruits, poire, pomme, raisin.

Plantes : calendula, échinacée, fenouil, fleur de trèfle violet, gaillet, huile d'onagre, ortie, racine de patience crépue, racine et feuille de

Acné. *Elle est parfois signe d'un déséquilibre hormonal ou d'un changement dans les habitudes alimentaires. Le gattilier contribue à un meilleur équilibre hormonal tandis que les végétaux suggérés dans la marge sont utiles pour leurs propriétés dépuratives.*

Peau sèche. *Les acides gras essentiels contenus dans l'huile d'olive, la graine de lin, les noix et les noisettes fraîches ainsi que dans les poissons gras, comme le maquereau, la sardine et le saumon, contribuent à nourrir la peau.*

Psoriasis. *Il se caractérise par l'apparition de plaques squameuses sur la peau causées par la prolifération excessive des cellules de la peau. Les plaques se logent souvent aux genoux et aux coudes. Bien que la cause du psoriasis demeure inconnue, le stress joue un rôle important dans l'apparition des plaques.*

pissenlit, racine, feuille et graine de bardane, réglisse*.

Autres : algues, avoine, graines (de citrouille, de lin, de sésame et de tournesol), huile d'olive de première pression, grains entiers, lentille, produit à base de soja, spiruline, yogourt avec ferments actifs.

**La réglisse est fortement déconseillée aux personnes souffrant d'hypertension. L'usage prolongé de la réglisse chez les sujets en bonne santé n'est pas recommandé.*

Certaines plantes calmantes comme la camomille, la scutellaire et la mélisse aident les personnes atteintes. Le soleil et les bains de mer constituent des traitements efficaces. La pratique d'exercice de relaxation comme la méditation, le yoga, le tai-chi aident à réduire le stress. L'adoption d'une diète spécifique fait aussi partie du traitement. Évitez de manger des noix, des agrumes et des tomates.

Rosacée. *L'acné rosacée est une affection inflammatoire chronique de la peau. Elle est souvent associée à des troubles digestifs. Les suggestions diététiques qui suivent et certaines plantes dépuratives contribuent à apaiser la rosacée.*

CHOSES À FAIRE

Favoriser

- Les fruits et les légumes frais.
- Les aliments riches en bêta-carotène (carotte, brocoli, légumes-feuilles, abricot, papaye).
- Les plantes dépuratives (pissenlit, bardane, achillée millefeuille).
- Les plantes relaxantes (camomille, scutellaire, mélisse, avoine).
- Graines (lin, citrouille, tournesol).

Réduire

- Le sel.
- Les protéines animales. Les remplacer par des protéines végétales (voir Consignes pour une alimentation saine, pages 14-15).

Éliminer

- La viande rouge.
- Les crustacés.
- Les noix.
- Le sucre.
- Les aliments frits.
- Les oranges.
- Le chocolat.
- Les farines raffinées.
- Le café et le thé noir.
- Les produits laitiers.
- Les boissons gazeuses.
- Les additifs alimentaires et les édulcorants artificiels.
- L'alcool.

Autres recommandations

- Boire au moins 8 verres d'eau ou de tisanes par jour pour favoriser l'élimination des toxines.
- Manger des poissons gras (saumon, sardine, maquereau) deux ou trois fois par semaine pour un apport en acides gras essentiels.

RECETTES

Choisir un ou plusieurs ingrédients figurant dans la liste à gauche et en incorporer de 1 c. à thé à 2 c. à table (5 à 30 ml) à vos boissons.

Jus	
Avalanche de bêta-carotène	Betterave enchantée
Cocktail dépuratif à la betterave	Carotte et pomme
Cocktail petit matin	Poire anisée
Temps des récoltes	Tonique de Popeye

Tisane
Tisane dépurative

MAUX DE TÊTE

ALIMENTS THÉRAPEUTIQUES

Fruits et légumes : banane, brocoli, cresson, légumes-feuilles, pomme.

Plantes : camomille allemande, fleur de tilleul, huile d'onagre, lavande, mélisse, passiflore, piment de Cayenne, romarin, scutellaire, thym, valériane*, verveine.

Autres : amande, avoine, graine de tournesol, germe de blé, grains entiers, légumineuse, noix de Grenoble, tofu, yogourt avec ferments actifs.

* *Certaines personnes réagissent mal à la valériane.*

Les maux de tête, à l'exception des migraines, peuvent être causés par de la tension nerveuse ou musculaire, des problèmes digestifs, des variations de la tension artérielle, un faible taux de sucre dans le sang, un sevrage de la caféine, de l'alcool ou de certains médicaments, une allergie alimentaire, l'air vicié, un changement de température ou une mauvaise posture. Éviter les aliments reconnus pour déclencher des maux de tête.

CHOSES À FAIRE

FAVORISER

- Les aliments riches en magnésium (grains entiers, légumineuses, algues, germe de blé, pomme, banane, noix, graines, poisson). Le magnésium réduit la tension musculaire et apaise les crampes.

RÉDUIRE

- Le sel.
- Les aliments gras.

ÉLIMINER

- Les aliments auxquels vous êtes allergiques ou intolérants. Surveillez tout particulièrement vos réactions aux œufs, aux oranges, aux produits laitiers, au blé et au maïs (voir pages 304-305).
- Les additifs alimentaires, particulièrement le glutamate de sodium.
- L'aspartame.
- La caféine (café, colas, chocolat). Elle peut, chez certains, déclencher des maux de tête.
- Le fromage et le vin rouge. Ils contiennent des substances qui déclenchent des maux de tête chez certaines personnes.

AUTRES RECOMMANDATIONS

- La tisane de mélisse ou de reine-des-prés calme les maux de tête causés par une mauvaise digestion.
- La tisane de scutellaire ou de valériane* apaise les maux de tête causés par le stress.
- Les plantes aux propriétés antispasmodiques (piment de Cayenne, camomille allemande, mélisse, tilleul, passiflore, scutellaire, thym, valériane*) apaisent les maux de tête causés par des tensions musculaires.

RECETTES

Choisir un ou plusieurs ingrédients figurant dans la liste à gauche et en incorporer de 1 c. à thé à 2 c. à table (5 à 30 ml) à vos boissons.

Jus

Brocoli et carotte	Choupinard
Temps des récoltes	Verdure plus

Smoothie

Énergie verte *(remplacer le ginkgo par la scutellaire)*

Tisane

Tisane à la lavande

MÉNOPAUSE

ALIMENTS THÉRAPEUTIQUES

Fruits et légumes : avocat, asperge, baie, banane, carotte, céleri, cresson, fenouil, légumes-feuilles, pêche, poire, poivron vert, pomme, raisin, tomate.

Plantes : agripaume cardiaque, ail, fenouil, fleur de trèfle violet, ginseng, mélisse, racine de pissenlit, réglisse*, romarin, sauge.

Autres : algues, fruits secs, germe de blé, graines de citrouille et de lin, grains entiers, lentille, huile d'olive de première pression, produit à base de soja, yogourt avec ferments actifs.

** La réglisse est fortement déconseillée aux personnes souffrant d'hypertension. L'usage prolongé de la réglisse chez les sujets en bonne santé n'est pas recommandé.*

La ménopause survient avec l'arrêt des règles. Certains changements hormonaux apparaissent avant la ménopause : règles irrégulières, bouffées de chaleur, changement de l'humeur et sécheresse vaginale. Le stress amplifie ces symptômes. Une alimentation saine (voir Consignes pour une alimentation saine, pages 14-15) et la pratique quotidienne d'une activité physique et d'exercices de relaxation permettent d'alléger les symptômes et réduisent les risques de maladie cardiaque et d'ostéoporose.

L'alimentation et certaines plantes contribuent à un meilleur équilibre hormonal, améliorent la circulation sanguine, favorisent l'élimination des toxines et réduisent la tension nerveuse.

En complément des plantes suggérées dans la marge, voici une courte liste des végétaux utiles à des symptômes spécifiques.

Déséquilibre hormonal : gattilier.

Stress et tension nerveuse : avoine, ginseng, scutellaire, verveine.

Insomnie : valériane.

Douleurs articulaires, bouffées de chaleur ou dépression : actée à grappes noires.

Problèmes cardiaques héréditaires : baie d'aubépine.

CHOSES À FAIRE

FAVORISER

- Les fruits et les légumes, pour leurs propriétés antioxydantes.
- Les noix et les graines.
- Les grains entiers.

RÉDUIRE

- Le gras animal.

ÉLIMINER

- La caféine, le café, le chocolat.
- Le sucre.
- Le tabac.
- L'alcool.

RECETTES

Choisir un ou plusieurs ingrédients figurant dans la liste à gauche et en incorporer de 1 c. à thé à 2 c. à table (5 à 30 ml) à vos boissons.

Jus

Cocktail os +
Célébration printanière
Cocktail à la tomate
Poire anisée
Pomme fraîche
Raisin énergisant
Temps des récoltes

Smoothies

Baies et ananas
Énergie verte *(remplacer le ginkgo par du ginseng)*

Tisanes

Tisane dépurative
Tisane des femmes

MIGRAINE

La migraine s'amorce par la constriction des vaisseaux sanguins suivie de leur dilatation, ce qui cause la douleur. Des symptômes précurseurs, vision embrouillée ou changements d'humeur, accompagnent parfois la constriction des vaisseaux. La douleur s'installe généralement d'un seul côté, mais peut se répandre de l'autre côté. Elle s'accompagne parfois de nausée et d'étourdissements. Une émotion forte, un changement hormonal, une allergie alimentaire et la prise de certains médicaments (contraceptifs oraux inclus) sont des facteurs déclencheurs de la migraine.

ALIMENTS THÉRAPEUTIQUES

Fruits et légumes : betterave, brocoli, cantaloup, carotte, céleri, légumes-feuilles, mûre, oignon.

Plantes : ail, camomille allemande, cannelle, feuille et racine de pissenlit, gingembre, grande camomille, mélisse, persil*, piment de Cayenne, verveine.

Autres : graines de citrouille, de lin et de tournesol, grains entiers, légumineuses, riz brun et son de riz.

* *Durant la grossesse, limitez la consommation de persil à 1/2 c. à thé (2 ml) de persil séché ou à un brin de persil frais par jour. Ne pas consommer de persil si vous souffrez d'inflammation rénale.*

CHOSES À FAIRE

FAVORISER

- La consommation de protéines végétales (voir Consignes pour une alimentation saine, pages 14-15).
- Les fruits et les légumes frais.

RÉDUIRE

- Le gras animal.
- Le sucre.

ÉLIMINER

- La caféine, les colas, le chocolat.
- Les aliments susceptibles de déclencher une migraine. Les plus courants sont les produits laitiers, le blé, les oranges, le glutamate de sodium (voir pages 304-305).
- Les aliments reconnus pour déclencher des migraines : vin rouge, fromage, maïs, poisson mariné ou fumé, saucisse, charcuterie, porc, crustacés, noix.
- Les additifs alimentaires.
- L'alcool.

AUTRES RECOMMANDATIONS

- Manger du poisson gras (morue, saumon, truite, thon) deux ou trois fois par semaine.

- Prendre de 1 ou 2 feuilles fraîches de grande camomille tous les jours.
- Adopter la méthode des combinaisons alimentaires (voir page 307).

RECETTES

Choisir un ou plusieurs ingrédients figurant dans la liste à gauche et en incorporer de 1 c. à thé à 2 c. à table (5 à 30 ml) à vos boissons.

Jus

Betterave enchantée
Brocoli et carotte
Repas liquide
Verdure plus

Smoothie

Camomille calmante

Tisanes

Tisane au gingembre
Tisane casse-migraine

Ostéoporose

L'ostéoporose se caractérise par une perte progressive de densité osseuse causée par la perte du calcium des os. La consommation d'aliments riches en calcium et en nutriments permet de renforcer la structure osseuse. L'assimilation du calcium requiert plusieurs vitamines et minéraux.

Facteurs favorisant la perte osseuse :

- *L'âge.*
- *La diminution du taux d'oestrogène. L'œstrogène favorise l'assimilation du calcium.*
- *L'activité physique augmente l'absorption du calcium, l'inactivité la décroît.*
- *Certains médicaments sous ordonnance nuisent à l'assimilation du calcium.*
- *Le stress diminue l'absorption du calcium et appauvrit les réserves de calcium.*
- *Une alimentation pauvre en vitamines et en minéraux diminue l'absorption des minéraux.*
- *Maladie de la thyroïde ou des surrénales.*

ALIMENTS THÉRAPEUTIQUES

Fruits et légumes : pomme, abricot, banane, bleuet, cantaloup, cerise, raisin rouge avec pépins, mangue, papaye, poire, avocat, chou, carotte, concombre, brocoli, légumes-feuilles, oignon, cresson.

Plantes : ail, calendula, camomille allemande, cannelle, curcuma, échinacée, gingembre, persil★★, poudre d'écorce d'orme rouge, racine de guimauve, racine de pissenlit, réglisse★, reine-des-prés, thé vert.

Autres : avoine, graines, huile d'olive de première pression, légumineuses, miel, orge, pousse de céréale.

suite…

CHOSES À FAIRE

Favoriser	Réduire
• Les aliments qui favorisent l'absorption du calcium : • Les fruits crus et les légumes verts. • Les noix et les graines. • Les légumineuses.	• Les aliments reconnus pour favoriser la perte du calcium : • Le sucre, le sel, la caféine, qui entraînent l'élimination du calcium dans les urines. • L'alcool.

* *La réglisse est fortement déconseillée aux personnes souffrant d'hypertension. L'usage prolongé de la réglisse chez les sujets en bonne santé n'est pas recommandé.*

** *Durant la grossesse, limitez la consommation de persil à 1/2 c. à thé (2 ml) de persil séché ou à un brin de persil frais par jour. Ne pas consommer de persil si vous souffrez d'inflammation rénale.*

CHOSES À FAIRE

RÉDUIRE (SUITE)

- Les aliments riches en phosphore, particulièrement les boissons gazeuses.
- Les aliments riches en protéines (viande et produits laitiers) qui entraînent l'élimination du calcium dans les urines.
- Les gras. Ils réduisent l'absorption du calcium dans l'estomac.
- Les farines raffinées.
- Les aliments préparés qui provoquent des carences en raison des produits chimiques et des toxines qu'ils contiennent.
- Les végétaux cultivés avec des engrais chimiques.
- Le son, les tomates, les pommes de terre, les aubergines, les poivrons.

RECETTES

Choisir un ou plusieurs ingrédients figurant dans la liste à gauche et en incorporer de 1 c. à thé à 2 c. à table (5 à 30 ml) à vos boissons.

Jus

Ananas en folie
Cocktail os +
Brocoli et carotte
Temps des récoltes

Smoothies

Algues fruitées
Vitamine B
Avocat et ananas

Tisanes

Tisane dépurative
Tisane os plus
Tisane digestive

PRÉVENTION DU CANCER

Le tabagisme, l'alimentation, l'alcoolisme, les contaminants environnementaux et l'hérédité comptent parmi les facteurs de risque du cancer. Une alimentation saine composée de fruits, de légumes frais et d'aliments non transformés, alliée à un mode de vie sain et actif, constitue des facteurs de protection importants.

ALIMENTS THÉRAPEUTIQUES

Fruits et légumes : abricot, agrumes, asperge, betterave, bleuet, brocoli, canneberge, carotte, cerise, chou, courge, cresson, figue, fraise, framboise, kiwi, légumes-feuilles, mangue, melon d'eau, papaye, pêche, oignon, panais, patate douce, pomme, raisin, tomate.

Plantes : ail, astragale, bardane, calendula, curcuma, échinacée, fleur de trèfle violet, persil**, piment de Cayenne, réglisse*, romarin, sauge, thé vert. *suite…*

CHOSES À FAIRE

FAVORISER

- Les aliments de culture biologique.
- Les aliments à base de soja.
- Les fruits et les légumes pour leurs propriétés antioxydantes.
- Les noix et les graines.

RÉDUIRE

- L'apport en protéines animales et la consommation de produits laitiers.

ÉLIMINER

- La margarine, le shortening et toutes les huiles à l'exception de l'huile d'olive de première pression.
- L'alcool, le sucre, le café, le sel, les marinades, les salaisons, les aliments frits.
- Les viandes et les poissons grillés, frits ou cuits au barbecue.

Autres : champignon shiitake, graines de citrouille, de lin et de tournesol, grains entiers, huile de poisson, huile d'olive de première pression, légumineuses, noix (à l'exception de l'arachide), pousses de blé, produit à base de soja, spiruline, yogourt avec ferments actifs,

* *La réglisse est fortement déconseillée aux personnes souffrant d'hypertension. L'usage prolongé de la réglisse chez les sujets en bonne santé n'est pas recommandé.*

** *Durant la grossesse, limitez la consommation de persil à 1/2 c. à thé (2 ml) de persil séché ou à un brin de persil frais par jour. Ne pas consommer de persil si vous souffrez d'inflammation rénale.*

CHOSES À FAIRE

ÉLIMINER (SUITE)	AUTRES RECOMMANDATIONS
• Les viandes fumées et les charcuteries. • Les additifs alimentaires. • Les aliments raffinés.	• Faire de l'exercice régulièrement.

RECETTES

Choisir un ou plusieurs ingrédients figurant dans la liste à gauche et en incorporer de 1 c. à thé à 2 c. à table (5 à 30 ml) à vos boissons.

Jus	
Brocoli et carotte	Cocktail à la tomate
Cocktail antioxydant	Cocktail d'agrumes
Cocktail de chou	Cocktail de chou-fleur
Fontaine de jouvence 1 et 2	Immunité
Tisanes	
Tisane au gingembre	Tisane antioxydante

RÉTENTION D'EAU

La rétention d'eau est parfois le symptôme d'une affection plus sérieuse, comme une hypertension artérielle, une maladie cardiaque ou un mauvais fonctionnement du foie. Elle peut également être causée par certains médicaments, une mauvaise circulation sanguine, une allergie, une anémie ou une carence en protéines. Consultez votre médecin pour en déterminer la cause exacte.

Si vous souffrez de rétention d'eau dans les derniers mois de la grossesse, consultez sans faute un médecin. La prise de puissants diurétiques ou l'adoption d'une diète stricte réduisent la rétention d'eau à court terme, mais peut entraîner des problèmes rénaux à long terme. Une carence ou un excédent de protéines, la déshydratation ainsi que le syndrome prémenstruel (SPM) ou la ménopause sont d'autres facteurs favorisant la rétention d'eau. Dans tous les cas, il est important de consulter votre médecin.

ALIMENTS THÉRAPEUTIQUES

Fruits et légumes : asperge, betterave, bleuet, brocoli, cantaloup, carotte, céleri, chou, concombre, courge, fraise, légumes-feuilles, maïs, melon d'eau, raisin.

Plantes : ail, bardane, feuille et racine de pissenlit, ortie persil*.

Autres : grains entiers, haricots azuki et autres légumineuses, huile de poisson.

* *Durant la grossesse, limitez la consommation de persil à 1/2 c. à thé (2 ml) de persil séché ou à un brin de persil frais par jour. Ne pas consommer de persil si vous souffrez d'inflammation rénale.*

CHOSES À FAIRE

FAVORISER	RÉDUIRE
• La consommation d'eau. Boire au moins 8 verres par jour. • Les fruits et les légumes frais.	• Le sel de table, le sel de mer, la sauce soja et les collations salées. Le sel favorise la rétention d'eau.

CHOSES À FAIRE

- Le thé et le café sont de puissants diurétiques qui sollicitent abusivement les reins lorsqu'ils sont consommés avec excès.

Éliminer

- Les aliments auxquels vous êtes allergiques ou intolérants. Dans ce cas-ci, les produits laitiers et le blé sont souvent en cause (voir pages 304-305).
- Le sucre.
- La farine raffinée.

Autres recommandations

- Faire de l'exercice tous les jours, selon votre condition physique, pour améliorer la circulation sanguine et réduire la rétention d'eau.
- Boire régulièrement des toniques diurétiques à base de racine de pissenlit, d'ortie, d'asperge, de maïs, de raisin, de cantaloup, de concombre et de melon d'eau.
- Consommer de temps en temps des plantes très diurétiques, comme le persil et le céleri.

RECETTES

Choisir un ou plusieurs ingrédients figurant dans la liste à gauche et en incorporer de 1 c. à thé à 2 c. à table (5 à 30 ml) à vos boissons.

Jus

Brise océane	Brocoli et carotte	Cocktail de chou
Délice estival	Délice printanier	Repas liquide
Temps des récoltes	Tonique de Popeye	Verdure plus
Vert divin		

Tisanes

Tisane dépurative	Tisane d'orties

Succédanés de café

Café de racines	Café de racines express

Rhume

ALIMENTS THÉRAPEUTIQUES

Fruits et légumes : agrumes, carotte, citron, oignon.

Plantes : ail, astragale, baie et fleur de sureau, échinacée, gingembre, menthe poivrée, piment de Cayenne, réglisse★★.

Autres : miel ★★★.

suite…

Le rhume est une infection virale des voies respiratoires. Durant la saison du rhume, une alimentation riche en fruits, en légumes et en ail constitue une excellente mesure de protection. La sudation et l'élimination intestinale (manger des fruits et des légumes frais, et éviter la viande et les produits laitiers, ils se digèrent lentement) contribuent à réduire la durée et la gravité de la maladie.

Voici quelques plantes pour apaiser les symptômes du rhume :

Nausées : cannelle, camomille allemande, gingembre, tisane de menthe poivrée.

Maux de gorge : gargarisme, tisane à la sauge★.

** Les personnes qui souffrent d'hypertension, les femmes enceintes ou qui allaitent ne doivent pas consommer de sauge.*

*** La réglisse est fortement déconseillée aux personnes souffrant d'hypertension. L'usage prolongé de la réglisse chez les sujets en bonne santé n'est pas recommandé.*

**** Ne pas donner de miel aux enfants de moins de 1 ans.*

*Toux : tisane d'hysope, de plantain, de racine de guimauve, de réglisse**, de thym.*

CHOSES À FAIRE

FAVORISER

- La consommation de fruits et de légumes frais, et de jus frais.
- La consommation de gingembre, de piment ou de plantes qui réchauffent le corps et empêchent la prolifération du virus.
- Boire au moins 8 tasses (2 litres) d'eau, de jus frais ou de tisane par jour.

ÉLIMINER

- Les protéines animales et les produits laitiers. Leur digestion demande beaucoup d'énergie.

RECETTES

Choisir un ou plusieurs ingrédients figurant dans la liste à gauche et en incorporer de 1 c. à thé à 2 c. à table (5 à 30 ml) à vos boissons.

Jus

Carotte ravigote	Cocktail à la tomate
Cocktail antioxydant	C-Vitaminé
Cocktail antibiotique	Explosion de vitamine C
Immunité	Limonade anisée

Tisanes

Tisane casse-grippe	Tisane pour la gorge

SCLÉROSE EN PLAQUES

ALIMENTS THÉRAPEUTIQUES

Fruits et légumes : ananas, betterave, chou, chou-fleur, légumes-feuilles, raisin.

Plantes : astragale, gingembre, huile d'onagre, racine de pissenlit, scutellaire.

Autres : algues, germe de blé, graine de lin, haricot mungo, huile de poisson, huile d'olive de première pression, lait de soja, lécithine, pousse de céréale, riz brun, tofu.

La sclérose en plaques se caractérise par la dégradation de la gaine protectrice (myéline) qui entoure le cerveau et la moelle épinière. Bien que la cause de la maladie demeure inconnue, certaines mesures donnent des résultats impressionnants.

CHOSES À FAIRE

FAVORISER

- Les aliments faibles en gras saturés.
- Les acides gras essentiels (huile d'onagre, huile de lin, huile de poisson).
- Les aliments riches en vitamines du complexe B (poisson, germe de blé et algues) et en magnésium (pomme, avocat, banane, légumes-feuilles, poisson, noix, produit à base de soja, riz brun, germe de blé) pour nourrir le tissu nerveux.
- La qualité de vie. Réduire le stress par la pratique de la méditation du yoga, du tai-chi ou faire de longues promenades dans la nature.

RÉDUIRE

- L'apport en gras animal.

ÉLIMINER

- Les infections à candida.
- Les aliments auxquels vous êtes allergiques ou intolérants (voir pages 304-305).
- Le café.

CHOSES À FAIRE

ÉLIMINER (SUITE)	
• La viande rouge, et la viande brune de poulet ou de dinde. • Les produits laitiers et les œufs.	• Le gluten. • Les gras, à l'exception de l'huile d'olive de première pression.

RECETTES

Choisir un ou plusieurs ingrédients figurant dans la liste à gauche et en incorporer de 1 c. à thé à 2 c. à table (5 à 30 ml) à vos boissons.

Jus

Betterave enchantée — Betterave verte — Chou-chou
Délice aux algues — Temps des récoltes

Smoothie

Petit futé

Tisanes

Nourriture des nerfs — Équilibre du système immunitaire

Toniques

Adaptogène — Tonique printanier

SIDA (SYNDROME D'IMMUNODÉFICIENCE ACQUISE OU SÉROPOSITIVITÉ)

Les personnes séropositives ou atteintes du sida doivent être suivies par un médecin. Certains aliments aident à renforcer le système immunitaire et permettent de mieux résister aux infections associées au sida.

ALIMENTS THÉRAPEUTIQUES

Fruits et légumes : agrumes, pêche, poire, fraise, asperge, avocat, brocoli, carotte, chou-fleur, légumes-feuilles, oignon, courge

Plantes : ail, aloès, astragale, bardane, curcuma, ginseng, huile d'onagre, réglisse.

Autres : germinations, graines de citrouille, de lin et de tournesol, grains entiers, légumineuses, pousse de céréale, soja, tofu, varech, yogourt.

CHOSES À FAIRE

FAVORISER	ÉLIMINER
• La consommation de légumes biologiques, en raison de leur haute teneur en vitamines et en minéraux. • Les champignons shiitake renforcent le système immunitaire. • L'ail a un effet protecteur contre les maladies reliées au sida. **RÉDUIRE** • La consommation d'aliments sucrés, particulièrement le miel et les jus de fruits qui favorisent le développement de levure et de moisissures.	• Farine raffinée • Gras provenant des produits laitiers et des animaux, qui réduisent l'immunité. • L'alcool, qui augmente la vulnérabilité aux infections. • Les aliments allergènes ou qui suscitent des intolérances (voir pages 304-305).

Autres recommandations

- Faire de l'exercice quotidiennement (selon sa condition physique) pour améliorer la circulation et favoriser l'élimination des toxines.
- Pratiquez des exercices de relaxations, comme le yoga, le tai-chi et la méditation pour renforcer l'immunité en réduisant le stress.

RECETTES

Choisir un ou plusieurs ingrédients figurant dans la liste à gauche et en incorporer de 1 c. à thé à 2 c. à table (5 à 30 ml) à vos boissons.

Jus

Brocoli et carotte — Cocktail antioxydant
Cocktail de chou-fleur — Temps des récoltes — Verdure plus
Délice fruité *(remplacer le ginkgo par une des plantes suggérées à gauche)*
Vert magique *(remplacer le ginkgo par une des plantes suggérées à gauche)*

Smoothie

Énergie verte *(remplacer le ginkgo par une des plantes suggérées à gauche)*

Tisanes

Tisane antioxydante — Équilibre du système immunitaire

Succédanés de café

Café de racines — Spécial immunité

Sinusite

ALIMENTS THÉRAPEUTIQUES

Fruits et légumes : abricot, agrumes, asperge, brocoli, cantaloup, carotte, chou, citrouille, fraise, haricot vert, mangue, melon d'eau, papaye, poivron.

Plantes : ail, échinacée, feuille et racine de pissenlit, fleur de sureau, gingembre, persil*, piment de Cayenne.

Autres : algues, germe de blé, graines de citrouille et de tournesol, légumineuses, lentilles.

suite…

La sinusite est une inflammation des sinus causée par un rhume, une grippe, une allergie ou une infection dentaire.

CHOSES À FAIRE

Favoriser

- Les aliments riches en vitamine C (agrumes, fraises, persil).
- Les aliments riches en vitamine E (germe de blé, noix, graine, chou, soja, lécithine, asperge).
- Les aliments qui contiennent de la bêta-carotène (carotte, mangue, cantaloup, abricot, melon d'eau, poivron rouge, citrouille, légumes-feuilles, persil, papaye).
- Les aliments riches en zinc (graine de citrouille, poisson, algues).
- La consommation de liquide : eau et jus de légumes.
- Manger de l'ail cru tous les jours, pour réduire la congestion des sinus.

Réduire

- Les aliments riches en amidon comme les céréales.

Éliminer

- L'alcool.
- Les bananes, qui stimulent la sécrétion de mucus.
- Les produits laitiers (à l'exception du yogourt avec ferments actifs).

* *Durant la grossesse, limitez la consommation de persil à 1/2 c. à thé (2 ml) de persil séché ou à un brin de persil frais par jour. Ne pas consommer de persil si vous souffrez d'inflammation rénale.*

CHOSES À FAIRE

ÉLIMINER (SUITE)
- Les aliments auxquels vous êtes allergiques ou intolérants (voir pages 304-305).
- Le sucre et la farine raffinée.

RECETTES

Choisir un ou plusieurs ingrédients figurant dans la liste à gauche et en incorporer de 1 c. à thé à 2 c. à table (5 à 30 ml) à vos boissons.

Jus

Avalanche de bêta-carotène
Bêta délice
Brocoli et carotte
Cocktail antioxydant
C-Vitaminé

Succédané de café

Café de graines

SYNDROME DE LA FATIGUE CHRONIQUE

Aussi appelé encéphalomyélite myalgique ou fatigue chronique post-virale, ce syndrome est encore mal compris. Il se caractérise par une grande fatigue, un manque d'énergie, des troubles du sommeil, des états dépressifs et, parfois, des maux de tête, des maux de gorge et une inflammation des ganglions. Il survient souvent à la suite d'une infection virale ayant affaibli le système immunitaire. On pense que les intolérances alimentaires, une mauvaise digestion ou une mauvaise absorption des nutriments, la prise d'antibiotiques à long terme et le stress pourraient aussi le déclencher.

ALIMENTS THÉRAPEUTIQUES

Fruits et légumes : agrumes, banane, brocoli, carotte, courge, cresson, épinard, légumes-feuilles, patate douce, poivron, pomme, tomate.

Plantes : ail, chardon-Marie, échinacée, feuille de pissenlit, gingembre, ginseng*, huile d'onagre, luzerne, millepertuis, ortie, persil ***, piment de Cayenne, racine et mélisse, réglisse**.

Autres : avoine, champignon maitake, champignon shiitake, dulse, pousse de céréale, huile de poisson, graine de citrouille, de lin, de sésame et de tournesol, grains entiers, huile d'olive de première pression, légumineuses, riz brun, varech, yogourt avec ferments actifs.

suite…

CHOSES À FAIRE

FAVORISER
- L'immunité et la digestion (voir Déficit immunitaire, page 98, et Indigestion, page 117).
- Fruits et légumes antioxydants.
- Noix et graines.

RÉDUIRE
- Les protéines animales (provenant de la viande et des produits laitiers).

ÉLIMINER
- Les aliments transformés et raffinés.
- Le café, le thé, le chocolat et les boissons gazeuses.
- Le sucre, l'alcool, les aliments contenant de la levure. Ils favorisent les infections à levure, une affection souvent associée au syndrome de la fatigue chronique.
- Les aliments auxquels vous êtes intolérants (voir page 304).
- Les additifs alimentaires.

AUTRES RECOMMANDATIONS
- Faire de l'exercice quotidiennement selon sa condition physique.

** Ne pas prendre de ginseng si vous souffrez d'hypertension ou si vous buvez du café. Ne pas consommer de ginseng pendant plus de 4 semaines d'affilée.*

***La réglisse est fortement déconseillée aux personnes souffrant d'hypertension. L'usage prolongé de la réglisse chez les sujets en bonne santé n'est pas recommandé.*

****Durant la grossesse, limitez la consommation de persil à 1/2 c. à thé (2 ml) de persil séché ou à un brin de persil frais par jour. Ne pas consommer de persil si vous souffrez d'inflammation rénale.*

RECETTES

Choisir un ou plusieurs ingrédients figurant dans la liste à gauche et en incorporer de 1 c. à thé à 2 c. à table (5 à 30 ml) à vos boissons.

Jus

Courge épicée	Explosion de vitamine C	
Limonade anisée	Fontaine de jouvence 1	Verdure plus
Orange piquante	Tonique de Popeye	Vert divin

Tisane

Équilibre du système immunitaire

SYNDROME DU CÔLON IRRITABLE

ALIMENTS THÉRAPEUTIQUES

Fruits et légumes : abricot, ananas, brocoli, carotte, chou, citron, épinard, kiwi, papaye, persil, pomme, tomate.

Plantes : camomille allemande, cannelle, fenouil, gingembre, mélisse, menthe poivrée, pissenlit, poudre d'écorce d'orme rouge, réglisse*.

Autres : graine de lin, noix, son d'avoine, tofu, yogourt avec ferments actifs.

**La réglisse est fortement déconseillée aux personnes souffrant d'hypertension. L'usage prolongé de la réglisse chez les sujets en bonne santé n'est pas recommandé.*

Les ballonnements, les douleurs abdominales et la constipation sont les principaux symptômes du côlon irritable.

L'alimentation, une meilleure gestion du stress, et l'élimination d'aliments allergènes sont d'importants facteurs de guérison. Les plantes permettent d'apaiser l'intestin, de réduire l'inflammation, d'améliorer la digestion, de calmer les nerfs et de favoriser la guérison des intestins.

CHOSES À FAIRE

FAVORISER

- Les protéines provenant du poisson et des végétaux (noix, graine, tofu et haricot).
- Les fruits et les légumes crus. Leur apport en vitamines C et E renforce le système immunitaire, améliore la fonction intestinale et favorise l'élimination des toxines.
- L'huile et la graine de lin. Leurs propriétés apaisantes et anti-inflammatoires améliorent la fonction intestinale.
- La méthode des combinaisons alimentaires (voir pages 307-308).

ÉLIMINER

- L'alcool.
- Le café.
- La viande rouge.
- Le sucre et la farine raffinée.
- Les édulcorants artificiels.
- Les gras et les huiles, à l'exception de l'huile d'olive.
- Les aliments auxquels vous êtes allergiques ou intolérants. Les produits laitiers, les agrumes, la caféine, le blé et le maïs sont souvent en cause (voir pages 304-305).

RECETTES

Choisir un ou plusieurs ingrédients figurant dans la liste à gauche et en incorporer de 1 c. à thé à 2 c. à table (5 à 30 ml) à vos boissons.

Jus

Cocktail de chou — Cocktail de chou-fleur

Tisanes

Apaisement digestif — Tisane au gingembre

TABAGISME (ABANDON)

ALIMENTS THÉRAPEUTIQUES

Fruits et légumes : agrumes, brocoli, cantaloup, carotte, légumes-feuilles.

Plantes : camomille allemande, scutellaire, trèfle violet.

Autres : avoine, graine de citrouille et de tournesol, son d'avoine, tofu.

En plus d'être un facteur de risque de maladie cardiaque, de maladie pulmonaire, de cancer, d'hypertension et d'ulcère d'estomac, le tabac prive l'organisme de calcium (ce qui peut mener à l'ostéoporose). Le tabac provoque la contraction des vaisseaux sanguins et diminue par le fait même l'afflux sanguin dans les zones périphériques du corps, en plus d'augmenter les risques d'accident vasculaire cérébral, d'impuissance chez l'homme et de rides chez la femme.

CHOSES À FAIRE

POUR RÉDUIRE L'ENVIE DE FUMER

- Manger six petits repas par jour. Afin de maintenir le sucre sanguin à un niveau constant, chaque repas devrait comprendre un peu de protéines, de grains entiers, de fruits et de légumes frais.
- Pour réduire les symptômes du sevrage, adopter une diète végétarienne. Celle-ci ralentira l'élimination de la nicotine dans le sang.
- Faire de l'exercice régulièrement, particulièrement de la marche et des exercices de respiration.
- Prendre des collations légères composées de graines de tournesol et de citrouille. Le zinc qu'elles contiennent réduit l'envie de fumer.
- Manger beaucoup d'avoine. Des études ont démontré que l'avoine réduit la compulsion.
- Boire des tisanes calmantes.

RECETTES

Choisir un ou plusieurs ingrédients figurant dans la liste à gauche et en incorporer de 1 c. à thé à 2 c. à table (5 à 30 ml) à vos boissons.

Jus

Avalanche de bêta-carotène — Brocoli et carotte
C-Vitaminé — Orange piquante
Pamplemousse — Temps des récoltes

Smoothies

Camomille calmante — Énergie verte
Explosion de bêta-carotène

Cocktail

Cocktail de melon

Tisanes

Nourriture nerveuse — Tisane calmante — Tonique nerveux

Trouble déficitaire de l'attention (TDA)

ALIMENTS THÉRAPEUTIQUES

Fruits et légumes : betterave, brocoli, carotte, épinard, pomme, poire.

Plantes : camomille allemande, cannelle, mélisse, millepertuis, ortie, persil*.

Autres : amande, avoine, graine de citrouille et de tournesol, varech.

* *Durant la grossesse, limitez la consommation de persil à 1/2 c. à thé (2 ml) de persil séché ou à un brin de persil frais par jour. Ne pas consommer de persil si vous souffrez d'inflammation rénale.*

Un enfant peut être diagnostiqué comme souffrant d'un TDA s'il est facilement distrait de ses activités, s'il a du mal à se concentrer et à maintenir son attention, et s'il passe rapidement d'une activité à une autre. Lorsque l'agitation s'ajoute à ces symptômes, l'enfant peut souffrir de trouble déficitaire de l'attention avec hyperactivité (TDAH). Des études ont démontré qu'une alimentation riche en nutriments augmente les habiletés mentales. D'autres études ont démontré qu'une carence en fer peut causer des troubles de l'attention.

Les jus de fruits et de légumes frais sont un bon moyen de faire manger plus de végétaux aux enfants. Pour calmer l'enfant pendant la diète de détoxication, on peut lui donner des plantes aux vertus calmantes.

CHOSES À FAIRE

Favoriser

- Les aliments non raffinés (voir Consignes pour une alimentation saine, pages 14-15).
- Les fruits et les légumes, pour leurs propriétés antioxydantes.
- Les aliments riches en fer : betteraves, légumes-feuilles amandes, algues, cresson, fruits séchés (figues, raisins, abricots, etc.).
- Les noix et les graines. Leur teneur en zinc est un élément essentiel au bon fonctionnement du cerveau.

Réduire

- Les aliments qui nuisent à l'absorption du fer, comme le café, le chocolat, les jaunes d'œuf, le germe de blé.

Éliminer

- Les additifs alimentaires, les colorants, les agents de conservation et les édulcorants, qui peuvent être toxiques pour l'organisme de l'enfant.
- Le sucre, les aliments et les boissons sucrées. Ils privent le corps des vitamines du complexe B, composés qui assurent le bon fonctionnement des cellules nerveuses.
- Les aliments raffinés, dont le sucre et la farine blanche, qui privent l'organisme de zinc.
- Les aliments auxquels l'enfant est intolérant : les allergies alimentaires sont souvent associées au TDA. Les produits laitiers, les œufs, le blé et les oranges causent fréquemment des allergies. Pour plus d'information, reportez-vous aux pages 304-305. Voir page 258, pour en savoir plus sur les succédanés du lait.

RECETTES

Choisir un ou plusieurs ingrédients figurant dans la liste à gauche et en incorporer de 1 c. à thé à 2 c. à table (5 à 30 ml) à vos boissons.

Jus

Brocoli et carotte	Poire et ananas
Rafraîchissement automnal	Temps des récoltes

TROUBLES HÉPATIQUES

Le foie élimine les toxines qui nuisent au bon fonctionnement du système nerveux, de l'appareil digestif, du cœur et de la circulation. Les produits chimiques, l'abus de matières grasses et la consommation d'aliments raffinés et transformés nuisent au bon fonctionnement du foie. Les symptômes d'un mauvais fonctionnement du foie sont les suivants : colère, tension nerveuse, brusques changements d'humeur, dépression, problèmes de peau, troubles de la vésicule biliaire, infection à candida, problèmes menstruels ou liés à la ménopause. Les suggestions suivantes épaulent le traitement médical des problèmes hépatiques.

ALIMENTS THÉRAPEUTIQUES

Fruits et légumes : betterave, carotte, céleri, cresson, fraise, légumes-feuilles, mûre, oignon, pomme, prune, raisin rouge ou bleu, tomate.

Plantes : ail, astragale, camomille allemande, chardon-Marie, curcuma, fenouil, fenugrec, gingembre, luzerne, mélisse, persil**, piment de Cayenne, racine d'achillée millefeuille, de bardane, de chicorée et de pissenlit, réglisse*, romarin,.

Autres : algues, graine de lin, grains entiers, huile d'olive de première pression, lécithine, légumineuses, pousse de céréale, spiruline.

** La réglisse est fortement déconseillée aux personnes souffrant d'hypertension. L'usage prolongé de la réglisse chez les sujets en bonne santé n'est pas recommandé.*

*** Durant la grossesse, limitez la consommation de persil à 1/2 c. à thé (2 ml) de persil séché ou à un brin de persil frais par jour. Ne pas consommer de persil si vous souffrez d'inflammation rénale.*

CHOSES À FAIRE

FAVORISER

- Les fruits et les légumes.
- Les légumineuses et les grains entiers.
- Les aliments et les herbes amers (asperge, zeste d'agrumes, feuille, racine et fleur de pissenlit, graine de chardon-Marie, fleur de camomille) qui stimulent la fonction hépatique.
- La consommation d'eau (au moins 8 verres par jour).
- Le café de racine.

RÉDUIRE

- La consommation de protéines animales. Les remplacer par un peu de poisson et des protéines végétales (voir Consignes pour une alimentation saine, pages 14-15).

ÉLIMINER

- Les aliments susceptibles de nuire au bon fonctionnement du foie : produits laitiers, gras animal, œufs, aliments raffinés et transformés, margarine, shortening, huiles (à l'exception de l'huile d'olive de première pression), alcool.
- Les aliments frits.
- Le tabac.
- Le sucre, les aliments sucrés et la malbouffe.
- Les toxines provenant des aliments qui ne sont pas de culture biologique.

RECETTES

Choisir un ou plusieurs ingrédients figurant dans la liste à gauche et en incorporer de 1 c. à thé à 2 c. à table (5 à 30 ml) à vos boissons.

Jus

Carotte et pomme — Nourriture cellulaire

Matin radieux *(remplacer les fraises par des mûres)*

Poire et pomme	Pomme, betterave et poire
Pomme fraîche	Tomate acidulée Tonique de Popeye
Tisanes	
Tisane dépurative	Équilibre du système immunitaire
Succédané de café	
Café de graines	

ALIMENTS THÉRAPEUTIQUES

Fruits et légumes : abricot, agrumes, bleuet, betterave et feuilles de betterave, brocoli, carotte, fraise, légumes-feuilles, mûre, raisin.

Plantes : achillée millefeuille, ail, gattilier, gingembre, huile d'onagre, ortie, persil*, racine et feuille de pissenlit, scutellaire.

Autres : amande, dulse, graine de citrouille, de lin, de sésame et de tournesol, grains entiers, huile de poisson, lécithine, légumineuses, noix, produit à base de soja, varech.

**Durant la grossesse, limitez la consommation de persil à 1/2 c. à thé (2 ml) de persil séché ou à un brin de persil frais par jour. Ne pas consommer de persil si vous souffrez d'inflammation rénale.*

TROUBLES MENSTRUELS

L'aménorrhée (absence de règles), la dysménorrhée (règles douloureuses) et le syndrome prémenstruel (SPM) sont souvent causés par un déséquilibre hormonal associé au stress, à un excès d'exercice physique ou à une alimentation trop riche en produits animaux. Des troubles liés à la circulation sanguine ou lymphatique peuvent aussi être en cause.

Traitement naturel :

- *Équilibrer les hormones.*
- *Améliorer la circulation sanguine et lymphatique des organes génitaux.*
- *Faire des exercices de relaxation, de l'activité physique modérée et adopter une alimentation saine.*
- *Améliorer la digestion et l'élimination pour favoriser l'absorption des nutriments et assurer une meilleure régulation hormonale.*

CHOSES À FAIRE

FAVORISER

- La consommation de fruits et de légumes, particulièrement ceux suggérés à gauche.

RÉDUIRE

- Le sel et les aliments salés.
- L'alcool.

ÉLIMINER

- Les aliments raffinés, parce qu'ils contiennent peu de vitamines et de minéraux.
- La caféine, le thé, les boissons gazeuses, à cause de leur effet négatif sur l'absorption du calcium et des minéraux.
- Le sucre et les édulcorants.
- La viande et les produits laitiers qui contiennent des hormones.

AUTRES RECOMMANDATIONS

- Assurer un équilibre entre les trois principales sources de protéines : poissons, viandes et végétaux.
- Consommer des aliments riches en calcium, comme le brocoli, le yogourt et le tofu.
- Faire de l'exercice quotidiennement, selon votre condition physique.

RECETTES

Choisir un ou plusieurs ingrédients figurant dans la liste à gauche et en incorporer de 1 c. à thé à 2 c. à table (5 à 30 ml) à vos boissons.

Jus		
Betterave enchantée	Brocoli et carotte	Matin radieux
Temps des récoltes	Tonique de Popeye	Verdure plus
Réveille-matin *(utilisez des bleuets, des mûres ou des fraises)*		
Smoothies		
Baies et ananas	Énergie plus	
Tisanes		
Équilibre hormonal	Tisane au gingembre	

Troubles oculaires (cataractes, glaucome, dégénérescence maculaire)

Des recherches démontrent que le risque de souffrir de cataractes, de glaucome ou de dégénérescence maculaire décroît avec la consommation d'antioxydants.

ALIMENTS THÉRAPEUTIQUES

Fruits et légumes : abricot, agrumes, asperge, avocat, bleuet, brocoli, canneberge, carotte, chou, citrouille, courge, cresson, framboise, légumes-feuilles, mangue, melon d'eau, mûre, patate douce, pêche, poivron, raisin, tomate.

Plantes : ail, curcuma, feuille de pissenlit, gingembre, ginkgo, persil*, romarin.

Autres : germe de blé, graine de citrouille, huile d'olive de première pression, noix, yogourt avec ferments actifs.

**Durant la grossesse, limitez la consommation de persil à 1/2 c. à thé (2 ml) de persil séché ou à un brin de persil frais par jour. Ne pas consommer de persil si vous souffrez d'inflammation rénale*

CHOSES À FAIRE

Favoriser

- Les fruits et les légumes. Leurs propriétés antioxydantes protègent les yeux des dommages causés par les radicaux libres (les jus de carotte, d'épinard et de bleuet sont tout particulièrement efficaces).
- L'ail frais, qui est un puissant antioxydant.

Réduire

- Les matières grasses de la viande et des produits laitiers.

Éliminer

- Les aliments raffinés.
- Les aliments frits.
- Le sucre et les aliments contenant du sucre et des édulcorants.

RECETTES

Choisir un ou plusieurs ingrédients figurant dans la liste à gauche et en incorporer de 1 c. à thé à 2 c. à table (5 à 30 ml) à vos boissons.

Jus		
Ananas en folie	Bêta délice	Bleuet
Brise océane	Cocktail à la tomate	Courge épicée
Cocktail de chou	Cocktail d'agrumes	C-Vitaminé
Raisin énergisant	Matin radieux	
Explosion de vitamine C		
Smoothies		
Mangue enchantée	Or liquide	
Tisanes		
Tisane antioxydante	Tisane diable vert	

Ulcère gastrique, ulcère duodénal et ulcère gastro-duodénal

L'ulcère gastrique et l'ulcère duodénal surviennent lorsque la muqueuse protectrice de ces organes est per-

Fruits et légumes : banane, betterave, bleuet, carotte, fraise, laitue, légumes-feuilles, pomme de terre.

Plantes : gingembre, ginkgo, graine de chardon-Marie, huile d'onagre, luzerne, millepertuis, passiflore.

Autres : arachide, avoine, farine d'épeautre, graine de citrouille, de lin, de sésame et de tournesol, grains entiers (à l'exception du blé), huile d'olive, légumineuses, noix.

cée. Dans la plupart des cas, une bactérie nommée Helicobacter pilori est responsable des ulcères gastriques. Il arrive également qu'une allergie alimentaire y soit associée. L'aspirine, les stéroïdes et les anti-inflammatoires non stéroïdiens stimulent la sécrétion d'acide qui peut percer la muqueuse de l'estomac ou de l'intestin. Le stress est un facteur important dans le développement d'un ulcère. Le traitement consiste à réduire la production d'acide et à apaiser la muqueuse en stimulant le système immunitaire chargé de détruire la bactérie. Certaines plantes aux propriétés antioxydantes et antibactériennes calment et protègent la muqueuse, favorisant ainsi la guérison des ulcères.

CHOSES À FAIRE

Favoriser

- Les fruits et les légumes pour leur apport en vitamines qui apaisent la muqueuse de l'estomac et préviennent les infections. Les fruits bien mûrs sont les plus apaisants pour l'estomac.
- La poudre d'écorce d'orme rouge protège les muqueuses contre les attaques de l'acide. Il est préférable de la prendre avant le coucher pour protéger l'estomac pendant le sommeil.

Réduire

- La consommation de sel.

Éliminer

- La caféine, le café, le chocolat et le café décaféiné, parce qu'ils stimulent la sécrétion d'acide de l'estomac.
- Les produits laitiers, parce qu'ils augmentent l'acidité.
- L'alcool, les boissons gazeuses et les céréales raffinées qui favorisent la formation des ulcères.
- Les médicaments susceptibles de causer un ulcère, comme l'aspirine, les stéroïdes et les anti-inflammatoires non stéroïdiens.
- Les boissons chaudes, parce qu'elles sont irritantes.
- Le tabac.
- Les aliments frits et l'huile, à l'exception de l'huile d'olive de première pression.

Autres recommandations

- Prendre plusieurs petits repas plutôt que trois gros et éviter de manger quelques heures avant d'aller au lit.
- Pratiquer des exercices de relaxation, comme le yoga et le tai-chi.
- Boire du jus de chou frais tous les jours.
- Adopter la méthode des combinaisons alimentaires.

RECETTES

Choisir un ou plusieurs ingrédients figurant dans la liste à gauche et en incorporer de 1 c. à thé à 2 c. à table (5 à 30 ml) à vos boissons.

Jus		
Cocktail de chou	Délice estival	Poire anisée

Smoothies		
Camomille calmante	Cerise bleue	Énergie plus
Mangue enchantée *(remplacer le jus d'orange par du jus de pomme)*		

Tisanes	
Estomac paisible	Équilibre du système immunitaire
Tisane épicée à la camomille	

Tonique
Tonique nerveux

Succédané de café
Café de racines

Varices et hémorroïdes

ALIMENTS THÉRAPEUTIQUES

Fruits et légumes : agrume, brocoli, cerise, chou, cresson, légumes-feuilles, oignon, petits fruits (bleuet, fraise, framboise, mûre), poires, raisin rouge.

Plantes : achillée, luzerne, châtaigne, gingembre, hamamélis, persil, piment de Cayenne, racine et feuille de bardane, racine et feuille de pissenlit.

Autres : avoine, germe de blé, graines (tournesol, lin, citrouille, sésame), huile d'olive extra-vierge, noix, sarrasin, soya, varech.

Les varices se développent lorsque la circulation des membres inférieurs vers le cœur est réduite. Le sang stagne et les veines s'élargissent. L'âge et l'hérédité sont des facteurs de prédisposition. Ils sont parfois le signe de problèmes de valves cardiaques, d'hypertension, d'une mauvaise circulation causée par le port de vêtements trop serrés, d'un excès de poids ou d'un manque d'exercice. Le risque de développer des varices augmente avec la grossesse et l'âge. Une alimentation saine et riche en aliments non transformés favorise la santé des veines.

Les hémorroïdes sont des varices qui se forment autour de l'anus.

CHOSES À FAIRE

Favoriser

- Les aliments riches en vitamine E (grains entiers, germe de blé, légumineuses, noix et graines, légumes-feuille, algues, soja) pour améliorer la circulation sanguine.
- Les aliments riches en vitamine C (agrumes, petits fruits, légumes-feuilles, poivron) pour renforcer les vaisseaux sanguins.

Autres recommandations

- Traiter la constipation, cause fréquente des hémorroïdes (voir Constipation, page 97).
- Manger des poissons gras (saumon, sardine, maquereau, hareng) deux ou trois fois par semaine pour leur apport en acides gras, acides qui améliorent la circulation et favorisent le maintien de l'élasticité des veines.
- Faire de l'exercice tous les jours, selon votre condition physique.
- Au sortir d'un bain chaud, rincer vos jambes à l'eau froide et les frotter avec de l'eau de noisettes, ou éviter de prendre des bains chauds.
- Ne pas masser les varices.
- Éviter de rester longtemps debout.
- En position assise, poser les pieds sur un tabouret.

RECETTES

Choisir un ou plusieurs ingrédients figurant dans la liste à gauche et en incorporer de 1 c. à thé à 2 c. à table (5 à 30 ml) à vos boissons.

Jus

Cocktail de petits fruits	Cerise surprise	Délice estival
Matin radieux	Orange piquante	Vert divin

Smoothies

Cerise bleue
(remplacer la banane par 3 c. à table [45 ml] de sarrasin)

Spa délice
(remplacer le chardon-Marie par une des plantes suggérées)

Algues fruitées

Tisanes

Tisane anti-varices
Tisane dépurative
Tisane pour la circulation

VIEILLISSEMENT

Des études récentes indiquent que, dans le vieillissement, l'oxydation est un des principaux facteurs en jeu. L'oxydation produit des radicaux libres qui endommagent nos cellules, un processus qui relève de la transformation de l'oxygène en énergie. L'incidence grandissante des cas de maladie de Parkinson et de maladie d'Alzheimer semble être en lien avec le stress oxydation. Les cardiopathies, les cancers, l'arthrite et les rides sont signe de dommages causés par les radicaux libres. Les antioxydants protègent l'organisme contre les méfaits des radicaux libres.

ALIMENTS THÉRAPEUTIQUES

Fruits et légumes : betterave, bleuet, brocoli, carotte, céleri, chou, citrouille, figue, framboise, fraise, légumes-feuilles, melon, oignon, orange, pamplemousse, papaye, patate douce, poire, pommes, raisin, tomate.

Plantes : ail, camomille allemande, chardon-marie, citronnelle, curcuma, gingembre, ginkgo, menthe poivrée, menthe verte, oregan, persil, piment de Cayenne, romarin, sauge, thé vert, thym.

Autres : algue, céréale, graines de citrouille, graines de lin, graines de sésame, graines de tournesol, huile d'olive extra-vierge, noix, soya, yogourt.

CHOSES À FAIRE

FAVORISER

- La consommation d'antioxydants. Boire des tisanes à base d'herbes reconnues pour leurs propriétés antioxydantes.
- Régler tout problème digestif afin d'améliorer l'absorption des nutriments (voir Indigestion, page 117).

RÉDUIRE

- La consommation de gras animal (viande et produits laitiers). Quelques fois par semaine, remplacer la viande par du poisson à chair blanche et par des protéines végétales.

ÉLIMINER

- Les calories vides ou en trop.

RECETTES

Choisir un ou plusieurs ingrédients figurant dans la liste à gauche et en incorporer de 1 c. à thé à 2 c. à table (5 à 30 ml) à vos boissons.

Jus

Ananas en folie	Brocoli et carotte	Bleuet
Fontaine de jouvence 1	Cocktail antioxydant	Délice fruité
Fontaine de jouvence 2	Vert magique	Raisin zen

Smoothies		
Explosion de bêta-carotène	Petit futé	Spa délice

Tisanes	
Tisane à la framboise	Thé vert tonique
Tisane antioxydante	

Succédané de café
Café de graines

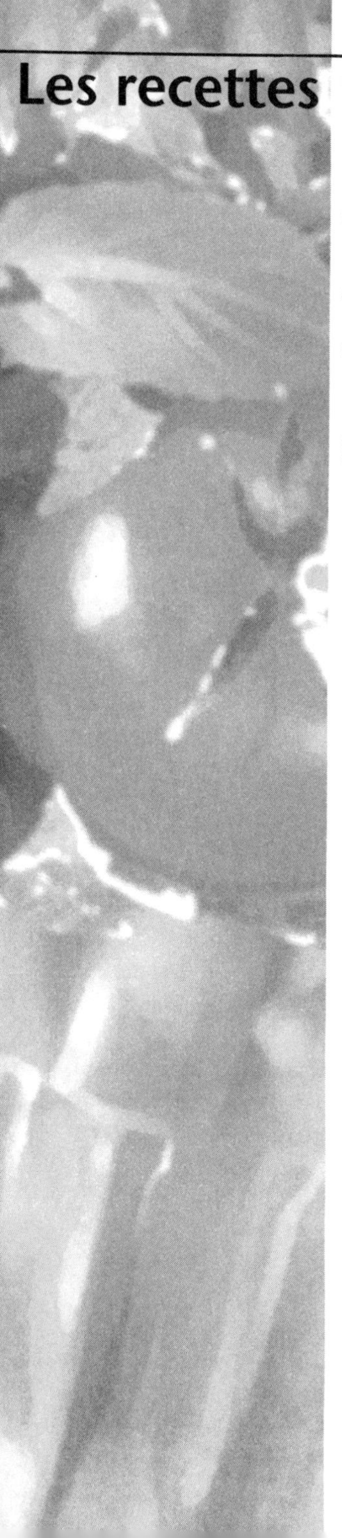

Les recettes

Quelques consignes utiles pour l'extraction des jus frais

Les jus de légumes et de fruits frais constituent un excellent moyen de compléter une alimentation saine et équilibrée. Riches en nutriments et en composés phytochimiques, les jus frais sont riches en goût et en valeur nutritive.

Goût

Les jus doivent avoir bon goût.

Si vous n'avez jamais bu de jus frais, il se peut que vous leur trouviez un goût étrange ou une saveur trop puissante, mais vos papilles gustatives ne tarderont pas à s'habituer à ces saveurs et vous commencerez à apprécier leur fraîcheur et leur authenticité. Les jus de fruits frais étant passablement sucrés, il est parfois utile de contrebalancer cette saveur par l'ajout de jus de citron ou de betterave. Les soupes et les sauces préparées avec la pulpe des jus sont très différentes de celles vendues dans les marchés d'alimentation, mais elles sont beaucoup plus saines et goûteuses.

Pour des jus moins forts en goût, utilisez 3 mesures d'un légume ou d'un fruit à saveur délicate (pomme, carotte) pour 1 mesure de chou, de brocoli ou de légumes-feuilles, des végétaux à la saveur plus puissante.

La saveur sucrée et délicate du jus de pomme confère un goût agréable à tous les jus. Si vous avez du mal à apprécier la saveur brute des jus de légumes frais, particulièrement le jus de chou, d'épinard ou de plantes fraîches, ajoutez-y du jus de pomme et diminuez graduellement la quantité. Débutez par un ou deux verres de jus par jour afin de laisser le temps à votre organisme de s'adapter. Certaines personnes peuvent éprouver de légers symptômes (flatulences ou douleurs abdominales). Cette période de transition est généralement très courte et, une fois les malaises dissipés, vous pourrez boire plus de deux verres de jus par jour. En ce qui concerne les quantités, utilisez votre bon sens et savourez chaque gorgée !

À boire sans délai

Autant que possible, achetez des fruits, des légumes et des plantes de culture biologique. N'utilisez que des produits très frais, ne les conservez pas plus de deux jours au réfrigérateur et buvez les jus immédiatement après les avoir extraits. Les nutriments contenus dans les jus frais sont hautement volatiles et, dès qu'ils sont exposés à l'air, se détériorent très rapidement. La vitamine C, cette substance aux multiples vertus (anticancéreuse, prévient les cataractes, les maladies cardiaques, le saignement des gencives, l'hypertension et l'infertilité) est extrêmement volatile en plus de ne pas supporter la chaleur et l'exposition à l'air. Aussitôt le jus sorti de l'appareil, la vitamine C qu'il contient commence à se dégrader. Le meilleur moyen de profiter au maximum de la vitamine C et de plusieurs enzymes et composés phytochimiques sensibles est de boire vos jus immédiatement.

Conservation des jus frais

Pour bénéficier au maximum des nutriments des légumes, des fruits et des herbes fraîches, il est impératif d'utiliser des végétaux bien mûrs et de boire le jus sans délai. Mais si, malgré tout, vous souhaitez prépare vos jus à l'avance, respectez les consignes suivantes :

- Conserver les jus dans des contenants en verre, les remplir à ras bord et les fermer hermétiquement.
- Les jus maison n'étant pas pasteurisés, ils ne se conservent pas longtemps. Pas plus de deux jours au réfrigérateur. Néanmoins, il est grandement préférable de les boire de une à deux heures après leur extraction.

Utilisation de la pulpe

La pulpe est un sous-produit de l'extraction du jus. Si le jus fraîchement extrait contient un concentré de nutriments, la pulpe résiduelle est riche en fibres et regorge de nutriments de grande valeur. La pulpe de fruits ou de légumes peut être utilisée dans la confection de nombreux plats.

Pour utiliser la pulpe dans les desserts glacés, les soupes, les sauces, les bouillons de légumes, les ragoûts, les vinaigrettes, les salades et les produits de boulange, peler les fruits et les légumes et prélever le cœur et les graines avant d'en extraire le jus. Pour de meilleurs résultats, passer la pulpe au mélangeur ou au robot culinaire avant de l'utiliser ou de la mettre au congélateur. Mesurez 2 tasses (500 ml) de pulpe et la faire congeler dans un sac à congélation ou dans un contenant muni d'un couvercle hermétique. Conserver la pulpe au réfrigérateur pendant au plus vingt-quatre heures. La pulpe de certains fruits ou légumes polyvalents, comme la pomme, la carotte et la tomate, peut être congelée séparément pour une utilisation ultérieure dans les compotes, les muffins, les gâteaux, les sauces tomate et la salsa. Pour plus d'information concernant l'utilisation de la pulpe, voir la page 224.

Jus de fruits

Abricot et pêche

1 Portion

2	pêches pelées, dénoyautées et coupées en deux	2
2	abricots pelés, dénoyautés et coupés en deux	2
1/2	t. de raisins verts	125 ml
1/4	bulbe de fenouil, coupé en morceaux	1/4

1. Extraire le jus des pêches, des abricots, des raisins et du fenouil. Mélanger et servir.

Ananas en folie

1 Portion

1	t. de mûres	250 ml
2	ananas en quartiers	2
1/2	t. de bleuets	125 ml
1/2	t. de framboises	125 ml
3	brins de persil	3

1. Extraire le jus des mûres, des ananas, des bleuets, des framboises et du persil. Mélanger et servir.

Ananas et agrumes

1 Portion

Si vous souhaitez utiliser la pulpe dans le Granité à l'ananas et à la sauge (voir recette page 214), pelez les oranges et le citron à vif et retirez les pépins.

1/2	ananas coupé en quartiers	1/2
2	oranges pelées et coupées en quartiers	2
1	citron vert, pelé et coupé en deux	1

1. Extraire le jus de l'ananas, des oranges et du citron vert. Mélanger et servir.

Ananas panaché

1 Portion

2	quartiers d'ananas	2
1	t. de bleuets	250 ml
1	t. de cerises dénoyautées	250 ml
1/2	t. de cassis	125 ml

1. Extraire le jus de tous les ingrédients. Mélanger et servir.

Avalanche de bêta-carotène

1 Portion

3	carottes pelées	3
2	abricots pelés, dénoyautés et coupés en deux	2
1/4	cantaloup	1/4

1. Extraire le jus des carottes, des abricots et du cantaloup. Mélanger et servir.

Bêta délice

1 Portion

3	carottes pelées	3
3	abricots pelés, dénoyautés et coupés en deux	3
3	pêches pelées, dénoyautées et coupées en deux	3

1. Extraire le jus des carottes, des abricots et des pêches. Mélanger et servir.

Bleuet

1 Portion

1	t. de bleuets	250 ml
1	t. de cerises dénoyautées	250 ml
1/2	t. de raisins rouges	125 ml
1/2	t. de framboises	125 ml

1. Extraire le jus des bleuets, des cerises, des raisins et des framboises. Mélanger et servir.

Brise océane

1 Portion

1	t. de bleuets	250 ml
1	tranche de 2 po (5 cm) d'épaisseur de melon d'eau, coupée en morceaux	1
1/4	t. de canneberges fraîches ou surgelées	50 ml

1. Extraire le jus des bleuets, du melon d'eau et des canneberges. Mélanger et servir.

Canneberge, raisin et ananas

1 Portion

1	t. de canneberges fraîches ou surgelées	250 ml
1	t. de raisins	250 ml
2	quartiers d'ananas	2

1. Extraire le jus des fruits. Mélanger et servir.

Carotte, fenouil et orange

2 Portions

Si vous souhaitez utiliser la pulpe dans le Granité à l'ananas et à la sauge (voir recette page 214), pelez les oranges et le citron à vif et retirez les pépins.

1	citron pelé et coupé en deux	1
4	oranges pelées et coupées en quatre	4
3	carottes pelées	3
1/4	bulbe de fenouil, coupé en morceaux	1/4

1. Extraire le jus du citron, des oranges, des carottes et du fenouil. Mélanger et servir.

Cerise surprise

1 Portion

1	t. de cerises dénoyautées	250 ml
1/4	bulbe de fenouil, coupé en morceaux	1/4
1	t. de raisins	250 ml
1/2	citron vert, pelé et coupé en deux	1/2

1. Extraire le jus des fruits et du fenouil. Mélanger et servir.

1 Portion

Cocktail ensoleillé

1/3	ananas pelé et coupé en morceaux	1/3
1	poivron rouge, coupé en morceaux	1
2	prunes bleues, dénoyautées et coupées en deux	2
1	orange pelée et coupée en quatre	1

1. Extraire le jus de tous les ingrédients. Mélanger et servir.

2 Portions

Cocktail estival

4	abricots dénoyautés et coupés en deux	4
1	t. de raisins	250 ml
4	pêches dénoyautées et coupées en deux	4
1	tranche de melon d'eau 1 de 2 po (5 cm) d'épaisseur	

1. Extraire le jus de tous les ingrédients. Mélanger et servir.

1 Portion

Délice estival

1	t. de bleuets	250 ml
1	t. de cerises dénoyautées	250 ml
1/2	t. de raisins	125 ml
1/4	cantaloup pelé et coupé en morceaux	1/4

1. Extraire le jus des bleuets, des cerises, des raisins et du cantaloup. Mélanger et servir.

1 Portion

Été des Indiens

3/4	t. de canneberges	175 ml
3	carottes pelées	3
2	pommes coupées en morceaux	2

1. Extraire le jus des canneberges, des carottes et des pommes. Mélanger et servir.

Explosion de vitamine C

1 Portion

2	oranges pelées et coupées en quartiers	2
1	pamplemousse pelé et coupé en quartiers	1
1	citron vert, pelé et coupé en deux	1
1/2	t. de canneberges fraîches ou surgelées	125 ml
1	c. à table de miel *(facultatif)*	15 ml

1. Extraire le jus des oranges, du pamplemousse, du citron vert et des canneberges. Mélanger, ajouter le miel et servir.

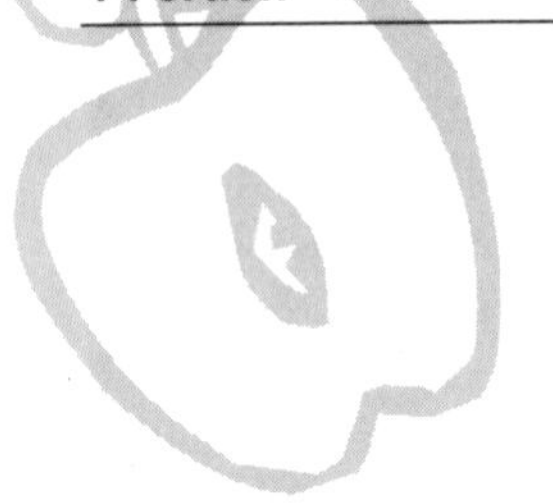

Framboise

1 Portion

1	t. de framboises	250 ml
1	pomme coupée en morceaux	1
2	oranges pelées et coupées en deux	2

1. Extraire le jus des framboises, de la pomme et des oranges. Mélanger et servir.

Jus de canneberge

3 Portions

Le jus de canneberge étant très acide, on le mélange souvent à d'autres jus de fruits plus sucrés. Cette recette contient peu de sucre et préserve la saveur acide caractéristique de la canneberge. La cannelle et la muscade rehaussent la saveur du jus de canneberge, mais sentez-vous libre de ne pas en mettre. Il en va de même de l'astragale, lequel stimule les défenses immunitaires.

4	t. de canneberges entières	1 litre
4	t. d'eau	1 litre
2	t. de jus de pomme	500 ml
2	racines d'astragale séchées, en tranches *(facultatif)*	2
2	c. à table de sucre blanc	30 ml
2	c. à t. de stevia en poudre	10 ml
1/2	c. à t. de cannelle moulue	2 ml
1/4	c. à t. de muscade moulue	1 ml

1. Dans une grande casserole, mélanger les canneberges, l'eau, le jus de pomme, l'astragale, le sucre et le stevia. Porter à ébullition. Baisser le feu et laisser mijoter pendant 15 minutes ou jusqu'à ce que les baies aient éclaté. Retirer du feu et

passer dans un tamis. Bien presser les fruits pour en extraire le maximum de jus.

2. Ajouter la cannelle et la muscade. Réfrigérer avant de servir. Mélanger à d'autres jus, si désiré.
3. Conserver le jus au réfrigérateur dans un contenant en verre hermétique pas plus de deux jours.

1 Portion

Limonade anisée

** N'ajoutez pas de réglisse si vous souffrez d'hypertension.*

1	**orange pelée et coupée en quartiers**	**1**
1	**citron vert, pelé et coupé en deux**	**1**
1	**citron pelé et coupé en deux**	**1**
1	**c. à t. de réglisse* en poudre**	**5 ml**

1. Extraire le jus des fruits. Verser dans un verre, ajouter la réglisse et mélanger.

CANNEBERGE *(VACCINIUM MACROCARPON)*

*Originaire d'Amérique du Nord, **la canneberge** a été introduite en Europe en 1677 par les colons anglais qui avaient fait parvenir au roi Charles II des produits du Nouveau Monde : 2 barriques de maïs, 3000 morues et 10 barils de canneberges.*

La canneberge pousse dans les tourbières ou les sols marécageux. La récolte des fruits se fait sur des plants matures, âgés d'au moins cinq ans. Une fois adultes, les plants croissent rapidement. Un plant peut produire des fruits pendant plus de cent ans.

Bien que la récolte de la canneberge soit mécanisée, certains producteurs la récoltent toujours à la main en utilisant un instrument qui ressemble à un grand peigne. Les canneberges sont ensuite triées selon leur taille, puis empaquetées.

Limonade cucurbitacée

2 Portions

Ce jus est plutôt acide mais il est très rafraîchissant, goûtez-le avant d'ajouter le miel.

Si vous souhaitez utiliser la pulpe pour faire une sauce au citron (voir page 231), pelez le concombre, le melon et les citrons à vif, et retirez les pépins du citron.

2	**citrons pelés et coupés en deux**	**2**
1	**tranche de melon d'eau de 2 po (5 cm) d'épaisseur, coupée en morceaux**	**1**
1/2	**concombre, avec la pelure et coupé en morceaux**	**1/2**
1	**c. à t. de miel *(facultatif)***	**5 ml**

1. Extraire le jus des citrons, du melon et du concombre. Mélanger, goûter et ajouter le miel, si désiré. Mélanger et servir.

Limonade fraise et orange

3 Portions

1	**t. de fraises**	**250 ml**
1	**citron, pelé et coupé en deux**	**1**
2	**oranges pelées et coupées en quartiers**	**2**
1	**t. d'eau pétillante**	**250 ml**

1. Extraire le jus des fruits. Mélanger, verser dans un pichet et ajouter l'eau pétillante.

Matin radieux

1 Portion

1	**t. de fraises**	**250 ml**
1	**t. de raisins**	**250 ml**
1	**orange pelée et coupée en deux**	**1**

1. Extraire le jus de tous les fruits. Mélanger et servir.

2 Portions

Nectar estival

3	nectarines dénoyautées et coupées en deux	3
2	abricots dénoyautés et coupés en deux	2
1	t. de bleuets	250 ml
2	pêches dénoyautées et coupées en deux	2
2	prunes dénoyautées et coupées en deux	2

1. Extraire le jus des fruits. Mélanger et servir.

2 ou 3 Portions

Orangeade à la menthe

Ce jus a une saveur délicate de menthe et il est peu sucré. Le jus de raisin aura tendance à remonter à la surface, servez-vous de brins de menthe pour le mélanger.

Si vous souhaitez utiliser la pulpe dans un cocktail glacé, essayez d'enlever toutes les feuilles et les tiges qui ont servi à faire le jus.

4	oranges pelées et coupées en morceaux	4
1	poignée de feuilles de menthe	1
6	brins de mélisse	6
3	t. de raisins rouges	750 ml
1	citron pelé et coupé en deux	1

1. Extraire le jus de tous les ingrédients. Mélanger et servir.

1 ou 2 Portions

Orange enflammée

3	oranges pelées et coupées en quartiers	3
1	carotte pelée	1
1/2	t. de canneberges fraîches ou surgelées	125 ml
1	c. à t. de cannelle moulue	5 ml

1. Extraire le jus des oranges, de la carotte et des canneberges. Verser dans un verre, ajouter la cannelle et mélanger.

1 Portion

Orange piquante

1	orange pelée et coupée en quartiers	1
3	carottes pelées	3
1/2	po de racine de gingembre	1 cm
1	pomme lavée et coupée en morceaux	1

1. Extraire le jus de tous les ingrédients. Mélanger et servir.

1 Portion

Pamplemousse

Utilisez la pulpe pour faire un granité au pamplemousse (page 216). N'oubliez pas de peler les agrumes à vif et de retirer les pépins.

1	orange pelée et coupée en quartiers	1
2	pamplemousses pelés et coupés en quartiers	2
1	citron pelé et coupé en deux	1

1. Si vous souhaitez utiliser la pulpe pour faire un granité au pamplemousse, prélevez le zeste de l'orange et réservez avec la pulpe. Pelez l'orange à vif et retirez les pépins.
2. Extraire le jus des fruits. Mélanger et servir.

1 Portion

Pastèque désaltérante

1	tranche de 2 po (5 cm) de melon d'eau	1
1/2	t. de fraises	125 ml
1/4	bulbe de fenouil	1/4
1	citron pelé et coupé en deux	1

1. Extraire le jus de tous les ingrédients. Mélanger et servir.

1 Portion

Pastèque et petits fruits

1	tranche de 2 po (5 cm) de melon d'eau	1
1	t. de fraises	250 ml
1/2	t. de framboises	125 ml
1/8	c. à t. de cannelle	0,5 ml

1. Extraire le jus du melon, des fraises et des framboises. Mélanger, ajouter la cannelle et servir.

1 Portion

Poire anisée

** N'ajoutez pas de réglisse si vous souffrez d'hypertension.*

2	poires coupées en morceaux	2
1/4	bulbe de fenouil, coupé en morceaux	1/4
2	pommes coupées en morceaux	2
1/2	c. à t. de réglisse* moulue	2 ml

1. Extraire le jus des poires, du fenouil et des pommes. Ajouter la réglisse, mélanger et servir.

1 Portion

Poire et ananas

2	poires coupées en morceaux	2
2	quartiers d'ananas	2
1	t. de raisins rouges ou verts	250 ml
1	citron pelé et coupé	1

1. Extraire le jus de tous les ingrédients. Mélanger et servir.

1 Portion

Poire et pomme

2	pommes coupées en morceaux	2
2	poires coupées en morceaux	2
1/2	po de racine de gingembre	1 cm
1/2	t. de raisins rouges ou verts	125 ml
1/2	c. à t. de cannelle moulue	2 ml

1. Extraire le jus des pommes, des poires, du gingembre et des raisins. Ajouter la cannelle, mélanger et servir.

Pomme, betterave et poire

1 ou 2 Portions

2	pommes coupées en morceaux	2
1	poire coupée en morceaux	1
3	betteraves bien lavées (avec les feuilles et les tiges)	3
1/2	citron pelé	1/2
1/2	po de racine de gingembre	1 cm

1. Extraire le jus des pommes, de la poire, des betteraves (avec les feuilles et les tiges), du citron et du gingembre. Mélanger et servir.

Pomme fraîche

1 Portion

3	pommes coupées en morceaux	3
1	t. de raisins rouges	250 ml
1/2	citron pelé	1/2
1/2	c. à t. de ginseng moulu	2 ml

1. Extraire le jus des pommes, des raisins et du citron. Ajouter le ginseng, mélanger et servir.

Rafraîchissement automnal

1 Portion

Si vous souhaitez utiliser la pulpe pour faire un sorbet à la poire et au basilic (p.219), pelez et retirez les pépins des poires, de la pomme et du citron vert avant d'en extraire le jus.

3	poires coupées en morceaux	3
2	pêches pelées, dénoyautées et coupées en morceaux	2
1	pomme coupée en morceaux	1
1/2	citron vert, pelé	1/2

1. Extraire le jus des poires, des pêches, de la pomme et du citron vert. Mélanger et servir.

Raisin énergisant

1 ou 2 Portions

2	t. de raisins verts	500 ml
1	poivron vert, coupé en morceaux	1
3	brins de persil	3
1	brin de romarin	1

1. Extraire le jus des raisins, du poivron et des herbes. Mélanger et servir.

Raisin zen

1 Portion

2	t. de raisins rouges	500 ml
1	pamplemousse pelé et coupé en quartiers	1
1	c. à s. de fleurs de tilleul, réduites en poudre	5 ml

1. Extraire le jus des fruits. Ajouter les fleurs de tilleul, mélanger et servir.

Réveille-matin

1 Portion

2	t. de fraises	500 ml
2	carottes pelées	2
1	orange pelée et coupée en quartiers	1

1. Extraire le jus des fraises, des carottes et de l'orange. Mélanger et servir.

Rhubarbe ravigotante

1 Portion

2	tiges de rhubarbe fraîche	2
1	t. de fraises fraîches	250 ml
1	orange, pelée et coupée en quartiers	1
1/2	po de racine de gingembre	1 cm

1. Extraire le jus de tous les ingrédients. Mélanger et servir.

1 Portion

Soleil levant

1	t. de cerises dénoyautées	250 ml
1	pamplemousse pelé et coupé en morceaux	1
1	pomme coupée en morceaux	1
1	poignée de fleurs de camomille *(facultatif)*	1

1. Extraire le jus des fruits et des fleurs de camomille. Mélanger et servir.

1 Portion

Tonique contre la gueule de bois

4	pommes coupées en morceaux	4
1/2	po de racine de gingembre	1 cm
1/2	citron pelé et coupé en deux	1/2
1/2	c. à t. de fleurs de lavande, écrasées	2 ml

1. Extraire le jus des pommes, du gingembre et du citron. Ajouter la lavande, mélanger et servir.

1 Portion

C-Vitaminé

Le persil, très riche en vitamine C, est une des quelques herbes fraîches que l'on peut se procurer tout au long de l'année.

1	pamplemousse, pelé et coupé en quartiers	1
2	oranges, pelées et coupées en quartiers	2
3	kiwis, pelés et coupés en deux	3
6	brins de persil	6

1. Extraire le jus des fruits et du persil. Mélanger et servir.

Les jus de légumes

Algues et chou frisé

1 Portion

6	feuilles de chou frisé	6
1/4	bulbe de fenouil, coupé en morceaux	1/4
2	carottes	2
1	c. à t. de laminaire séchée et émiettée	5 ml
	une pincée de muscade	

1. Extraire le jus du chou, du fenouil et des carottes. Ajouter au jus la laminaire émiettée et la muscade. Mélanger et servir.

Betterave embrasée

1 Portion

3	betteraves (avec les tiges), coupées en morceaux	3
1/2	po de racine de gingembre	1 cm
1	piment rouge	1
2	pommes coupées en morceaux	2
1	gousse d'ail	1
2	branches de céleri, coupées en tronçons	2

1. Extraire le jus de tous les ingrédients. Mélanger et servir.

Betterave enchantée

1 Portion

Cette combinaison renforce le système immunitaire, nettoie le système lymphatique et pourrait contribuer à inhiber le développement des tumeurs. Boire frais à tous les jours pendant au moins cinq jours consécutifs.

2	betteraves (avec les tiges), coupées en morceaux	2
2	carottes	2
2	pommes coupées en morceaux	2

1. Extraire le jus de tous les ingrédients. Mélanger et servir.

1 Portion

Betterave verte

1/2	t. de l'aminaire ou autre algue comestible	125 ml
1	t. d'eau chaude	250 ml
1	betterave (avec la tige et les feuilles), coupée en morceaux	1
1	t. d'épinards	250 ml
1	pomme coupée en morceaux	1

1. Dans un bol moyen, verser l'eau chaude sur les algues. Laisser tremper de 15 à 20 minutes ou jusqu'à ce que les algues soient complètement réhydratées. Égoutter et conserver l'eau de trempage pour une autre utilisation.
2. Extraire le jus de tous les ingrédients. Mélanger et servir.

1 ou 2 Portions

Bise automnale

1	carotte	1
2	branches de céleri	2
1	pomme coupée en morceaux	1
1/2	concombre coupé en quartiers	1/2
1/2	zucchini coupé en quartiers	1/2
1/2	poivron rouge	1/2

1. Extraire le jus de tous les ingrédients. Mélanger et servir.

1 Portion

Brocoli et carotte

1	tige de brocoli, coupée en morceaux	1
2	carottes	2
1	pomme coupée en morceaux	1

1. Extraire le jus de tous les ingrédients. Mélanger et servir.

Brocoli et gingembre

1 Portion

2	pieds de brocoli, coupés en morceaux	2
1	gousse d'ail	1
1/8	chou coupé en cubes	1/8
1/2	po racine de gingembre	1 cm

1. Extraire le jus de tous les ingrédients. Mélanger et servir.

Brocoli et topinambour

1 Portion

1	tige de brocoli, coupée en morceaux	1
2	topinambours coupés en morceaux	2
1/4	bulbe de fenouil, coupé en morceaux	1/4
3	brins de persil	3

1. Extraire le jus des tous les ingrédients. Mélanger et servir.

Carotte épicée

1 Portion

3	carottes	3
1	pied de brocoli	1
1/2	t. d'épinards	125 ml
1/2	po de racine de gingembre	1 cm
1/2	c. à t. de cannelle moulue	2 ml
1/8	c. à t. de piment de Cayenne, ou au goût	0,5 ml

1. Extraire le jus des carottes, du brocoli, des épinards et du gingembre. Ajouter la cannelle et le piment de Cayenne au jus. Mélanger et servir.

LE PIMENT : SAVEUR ET FORCE

Il existe cinq espèces de piment cultivé — C. annuum, C. frutescens, C. chinense, C. baccatum et C. pubescens — *et plus de vingt espèces de piments sauvages.*

Dans les jus, il est préférable d'utiliser des piments frais. Bien les laver, retirer la tige et extraire le jus du piment entier (couper les plus gros en deux). La capsaïcine, composé responsable de la saveur brûlante du piment, est concentrée dans le placenta (chair blanchâtre qui porte les graines) et non dans les graines elles-mêmes, c'est pourquoi il est inutile de les enlever. Si vous n'avez pas l'habitude de manger du piment, extrayez le jus du piment à la toute fin et dans un autre contenant. Ajouter 1 c. à thé (5 ml) de ce jus de piment à votre boisson, goûtez et rectifiez la quantité selon vos goûts.

Si vous n'avez pas de piments frais, ajoutez quelques gouttes de sauce aux piments ou 1/4 c. à thé (1 ml) de piment de Cayenne moulu. Le yogourt adoucit la saveur brûlante du piment. Le piment fumé et séché rehausse la saveur des smoothies. Manipulez les piments avec soin, portez des gants ou lavez-vous les mains et les ongles après manipulation.

Voici quelques variétés de piment et leurs principales caractéristiques, du plus doux au plus fort :

***Nouveau-Mexique ou Anaheim.** Piment vert assez doux, vendu frais, en conserve ou rôti. Cueilli à maturité, il est de couleur rouge. Le piment Nouveau-Mexique est un classique de la cuisine Tex-Mex. Sa saveur douce en fait un excellent choix pour les enfants et pour les personnes qui craignent la saveur brûlante des piments.*

***Poblano / Ancho.** Le poblano est un piment plat de grande taille. Lorsqu'il est séché, le poblano change son nom pour ancho. Son goût de noisette est très apprécié dans la cuisine mexicaine.*

***Jalapeño.** Le piment Jalapeño se situe au milieu de l'échelle de Scoville, une échelle de mesure de la force des piments qui va de 0 à 10. Très charnu, il donne beaucoup de jus. Les Jalapeños séchés et fumés sont appelés chipotles.*

***Serrano.** Plus parfumé que le Jalapeño, le piment Serrano (Serrano signifie « des montagnes ») est utilisé dans les salsas, les ragoûts et les moles, une sorte de ragoût à base de piments et de viande.*

***Cayenne.** Cultivé au Mexique, en Afrique, en Inde, au Japon et au Nouveau-Mexique, le piment de Cayenne est habituellement vendu séché et moulu. Classique de la cuisine africaine et cajun, le piment de Cayenne moulu entre dans la préparation de marinades épicées pour le barbecue et de nombreux mélanges d'épices. (Voir Vertus médicinales, page 22.)*

***Habanero.** Le piment Habanero est un des plus forts de l'échelle de Scoville. Ce petit piment, qui ressemble à une version miniature du piment doux, est très puissant. Il entre dans la préparation des sauces aux piments antillaises, auxquelles il apporte une saveur fruitée unique aux accents d'abricots.*

Les piments

Le piment (Capsicum spp.) *est le fruit d'un arbuste vivace (annuel sous les climats plus froids) originaire de l'Amérique centrale, de l'Amérique du Sud et du Mexique.*

Si certains piments sont si brûlants qu'il vaut mieux porter des gants pour les manipuler, d'autres sont plutôt doux. La capsaïcine est le composé responsable de cette sensation de brûlure. Elle entre dans la fabrication de pommades destinées à soulager les douleurs de l'arthrite et du zona. En Amérique du Nord et en Europe de l'Ouest, les piments ont la mauvaise réputation d'irriter l'estomac et de causer des ulcères gastriques.

Autre culture, autre vision, puisque les Mexicains qui souffrent de maux d'estomac ont l'habitude de se soigner en avalant un piment Serrano ou Jalapeño !

Les Mexicains ont développé une nomenclature détaillée du piment. Par exemple, le même piment porte un nom différent selon sa maturité et selon la manière dont il est apprêté pour la conservation (fumé).

Le composé actif du piment, la capsaïcine, irrite les récepteurs de la douleur situés sur la langue, ce qui stimule le centre de la douleur du cerveau, lequel relâche des endorphines (morphine naturelle) chargées d'apaiser la douleur. C'est pourquoi manger du piment est euphorisant et calmant.

Le piment est très riche en vitamine : 1/4 tasse (50 ml) de piments coupés en petits dés contient 4031 I.U. de vitamine A, 1 c. à thé (5 ml) de sauce piquante fournit l'apport quotidien en vitamine A recommandé. Et 1/4 tasse (50 ml) de piments fournit également 91 mg de vitamine C, soit plus qu'une orange. Même si les piments séchés ont perdu la moitié de leur vitamine C, ils demeurent une excellente source de cette précieuse vitamine. Les nombreuses vertus du piment sont décrites à la *page 76.*

1 Portion

Carotte et pomme

Si vous souhaitez utiliser la pulpe pour préparer des muffins ou du pain, n'oubliez pas de retirer le cœur de la pomme et de la peler.

** Ne pas consommer de persil durant la grossesse.*

4	**carottes**	**4**
2	**branches de céleri**	**2**
1	**pomme coupée en morceaux**	**1**
4	**brins de persil***	**4**

1. Extraire le jus de tous les ingrédients. Mélanger et servir.

1 Portion

Carotte ravigote

3	**carottes**	**3**
6	**feuilles d'épinard**	**6**
1	**gousse d'ail**	**1**
1/2	**citron pelé et coupé en deux**	**1/2**
	une pincée de piment de Cayenne	

1. Extraire le jus des carottes, des épinards, de l'ail et du citron. Ajouter le piment de Cayenne, mélanger et servir.

Casseur de pierres (calculs biliaires)

2 Portions

Un jus au pouvoir dissolvant. Très utile pour traiter les calculs biliaires.

3	**tomates coupées en quartiers**	**3**
2	**carottes**	**2**
2	**branches de céleri**	**2**
1	**poignée de cresson de fontaine**	**1**
4	**radis**	**4**
2	**brins de persil**	**2**
1/2	**citron pelé et coupé en deux**	**1/2**

1. Extraire le jus de tous les ingrédients. Mélanger et servir.

Célébration printanière

1 Portion

10	**asperges**	**10**
2	**betteraves (avec les tiges et les feuilles), coupées en morceaux**	**2**
6	**feuilles d'épinard**	**6**
1	**poignée de cresson de fontaine ou de feuilles de pissenlit**	**1**
1	**pomme, coupée en morceaux**	**1**
2	**c. à s. de sirop d'érable *(facultatif)***	**30 ml**

1. Extraire le jus des asperges, des betteraves, des épinards, du cresson et de la pomme. Ajouter le sirop d'érable au jus. Mélanger et servir.

Céleri

1 Portion

Ajoutez 1 gousse d'ail pour accroître le pouvoir antioxydant du jus de céleri.

4	**branches de céleri**	**4**
2	**carottes**	**2**
1/4	**bulbe de fenouil**	**1/4**
1/2	**c. à t. de cumin moulu**	**2 ml**

1. Extraire le jus du céleri, des carottes et du fenouil. Ajouter le cumin moulu, mélanger et servir.

Chou-chou

1 Portion

Si vous souhaitez utiliser la pulpe pour faire une salade de chou, pelez la pomme et retirez le cœur et les pépins.

1/2	**chou-fleur, coupé en bouquets**	**1/2**
1/8	**chou vert, coupé en morceaux**	**1/8**
2	**carottes, coupées en morceaux**	**2**
2	**branches de céleri**	**2**
1/4	**oignon**	**1/4**
1	**pomme coupée en morceaux**	**1**

1. Extraire le jus de tous les ingrédients. Mélanger et servir.

Choupinard

1 Portion

Si vous souhaitez utiliser la pulpe pour faire une salade, pelez la pomme et retirez le cœur et les pépins avant de la passer dans la centrifugeuse.

1/8	**chou coupé en morceau**	**1/8**
4	**feuilles d'épinard**	**4**
2	**brins de romarin**	**2**
	ou 1/2 c. à t. (2 ml) de romarin séché	
2	**carottes**	**2**
1	**pomme coupée en morceaux**	**1**

1. Extraire le jus de tous les ingrédients à l'exception du romarin séché que vous ajouterez au jus frais. Mélanger et servir.

Cocktail antibiotique

1 Portion

Si vous n'avez pas l'habitude de manger du piment, commencez par un petit morceau. Goûtez et rectifiez.

Voir les pages 76 et 176, pour plus d'information concernant la manipulation du piment et son utilisation dans les jus.

2	**carottes**	**2**
1	**gousse d'ail**	**1**
1 ou 2	**brins de thym frais**	**1 ou 2**
1	**piment**	**1**
1/2	**concombre coupé en morceaux**	**1/2**
1	**pomme coupée en morceaux**	**1**

1. Extraire le jus de tous les ingrédients. Mélanger et servir.

Cocktail anti-goutte

1 Portion

** Ne pas consommer de persil durant la grossesse.*

4	**branches de céleri**	**4**
3	**brins de persil***	**3**
1	**carotte**	**1**
1	**gousse d'ail**	**1**
1	**t. de épinards**	**250 ml**
1/2	**po de racine de gingembre**	**1 cm**

1. Extraire le jus de tous les ingrédients. Mélanger et servir.

Cocktail antioxydant

1 Portion

Un jus aux propriétés antibactériennes et riche en antioxydants. Assez puissant pour stimuler vos glandes lacrymales !

3	**branches de céleri**	**3**
1/2	**oignon coupé en quatre**	**1/2**
1	**gousse d'ail**	**1**
1	**pied de brocoli, coupé en morceaux**	**1**
1	**pomme coupée en morceaux**	**1**

1. Extraire le jus de tous les ingrédients. Mélanger et servir.

Les propriétés de l'ail

L'ail contient des antioxydants qui protègent la membrane des cellules contre les radicaux libres. Certaines études indiquent que la consommation d'ail (même en petite quantité) stimule le système immunitaire et l'activité des « cellules tueuses » qui ont pour mission d'éliminer les agents pathogènes.

L'ail est un antibiotique naturel. Il tue les parasites intestinaux et les bactéries. Des études récentes indiquent que l'ail inhibe plusieurs bactéries dont le staphylocoque doré, E. coli, proteus vulgaris, salmonella et klebsiella pneumoniae.

Une gousse d'ail moyenne contient autant d'antibiotiques que 100 000 unités de pénicilline (une dose moyenne varie de 600 000 à 900 000 unités). Ainsi l'ingestion de 6 à 9 gousses d'ail aurait le même effet qu'une injection de pénicilline.

Cocktail bitter

1 Portion

3	jeunes pissenlits (racines et feuilles)	3
2	radis	2
1	poignée de cresson de fontaine	1
1	pomme coupée en morceaux	1
1/2	citron pelé	1/2
1/2	po de racine de gingembre	1 cm

1. Extraire le jus de tous les ingrédients. Mélanger et servir.

Cocktail de crucifères

1 ou 2 Portions

Le terme *crucifère* désigne une famille de plantes herbacées dont les fleurs forment une croix. Le brocoli, le chou-fleur, le chou, le rutabaga, le chou de Bruxelles, appartiennent à la famille des crucifères.

1	pied de brocoli, coupé en bouquets	1
1/4	chou vert, coupé en morceaux	1/4
1/4	chou-fleur, coupé en bouquets	1/4
2	chou frisé	2
1/2	citron pelé et coupé en deux	1/2
2	pommes coupées en morceaux	2

1. Extraire le jus de tous les ingrédients. Mélanger et servir.

Cocktail os +

1 ou 2 Portions

Le calcium, le bore et le magnésium qu'il contient en font un jus excellent pour les os.

* *Ne pas consommer de persil durant la grossesse.*

1/2	t. de laminaire (varech), ou algue de votre choix	125 ml
1	t. d'eau bouillante	250 ml
2	tiges de brocoli, coupées en morceaux	2
2	feuilles de chou vert frisé	2
2	branches de céleri	2
1/2	poivron vert, coupé en morceaux	1/2
4	brins de persil*	4
1	pomme coupée	1

1. Déposer les feuilles de chou dans un bol, verser dessus l'eau bouillante et laisser tremper de 15 à 20 minutes. Égoutter et garder l'eau de trempage pour un autre usage.

2. Extraire le jus de tous les ingrédients. Mélanger et servir.

Concombre fraîcheur

1 ou 2 Portions

1	concombre avec la pelure (brossée) et coupé en morceaux	1
2	t. de raisins verts	500 ml
1	poignée de feuilles de bourrache	1
1	poignée de feuilles de menthe	1
2	pommes coupées en morceaux	2
1/2	citron pelé et coupé en morceaux	1/2

1. Extraire le jus de tous les ingrédients. Mélanger et servir.

Courge épicée

1 Portion

1	patate douce, coupée en morceaux	1
1	t. de courge coupée en cubes	250 ml
1/2	c. à t. de piment de Cayenne	2 ml
1/2	c. à t. de d'aneth frais	2 ml
1/2	c. à t. de cumin moulu	2 ml

1. Extraire le jus de la patate douce, réserver. Dans un autre contenant, extraire le jus de la courge. Ajouter le piment, l'aneth et le cumin moulu au jus de courge, mélanger.

2. Lorsque l'amidon (mousse blanchâtre) de la patate douce est remonté à la surface, verser doucement le jus de patate douce dans le jus de courge en prenant soin de ne pas verser l'amidon. Mélanger et servir.

Cresson

1 Portion

3	poignées de cresson	3
2	branches de céleri	2
2	brins de persil	2
1	panais, coupé en deux dans le sens de la longueur	1
1/2	poivron vert, coupé en morceaux	1/2

1. Extraire le jus de tous les ingrédients. Mélanger et servir.

Délice aux algues

2 Portions

Il est possible de remplacer la dulse par des algues hijiki, wakamé, nori ou de la laminaire (varech).

3	branches de céleri	3
2	carottes	2
1	t. de courge, coupée en dés	250 ml
1	c. à t. d'huile d'olive de première pression ou huile de chanvre	5 ml
1	c. à t. de dulse séchée et émiettée	5 ml

1. Extraire le jus du céleri, des carottes et des courges. Ajouter les algues dans le jus, mélanger et servir.

Délice fruité

1 Portion

1	poireau	1
2	feuilles de chou frisé	2
2	carottes	2
2	pommes coupées en morceaux	2
1	c. à t. de ginkgo moulu	5 ml

1. Extraire le jus du poireau, du chou, des carottes et des pommes. Ajouter le ginkgo dans le jus, mélanger et servir.

1 Portion

Délice printanier

10	**asperges**	**10**
1	**pomme coupée en morceaux**	**1**
1	**tige de brocoli, coupée en morceaux**	**1**
2	**carottes pelées**	**2**

1. Extraire le jus de tous les ingrédients. Mélanger et servir.

1 Portion

Folique Plus

Un jus qui regorge d'acide folique, un nutriment indispensable au bon développement du fœtus.

2	**oranges pelées et coupées en quartiers**	**2**
3	**feuilles de chou frisé**	**3**
1/2	**t. d'épinards**	**125 ml**
5	**asperges**	**5**
1	**c. à s. de poudre de protéines de soja**	**15 ml**

1. Extraire le jus des oranges, du chou, des épinards et des asperges. Ajouter la poudre de protéines, mélanger et servir.

1 Portion

Fontaine de jouvence 1

** Ne pas consommer de persil durant la grossesse.*

1	**pomme coupée en morceaux**	**1**
3	**brins de persil***	**3**
1	**carotte**	**1**
2	**tomates**	**2**

1. Extraire le jus de tous les ingrédients. Mélanger et servir.

Fontaine de jouvence 2

1 Portion

Le vieillissement est le processus par lequel les cellules de notre corps sont endommagées par l'oxydation. Un processus similaire à celui qui fait rouiller le métal.

Les substances antioxydantes contenues dans les végétaux préviennent les dommages causés par les agents oxydants, ce qui en fait d'excellents agents anti-vieillissement.

1/2	**patate douce, coupée en morceaux**	**1/2**
3	**carottes**	**3**
1	**pied de brocoli, coupé en morceaux**	**1**
4	**brins de menthe poivrée**	**4**

1. Extraire le jus de la patate douce. Réserver. Dans un autre contenant, extraire le jus des carottes, du brocoli et de la menthe poivrée.
2. Lorsque l'amidon (mousse blanchâtre) de la patate douce est remonté à la surface, verser doucement le jus de patate dans le jus de légumes en prenant soin de ne pas verser l'amidon. Mélanger et servir.

Immunité

1 Portion

2	**branches de céleri**	**2**
2	**carottes**	**2**
1	**gousse d'ail**	**1**
1	**pomme coupée en morceaux**	**1**
1/2	**po de racine de gingembre**	**1 cm**
1/2	**citron pelé et coupé en deux**	**1/2**

1. Extraire le jus de tous les ingrédients. Mélanger et servir.

Légumes-racines

1 Portion

Essayez-le avec 1/2 c. à thé (2 ml) de cari ou de cumin.

1	**panais coupé en deux**	**1**
2	**carottes**	**2**
1	**betterave coupée en morceaux**	**1**
1	**pomme coupée en morceaux**	**1**

1. Extraire le jus de tous les ingrédients. Mélanger et servir.

1 Portion

Orme rouge et betterave

2	betteraves coupées en morceaux	2
1	gousse d'ail	1
1	pomme coupée en morceaux	1
1	c. à s. de poudre d'orme rouge *(facultatif)*	15 ml

1. Extraire le jus des betteraves, de l'ail et de la pomme. Ajouter l'orme rouge dans le jus. Mélanger et servir.

1 Portion

Panais enchanté

1	rutabaga coupé en morceaux	1
3	panais coupés en deux	3
1	pomme coupée en morceaux	1
1/4	bulbe de fenouil, coupé en morceaux	1/4

1. Extraire le jus de tous les ingrédients. Mélanger et servir.

1 Portion

Petits pois

1	t. de petits pois frais	250 ml
2	carottes	2
6	brins de persil	6

1. Extraire le jus de tous les ingrédients. Mélanger et servir.

1 Portion

Pois et carotte

1	t. de petits pois	250 ml
2	carottes	2
1	panais coupé en deux	1
1/4	oignon	1/4
1/4	bulbe de fenouil, coupé en morceaux	1/4

1. Extraire le jus de tous les ingrédients Mélanger et servir.

Poivron

1 Portion

1	poivron rouge, coupé en morceaux	1
1	poivron vert, coupé en morceaux	1
1/2	concombre coupé en morceaux	1/2
1	carotte	1

1. Extraire le jus de tous les ingrédients. Mélanger et servir.

Repas liquide

1 Portion

1	branche de céleri	1
1	carotte	1
1/2	concombre coupé en morceaux	1/2
1	branche d'aneth	1
1	pomme coupée en morceaux	1
1	c. à s. de poudre de protéines	15 ml

1. Extraire le jus du céleri, de la carotte, du concombre, de l'aneth et de la pomme. Ajouter la poudre de protéines au jus, mélanger et servir.

Rouge vitamine

1 Portion

4	tomates coupées en quartiers	4
5	radis	5
1/2	poivron rouge, coupé en morceaux	1/2
1	betterave coupée en morceaux	1
	une pincée de piment de Cayenne	

1. Extraire le jus des tomates, des radis, du poivron et de la betterave. Ajouter le piment de Cayenne dans le jus. Mélanger et servir.

1 Portion

Salade express

1/2	bok choy, coupé en morceaux	1/2
1	carotte	1
2	branches de céleri	2
1	quartier d'ananas	1

1. Extraire le jus de tous les ingrédients. Mélanger et servir.

1 Portion

Salsa

2	tomates coupées en quartiers	2
1	piment Jalapeño	1
1/4	oignon	1/4
6	brins de citronnelle	6
1/2	citron vert, pelé	1/2

1. Extraire le jus de tous les ingrédients. Mélanger et servir.

1 Portion

Temps des récoltes

Remplacez le chou ou les épinards par des feuilles de laitue. Utilisez le céleri pour enfoncer les feuilles de chou et d'épinard dans la centrifugeuse.

4	feuilles d'épinard	4
2	feuilles de chou frisé	2
1	betterave (avec sa tige et ses feuilles) ou un rutabaga coupé en morceaux	1
2	branches de céleri	2
1	pomme coupée en morceaux	1

1. Extraire le jus de tous les ingrédients. Mélanger et servir.

1 Portion

Tomate acidulée

2	grosses tomates, coupées en quartiers	2
2	carottes	2
1	betterave coupée en morceaux	1
1/4	t. de canneberges entières	50 ml

1. Extraire le jus de tous les ingrédients. Mélanger et servir.

Tomate vivifiante

1 Portion

** Ne pas consommer de persil durant la grossesse.*

1	grosse tomate coupée en quartiers	1
1/2	po de racine de gingembre	1 cm
4	brins de persil*	4
1/2	citron pelé et coupé en morceaux	1/2

1. Extraire le jus de tous les ingrédients. Mélanger et servir.

Tonique de Popeye

1 Portion

2	chou frisé	2
6	feuilles d'épinard	6
1	betterave (avec la tige et les feuilles), coupée en morceaux	1
1	racine de pissenlit	1
2	c. à t. de mélasse noire	10 ml

1. Extraire le jus du chou, des épinards, de la betterave et de la racine de pissenlit. Ajouter la mélasse au jus, mélanger et servir.

Topinambour et carotte

1 Portion

Un jus qui stimule le système immunitaire. Rectifiez la quantité de thym selon vos goûts.

1	t. de topinambours pelés et coupés en morceaux	250 ml
3	carottes pelées	3
1	pomme	1
1	c. à s. de feuilles de thym hachées (ou 1 c. à t. (5 ml) de thym séché)	15 ml

1. Extraire le jus des topinambours, des carottes et de la pomme. Ajouter le thym, mélanger et servir.

1 ou 2 Portions

Topinambour extra

1	t. de topinambours coupés en morceaux	250 ml
2	branches de céleri	2
2	carottes pelées	2
1	panais coupé en deux dans le sens de la longueur	1
1/4	chou coupé en morceaux	1/4
1	t. de feuilles d'épinard	250 ml
1	pomme coupée en morceaux	1
1/2	poireau	1/2

1. Extraire le jus de tous les ingrédients. Mélanger et servir.

1 ou 2 Portions

Verdure Plus

** Ne pas consommer de persil durant la grossesse.*

3	brins de persil*	3
1	poignée de feuilles d'épinard	1
1	poignée de cresson de fontaine	1
1	pomme, coupée en morceaux	1

1. Extraire le jus de tous les ingrédients. Mélanger et servir.

1 Portion

Vert divin

** Ne pas consommer de persil durant la grossesse.*

1	pied de brocoli	1
1/2	concombre coupé en morceaux	1/2
1/2	poivron rouge	1/2
2	brins de persil*	2

1. Extraire le jus de tous les ingrédients. Mélanger et servir.

1 Portion

Vert magique

2	**branches de céleri**	**2**
1/8	**chou vert, coupé en morceau**	**1/8**
6	**feuilles d'épinard**	**6**
1/4	**t. de citrouille, coupée en dés**	**50 ml**
1	**c. à t. de ginkgo moulu *(facultatif)***	**5 ml**

1. Extraire le jus du céleri, du chou, des épinards et de la citrouille. Ajouter le ginkgo si désiré, mélanger et servir.

Les cocktails et les spécialités

Les cocktails de jus

Le cocktail est une boisson relativement récente qui date du XVIIIe siècle. Les premiers cocktails étaient faits d'un mélange de brandy, de champagne et de sucre. Aujourd'hui, toute boisson composée d'alcool, mélangée ou secouée, servie sur glace ou brassée sur glace, et présentée avec soin est appelée cocktail.

Les cocktails présentés dans cette section ont tout le panache des cocktails traditionnels, mais ils ne contiennent pas d'alcool et misent sur les fruits et les légumes. Leur secret réside dans le savant mariage des fruits, des légumes, des épices et des herbes. Des boissons raffinées et vitaminées qui se consomment tout au long de la journée.

Cocktail à la tomate

1 Portion

3	**grosses tomates, lavées et coupées en quartiers**	**3**
1	**poignée de cresson de fontaine**	**1**
1	**poivron vert, coupé en morceaux**	**1**
1	**gousse d'ail**	**1**
3	**brins de persil**	**3**
2	**carottes**	**2**
1/4	**bulbe de fenouil**	**1/4**
1/2	**c. à t. de piment de Cayenne**	**2 ml**

1. Extraire le jus des tomates, du cresson, du poivron, de l'ail, du persil, des carottes et du fenouil. Verser dans un pichet, ajouter le piment de Cayenne. Mélanger et servir.

Cocktail cajun

2 ou 3 Portions

Si vous n'avez pas de piment frais, ajoutez quelques gouttes de sauce aux piments. Voir page 76 pour plus d'information concernant le jus de piment. Utilisez la pulpe pour faire une Salsa à la cajun (voir recette page 230).

** Ne pas consommer de persil durant la grossesse.*

3	**tomates coupées en quartiers**	**3**
3	**brins de persil***	**3**
2	**branches de céleri**	**2**
1	**gousse d'ail**	**1**
1/2	**concombre coupé en quartier**	**1/2**
1/2	**citron vert, pelé**	**1/2**
	un trait de sauce Worcestershire	
1/2	**c. à t. de raifort préparé**	**2 ml**
1	**piment coupé en deux**	**1**

1. Extraire le jus des tomates, du persil, du céleri, de l'ail, du concombre et du citron vert. Verser dans un pichet, ajouter la sauce Worcestershire et le raifort, mélanger.
2. Dans un autre contenant, extraire le jus du piment (voir note à gauche). Ajouter 1/2 c. à thé (2 ml) de jus de piment, goûter et ajouter plus de jus selon votre goût. Servir.

Cocktail d'agrumes

2 Portions

Choisissez le melon de votre choix : cantaloup, miel Honeydew, brodé, etc.

1/2	**melon pelé et coupé en morceaux**	**1/2**
1	**t. de fraises**	**250 ml**
1	**po de racine de gingembre**	**0,5 cm**
1	**orange pelée et coupée en quartiers**	**1**
1	**pamplemousse pelé et coupé en quartiers**	**1**
1/4	**t. de yogourt nature**	**50 ml**
1	**c. à s. de germe de blé (ou amandes finement moulues)**	**15 ml**

1. Extraire le jus du melon, des fraises, du gingembre, de l'orange et du pamplemousse. Verser dans un pichet, ajouter le yogourt et le germe de blé. Mélanger et servir.

Cocktail de chou

2 ou 3 Portions

1/4	chou coupé en morceaux	1/4
2	carottes	2
2	branches de céleri	2
1	gousse d'ail	1
3	brins de persil	3
2	panais coupés en morceaux	2
2	brins d'aneth frais	2
1	betterave coupée en morceaux	1
1	pomme coupée en morceaux	1
1/2	c. à t. de graines de fenouil *(facultatif)*	2 ml

1. Extraire le jus du chou, des carottes, du céleri, de l'ail, du persil, des panais, de l'aneth, de la betterave et de la pomme. Verser dans un pichet, ajouter les graines de fenouil, mélanger et servir.

Cocktail de chou-fleur

1 ou 2 Portions

Remplacez la laminaire par une herbe de votre choix.

1/2	chou-fleur coupé en bouquets	1/2
1	pied de brocoli, coupé en morceaux	1
3	tomates coupées en quartiers	3
2	carottes	2
2	branches de céleri	2
1	pomme coupée en morceaux	1
1	c. à t. de laminaire séchée et émiettée	5 ml

1. Extraire le jus du chou-fleur, du brocoli, des tomates, des carottes, du céleri et de la pomme. Mélanger, verser dans des verres et saupoudrer de la laminaire.

4 Portions

Cocktail de légumes

Le sodium présent dans le céleri vient saler naturellement ce rafraîchissant jus de légumes.

3	grosses tomates coupées en quartiers	3
1	poignée de feuilles de basilic	1
1	petit zucchini coupé en morceaux	1
1	gousse d'ail	1
3	brins de persil	3
1	branche de céleri	1
1	betterave coupée en morceaux	1
1/8	c. à t. de piment de Cayenne *(facultatif)*	0,5 ml

1. Extraire le jus des tomates, du basilic, du zucchini, de l'ail, du persil, du céleri et de la betterave. Ajouter le piment de Cayenne au jus. Mélanger et servir.

2 Portions

Cocktail de melon

1/2	melon pelé et coupé en morceaux	1/2
4	oranges pelées et coupées en quartiers	4
1	carotte	1
2	po de tranche de melon d'eau	5 cm

1. Extraire le jus de tous les ingrédients. Mélanger et servir.

1 ou 2 Portions

Cocktail de petits fruits

2	t. de framboises	500 ml
2	oranges pelées et coupées en quartiers	2
1/2	t. de canneberges fraîches ou congelées	125 ml
1/2	t. de fraises	125 ml

1. Extraire le jus de tous les ingrédients. Mélanger et servir.

Cocktail épicé aux pommes

2 Portions

4	pommes coupées en morceaux	4
1	carotte	1
1	branche de céleri	1
1	po de racine de gingembre	2,5 cm
1/4	c. à t. de cardamome moulue	1 ml
1/4	c. à t. de muscade moulue	1 ml

1. Extraire le jus des pommes, de la carotte, du céleri et du gingembre. Verser dans un pichet, ajouter la cardamome et la muscade. Mélanger et servir.

Cocktail frappé à l'orange

2 Portions

3	oranges pelées et coupées en quartiers	3
2	quartiers d'ananas	2
1	citron pelé et coupé en deux	1
1	citron vert, pelé et coupé en deux	1
1/4	t. de sorbet à l'orange et au melon (p. 218)	50 ml
2	brins de menthe	2

1. Extraire le jus des oranges, des ananas, du citron et du citron vert. Mélanger et verser dans deux verres. Déposer la moitié du sorbet dans chaque verre. Garnir avec un brin de menthe fraîche.

Cocktail kiwi et ananas

4 Portions

Pour un jus moins sucré, ajoutez le jus d'un citron et jusqu'à 2 tasses (500 ml) d'eau pétillante.

1/2	ananas coupé en quartiers	1/2
3	kiwis pelés et coupés en deux	3
2	oranges pelées et coupées en quartiers	2

1. Extraire le jus de tous les ingrédients. Mélanger et servir.

Cocktail matinal au melon

2 Portions

2	**po de tranche de melon d'eau, coupée en morceaux**	**5 cm**
1/4	**cantaloup pelé et coupé en morceaux**	**1/4**
2	**oranges pelées et coupées en quartiers**	**2**
2	**quartiers d'ananas**	**2**

1. Extraire le jus de tous les ingrédients. Mélanger et servir.

Cocktail petit matin

1 ou 2 Portions

Un cocktail bienfaisant d'une belle couleur orangée. Si vous souhaitez utiliser la pulpe pour faire une **sauce au cari (voir recette page 231)**, pelez et prélevez le cœur des pommes, et pelez et retirez les graines de la courge.

1/4	**courge musquée ou poivrée, coupée en morceaux**	**1/4**
2	**pommes moyennes, coupées en morceaux**	**2**
1	**carotte**	**1**
1	**po de racine de gingembre**	**2,5 cm**
1/4	**t. de yogourt nature**	**50 ml**

1. Extraire le jus de la courge, des pommes, de la carotte et du gingembre. Ajouter le yogourt nature dans le jus, mélanger et servir.

Jus chauds ou grogs sans alcool

Un jus bien chaud et épicé est très réconfortant lorsque l'on est grippé ou que l'on rentre d'une journée d'activités en plein air. Soit dit en passant, la chaleur détruit certains nutriments plus sensibles à la chaleur, mais rien ne justifie de se priver du plaisir de savourer un délicieux jus chaud et parfumé.

Réchauffez les tasses pour que vos grogs restent chauds plus longtemps. Versez de l'eau bouillante dans les tasses et laissez reposer quelques minutes. Videz l'eau et versez votre grog.

Cocktail canicule

2 Portions

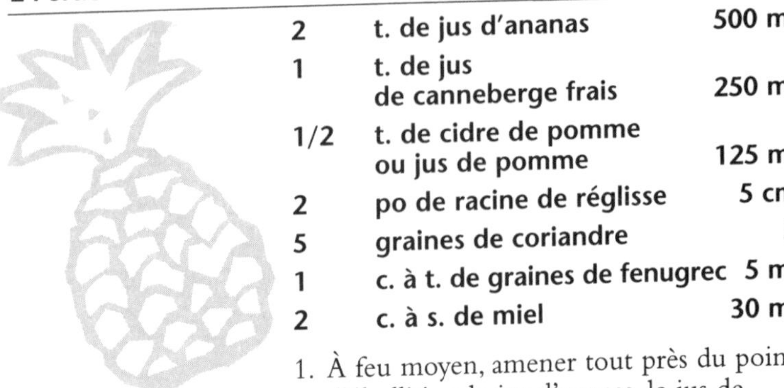

2	t. de jus d'ananas	500 ml
1	t. de jus de canneberge frais	250 ml
1/2	t. de cidre de pomme ou jus de pomme	125 ml
2	po de racine de réglisse	5 cm
5	graines de coriandre	5
1	c. à t. de graines de fenugrec	5 ml
2	c. à s. de miel	30 ml

1. À feu moyen, amener tout près du point d'ébullition le jus d'ananas, le jus de canneberge, le jus de pomme ou le cidre de pomme, les graines de coriandre et de fenugrec et le miel. Couvrir, baisser le feu et laisser mijoter doucement pendant 5 minutes. Filtrer et verser dans des tasses chaudes.

Cocktail coup de fouet

4 Portions

Essayez-le avec vos légumes préférés.

3	t. de bouillon de bœuf ou de légumes	750 ml
1	piment	1
1	t. de jus de tomate ou de légume	250 ml
	le jus d'un citron	
	un trait de sauce Worcestershire	
1	c. à t. de garam massala *(facultatif)*	5 ml
4	branches de céleri avec feuilles pour garnir *(facultatif)*	4

1. Faire chauffer le bouillon et le piment à feu moyen. Couvrir, baisser le feu et laisser mijoter pendant 10 minutes.

2. Retirer du feu et ajouter le jus de tomate ou de légume, le jus de citron, la sauce Worcestershire et le garam massala. Retirer le piment et verser dans des verres. Couper le piment en quatre dans le sens de la longueur. Garnir avec le piment et les branches de céleri.

4 Portions

Cocktail épicé à la tomate

4	pommes coupées en morceaux	4
1	citron pelé et coupé en deux	1
1	c. à s. de cari	15 ml
1	c. à t. de cannelle moulue	5 ml
1	c. à t. de cumin moulu	5 ml
4	t. de jus de tomate	1 litre
4	branches de céleri *(garniture)*	4

1. Extraire le jus des pommes et du citron.
2. Faire chauffer à feu doux, en remuant, le cari, la cannelle et le cumin (prendre soin de ne pas laisser brûler les épices). Ajouter le mélange de jus de pomme et de citron ainsi que le jus de tomate. Amener à ébullition en remuant constamment.
3. Retirer du feu, verser dans des tasses chaudes et garnir d'une branche de céleri.

2 Portions

Grog antibiotique

Pour ne pas perdre les nutriments des racines, passez le jus au mélangeur au lieu de le filtrer. Si le jus vous semble trop épais, coupez-le avec un peu d'eau bouillante.

2	t. cidre de pomme	500 ml
2	t. jus d'orange	500 ml
1/2	t. de baies de sureau, séchées	125 ml
3	po de racine d'échinacée, séchée	7,5 cm
3	po de racine de ginseng, séchée	7,5 cm
3	po de bâton de cannelle	7,5 cm
2	c. à s. de racine de gingembre, finement hachée	30 ml
3	clous de girofle entiers	3
3	baies de piment de la Jamaïque	3
1	c. à s. de feuilles de stevia, séchées	15 ml
1	c. à s. de miel	15 ml
1	c. à s. de vinaigre de cidre	15 ml
	le jus d'un citron	
	tranches d'orange et de citron pour garnir	

1. À feu moyen, porter à ébullition le cidre de pomme, le jus d'orange, les baies de sureau, l'échinacée, le ginseng, la cannelle, le gingembre, les clous de girofle, le piment de la Jamaïque et les feuilles de stevia. Couvrir et laisser mijoter 10 minutes.
2. Filtrer en pressant bien les ingrédients pour extraire tout le liquide. Ajouter le miel, le vinaigre de cidre et le jus de citron au jus. Verser dans des verres chauds et garnir de tranches de citron et d'orange.

Grog aux canneberges

6 Portions

Pour plus de saveur, ajoutez 2 ou 3 feuilles (légèrement froissées) de sauge ananas (*Salvia elegans*).

2	t. de jus de canneberge	500 ml
1	t. de jus de pomme	250 ml
1	t. de jus de betterave	250 ml
1/2	t. d'eau filtrée	125 ml
1	c. à s. de feuilles de stevia séchées	15 ml
3	clous de girofle	3
3	baies de piment de la Jamaïque	3
1	bâton de cannelle de 2 po (5 cm)	1

1. À feu moyen, amener tout près du point d'ébullition le jus de canneberge, de pomme et de betterave, l'eau, les feuilles de stevia, les clous de girofle, le piment de la Jamaïque et la cannelle. Couvrir et laisser mijoter doucement pendant 5 minutes. Filtrer et servir dans des tasses chaudes.

Nectar de poire épicé

2 ou 3 Portions

Si vous ne trouvez pas de piment du Nouveau-Mexique, utilisez un piment Poblano.

6	poires coupées en morceaux	6
2	pommes coupées en morceaux	2
1	citron pelé et coupé en deux	1
1/2	piment du Nouveau-Mexique (Anaheim)	1/2
2	c. à s. de sirop d'érable ou mélasse	30 ml

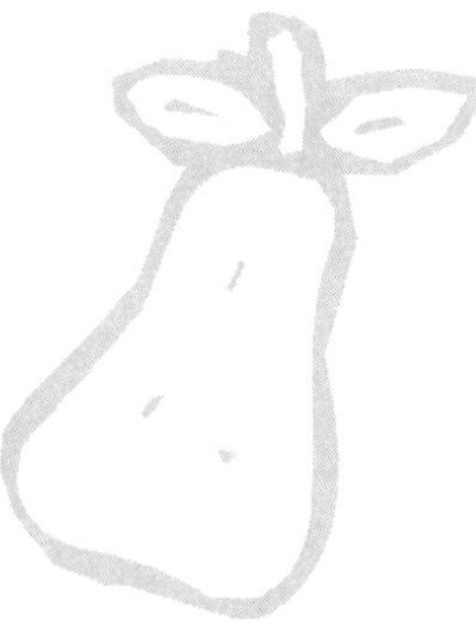

3	**baies de piment de la Jamaïque**	**3**
1	**bâton de cannelle de 2 po (5 cm)**	**1**

1. Extraire le jus des poires, des pommes, du citron et du piment. Verser le jus dans une casserole, ajouter le sirop d'érable ou la mélasse, le piment de la Jamaïque et la cannelle. Chauffer à feu moyen et amener près du point d'ébullition. Couvrir, baisser le feu et laisser mijoter 5 minutes. Filtrer et verser dans des tasses ou des verres chauds.

Les punchs

Selon le ***Dictionary of Gastronomy*** , le mot « punch » vient du mot *panch* — ou « cinq » en Hindi —, parce qu'il était composé de cinq ingrédients : arrack, citron vert, sucre, épices et eau. D'autres prétendent que le punch est d'origine romaine et qu'il était fait avec de la glace, du jus de citron, des blancs d'œufs, du sucre et du rhum. Le *Larousse gastronomique* définit le punch comme une boisson composée d'alcool de canne à sucre et de sucre, que les marins anglais avaient l'habitude de boire chaude. Les premiers punchs seraient apparus autour de 1552.

Peu importe ses origines, le punch, tel que nous le connaissons aujourd'hui, se compose de jus de fruits, avec ou sans alcool, servis sur glace. Certains punchs, notamment les punchs citronnés, contiennent du sirop de sucre (mélange de sucre et d'eau que l'on fait bouillir), mais la plupart se composent uniquement de jus de fruits, comme c'est le cas de la plupart des recettes présentées ici.

Limonade du jardinier

6 Portions

1/3	**t. de sucre blanc**	**75 ml**
1	**t. d'eau**	**250 ml**
6	**citrons**	**6**
3	**t. d'eau chaude**	**750 ml**
1	**c. à s. de mélisse**	**15 ml**
1	**c. à s. de menthe hachée**	**15 ml**
1	**c. à s. de feuilles de bergamote (monarde)**	**15 ml**
3	**fleurs de tilleul**	**3**
	herbes pour garnir	

1. À feu moyen, faire chauffer le sucre avec 1 tasse d'eau en remuant constamment pour dissoudre le sucre. Amener à ébullition et laisser bouillir 1 minute sans brasser ou jusqu'à ce que le sirop soit clair. Laisser refroidir.
2. Prélever le zeste de 2 citrons en une seule bande. Couper les 6 citrons en deux.
3. Extraire le jus des citrons à l'aide d'un presse-citron et verser dans un grand pichet. Ajouter le sirop refroidi, l'eau chaude, la mélisse, la menthe, la bergamote, les fleurs de tilleul et le zeste de citron. Laisser reposer au soleil ou sur le comptoir de la cuisine pendant 1 heure ou plus. Retirer les herbes et laisser refroidir ou servir sur glace. Garnir avec des feuilles de bergamote, de mélisse, des fleurs de tilleul et des brins de menthe.

Plantes aromatiques

Les plantes suivantes sont excellentes en tisane, infusez-les une à la fois ou faites vos propres mélanges.

Menthe (*Mentha*) voir page 46. Il existe de nombreuses variétés de menthe dont la menthe pomme, la menthe gingembre et la menthe lime.

Camomille (*Matricaria*) voir page 29. Elle a un goût floral qui rappelle la pomme.

Bergamote (monarde). Une plante qui dégage un parfum d'orange et qui a un léger goût de citron.

Anis hysope (*Agastache foeniculum*). Elle a un parfum de menthe et d'anis. Elle est à son meilleur avec d'autres plantes.

Rosier (*Rosa*) voir page 56. Utilisez les pétales et les fruits dans les tisanes.

Mélisse (*Melissa officinalis*) voir page 46. La mélisse a un parfum citronné très agréable, elle est délicieuse seule ou avec d'autres plantes.

suite...

suite de la Limonade du jardinier

Verveine citronnelle ***(Aloysia triphyllam)*** voir page 63. Elle a un goût de citron très prononcé.

Géranium odorant ***(Pelargonium).*** Les feuilles très odorantes de plus de 150 variétés de géraniums sont utilisées pour parfumer les tisanes.

Cerfeuil musqué ***(Myrrhis odorata).*** Un goût très doux et anisé qui se marie bien avec d'autres herbes.

Thym *(Thymus)* voir page 60. Il existe plusieurs variétés de thym, dont le thym muscade, le thym orange et le thym citron.

Lavande ***(Lavendula)*** voir page 44. Très parfumée, la lavande est délicieuse avec d'autres plantes.

Fleurs de tilleul ***(Tillia cordata)*** voir page 60. Les fleurs de tilleul ont une saveur délicate et des propriétés calmantes.

Nectar d'été aux fleurs

6 Portions

1/4	**t. de pétales de calendula, lavés**	**50 ml**
1/4	**t. de mélisse hachée**	**50 ml**
3	**c. à s. de pétales de rose, lavés**	**45 ml**
1	**c. à s. de fleurs de lavande**	**15 ml**
1	**c. à s. de zeste d'orange**	**15 ml**
1	**c. à t. de racine de gingembre, hachée**	**5 ml**
4	**t. d'eau bouillante**	**1 litre**
5	**c. à s. de miel**	**75 ml**
3	**pêches pelées, dénoyautées et coupées en quartiers**	**3**
3	**abricots pelés, dénoyautés et coupés en quartiers**	**3**
3	**nectarines pelées, dénoyautées et coupées en quartiers**	**3**
2	**oranges pelées et coupées en quartiers**	**2**
1	**tranche de melon d'eau de 5 cm (2 po), coupée en morceaux**	**1**
3	**t. d'eau minérale**	**750 ml**
3	**roses lavées *(pour décorer)***	**3**
3	**fleurs de calendula, lavées *(pour décorer)***	**3**

1. Déposer la calendula, la mélisse, les pétales de rose, la lavande, le zeste d'orange et le gingembre dans une

théière et verser l'eau chaude. Laisser infuser pendant 5 minutes. Filtrer le thé et verser dans un pichet. Ajouter le miel et brasser jusqu'à ce qu'il soit dissous. Réfrigérer jusqu'au moment de servir.

2. Extraire le jus des pêches, des abricots, des nectarines, des oranges et du melon d'eau. Mélanger et verser dans un bol à punch. Ajouter l'eau minérale et le thé refroidi. Garnir avec des roses et des calendula et servir sur glace.

Punch à la lavande

6 Portions

2	**t. d'eau**	**500 ml**
1	**bâton de cannelle de 5 cm (2 po)**	**1**
2	**anis étoilé**	**2**
3	**baies de piment de la Jamaïque**	**3**
2	**clous de girofle**	**2**
1	**racine d'astragale *(facultatif)***	**1**
3	**c. à s. de fleurs de lavande, fraîches (ou 1 c. à s. (15 ml), séchées)**	**45 ml**
4	**oranges pelées et coupées en quartiers**	**4**
3	**citrons pelés et coupés en quartiers**	**3**
3	**t. de raisins rouges**	**750 ml**
3	**t. d'eau minérale**	**750 ml**
	miel *(facultatif)*	

1. À feu moyen, faire frémir l'eau, la cannelle, l'anis étoilé, le piment de la Jamaïque, les clous de girofle et l'astragale (si désiré). Couvrir, baisser le feu et laisser mijoter doucement pendant 5 minutes. Retirer du feu, ajouter la lavande, couvrir et laisser infuser 10 minutes. Filtrer dans un pot muni d'un couvercle et réfrigérer jusqu'au moment de servir.

2. Extraire le jus des oranges, des citrons et des raisins. Mélanger et verser dans un bol à punch. Ajouter l'eau minérale et le mélange de lavande refroidi. Servir sur glace et sucrer avec du miel, si désiré.

Punch à la romaine
8 portions

« Prélever le zeste de 4 citrons et de 2 oranges et les déposer dans 2 livres (1 kg) de sucre. Extraire le jus des citrons et des oranges, couvrir et réfrigérer jusqu'au lendemain. Filtrer le jus, ajouter le sucre, une bouteille de champagne et 8 blancs d'œufs battus en piques fermes. Servir sur des glaçons ou de la neige en hiver. »

Tiré de : Hugo Zieman et F.L. Gilette. *White House Cookbook,* Toronto, The Copp Clark Co. Limited, 1887.

6 Portions

Punch aux fruits

4	oranges pelées et coupées en quartiers	4
1	ananas coupé en quartiers	1
1	citron pelé et coupé en deux	1
1	t. de tofu mou (soyeux)	250 ml
3	bananes pelées	3
2	t. de fraises	500 ml
1	t. de framboises	250 ml
3	t. d'eau pétillante	750 ml
2	t. de petits glaçons	500 ml

1. Extraire le jus des oranges, de l'ananas et du citron. Mélanger et verser dans un pichet muni d'un couvercle. Réfrigérer jusqu'au moment de servir.

2. Au moment de servir, séparer en deux parts égales le tofu, les bananes, les fraises et les framboises. Mesurer 2 tasses (500 ml) du mélange de jus d'orange, d'ananas et de citron réfrigéré et réserver. Verser le reste du jus dans un bol à punch.

3. Dans un mélangeur, verser la moitié du jus d'orange, d'ananas et de citron réservé avec une moitié du tofu, des bananes, des fraises et des framboises. Réduire en purée et verser dans le bol à punch. Répéter l'opération avec la seconde moitié des ingrédients. Bien mélanger, ajouter l'eau pétillante et les glaçons. Servir immédiatement.

Punch aux pommes et à l'orange

6 Portions

Faites ce punch à l'automne au moment où le cidre de pomme est bien frais. Décorez avec des zestes de citrons verts et d'oranges.

4	**betteraves coupées en morceaux**	**4**
6	**pommes coupées en morceaux**	**6**
3	**oranges pelées et coupées en quartiers**	**3**
1	**citron vert, pelé et coupé en deux**	**1**
4	**t. de cidre de pomme, frais**	**1 litre**
6	**boules de Sorbet à l'orange et au melon** ***(voir recette page 218)***	**6**

1. Extraire le jus des betteraves, des pommes, des oranges, du citron vert et du gingembre. Ajouter le cidre de pomme au jus, mélanger et réfrigérer. Au moment de servir, verser le jus dans un bol à punch et garnir avec les boules de sorbet.

Punch baie rose

6 Portions

Un punch d'un rose vibrant qui ajoutera une charmante touche à vos buffets. Si vous en avez sous la main, ajoutez quelques pétales de rose pour le décorer.

Les canneberges et les premières nations.
On raconte que le chef Pakimintzen, d'une tribu du Delaware, avait l'habitude d'offrir des canneberges en signe de paix. C'est pourquoi, dans cet État, le mot Pakimintzen est devenu synonyme de « mangeur de canneberges ».

1 1/2	**t. de rhubarbe coupée en morceaux**	**375 ml**
1	**t. de canneberges congelées ou fraîches, hachées**	**250 ml**
2	**t. de mûres ou framboises, fraîches ou congelées**	**500 ml**
4	**t. d'eau**	**1 litre**
2	**c. à s. de sucre blanc (ou au goût)**	**30 ml**
1	**c. à t. de stevia en poudre**	**5 ml**
1/2	**ananas coupé en quartiers**	**1/2**
4	**betteraves coupées en morceaux**	**4**
1	**citron pelé et coupé en deux**	**1**
1/4	**t. de feuilles de cerfeuil musqué, hachées**	**50 ml**
2	**c. à s. de racine de gingembre, finement hachée**	**30 ml**

1. À feu moyen-vif, amener à ébullition la rhubarbe, les canneberges, les mûres ou les framboises, l'eau, le sucre et le stevia. Baisser le feu et laisser cuire 15 minutes

Les Indiens Pequots de Cape Cod et les Leni-Lenape du New Jersey nomment les canneberges *ibimi* ou « baies amères ».

en brassant de temps en temps. Filtrer dans une passoire en pressant bien les ingrédients pour en extraire le maximum de liquide. Réfrigérer.

2. Extraire le jus de l'ananas, des betteraves et du citron et verser dans un bol à punch. Ajouter le jus des canneberges et des framboises refroidi. Déposer le cerfeuil musqué et le gingembre. Mélanger et servir.

Délices glacés

Délices glacés

La plupart des professionnels de la santé s'entendent pour dire que le sucre contribue à augmenter les risques de diabète, d'hypoglycémie et de caries dentaires. C'est pourquoi il est préférable d'utiliser sucre, miel et autres substances sucrantes avec parcimonie, à l'exception de celles qui sont issues des plantes. Le stevia (voir page 58) constitue un excellent substitut du sucre dans certaines recettes. Malgré tout, on ne saurait se passer du sucre dans la confection de certains desserts parce qu'il empêche la cristallisation de l'eau, ce qui permet d'obtenir une texture lisse et onctueuse. Plus il y a de sucre dans un dessert glacé, plus sa texture est agréable.

Nous avons choisi de faire un compromis et de n'ajouter à nos recettes que la quantité nécessaire de sucre pour que nos desserts aient une texture lisse et onctueuse. C'est pourquoi nous vous déconseillons fortement de la réduire sous peine de ne pas obtenir un résultat satisfaisant.

Mais si le sucre est mauvais pour la santé, pourquoi proposer des recettes qui en contiennent ? Parce que ces recettes sont un excellent moyen d'utiliser la pulpe résiduelle des jus et de profiter des nutriments qu'elle contient. Par ailleurs, nos granités et nos sorbets sont beaucoup plus sains que les crèmes glacées et les sorbets vendus dans le commerce. Les recettes présentées ici contiennent beaucoup moins de sucre et se composent d'ingrédients frais sans ajout d'agents de conservation ni d'additifs chimiques. Par exemple, les Bâtonnets glacés aux fruits ne contiennent aucun colorant et renferment beaucoup moins de sucre que ceux vendus dans le commerce.

Ajoutons que la congélation et la chaleur détruisent de nombreux nutriments sensibles, dont la vitamine C et les enzymes, c'est pourquoi les granités et les yogourts glacés constituent un excellent choix. Ces boissons de pulpe de fruits sont déjà naturellement sucrées et ne requièrent presque pas de sucre.

Utilisez la pulpe résiduelle : la pulpe produite à la suite de l'extraction du jus des fruits peut être utilisée dans la confection de sorbets, de boissons glacées ou frappées, de yogourts glacés ou de bâtonnets glacés. La pulpe des légumes plus sucrés, comme la betterave, la carotte, le panais et le fenouil, peut également entrer dans la fabrication de desserts glacés lorsqu'on la mélange à de la pulpe de fruits. Si vous souhaitez utiliser la pulpe dans un dessert, pelez les fruits et les légumes et retirer les graines et le cœur. Pour de meilleurs résultats, passer la pulpe au mélangeur ou au robot culinaire avant de l'utiliser dans une recette. Conserver 2 tasses (500 ml) de pulpe quelques jours au réfrigérateur ou mettre à congeler.

4 à 6 Portions

Glace à l'estragon

MOULE À PAIN EN MÉTAL DE 9 X 5 PO (22,5 X 12,5 CM)

2	t. d'eau	500 ml
3	c. à s. de feuilles d'estragon, hachées	45 ml
1/2	t. de sucre blanc	125 ml
2	jus de 2 citrons	2

1. À feu moyen-vif, amener à ébullition l'eau, le sucre et l'estragon. Laisser cuire 3 minutes sans remuer. Retirer du feu et laisser tiédir.

2. Verser le jus de citron dans le sirop de sucre et verser le mélange dans le moule à pain. Mettre au congélateur pendant 2 heures ou jusqu'à ce que la glace ait la texture de la neige mouillée. Brasser à la fourchette et remettre au congélateur pendant encore 1 heure ou jusqu'à fermeté. Si la glace est trop gelée, placer au réfrigérateur le temps qu'elle ramollisse.

4 à 6 Portions

Glace à la fraise et à la betterave

MOULE À PAIN EN MÉTAL DE 9 X 5 PO (22,5 X 12,5 CM)

2	t. de pulpe de fraise et de betterave	500 ml
2	t. d'eau	500 ml
1/3	t. de miel	75 ml

1. Mélanger la pulpe, l'eau et le miel dans un moule en métal. Mettre au congélateur pendant 2 heures ou jusqu'à ce que la glace ait la texture de la neige mouillée. Brasser à la fourchette et remettre au congélateur pendant encore 1 heure ou jusqu'à fermeté. Si la glace est trop gelée, placer au réfrigérateur le temps qu'elle ramollisse.

Glace à la menthe

4 à 6 Portions

LES GLACES

Faite d'eau, de jus de fruits (et non de pulpe de fruits) et de sirop de sucre, la glace a une texture plus fine que le granité.

MOULE À PAIN EN MÉTAL DE 9 X 5 PO (22,5 X 12,5 CM)

2	**t. d'eau**	**500 ml**
1/4	**t. de feuilles de menthe, hachées**	**50 ml**
1/2	**t. de sucre blanc**	**125 ml**
	le jus d'un citron vert	

1. À feu moyen-vif, amener à ébullition l'eau, la menthe et le sucre. Laisser cuire 3 minutes sans remuer. Retirer du feu et laisser refroidir.
2. Verser le jus de citron dans le sirop de sucre et verser le tout dans le moule à pain. Mettre au congélateur pendant 2 heures ou jusqu'à ce que la glace ait la texture de la neige mouillée. Brasser à la fourchette et remettre au congélateur pendant encore 1 heure ou jusqu'à fermeté. Si la glace est trop gelée, placer au réfrigérateur le temps qu'elle ramollisse.

Glace au citron

4 à 6 Portions

Une glace acidulée très rafraîchissante.

MOULE À PAIN EN MÉTAL DE 9 X 5 PO (22,5 X 12,5 CM)

4	**citrons**	**4**
1/2	**t. de feuilles de mélisse, légèrement compactées**	**125 ml**
1/3	**t. de miel**	**75 ml**

1. Prélever le zeste de 1 citron, réserver. Presser le jus des citrons avec un presse-citron. Hacher la mélisse.
2. Mélanger l'eau, le jus des citrons, le zeste de citron, la mélisse et le miel dans le moule à pain. Mettre au congélateur pendant 2 heures ou jusqu'à consistance de neige mouillée. Brasser à la fourchette et remettre au congélateur pendant encore 1 heure ou jusqu'à fermeté. Si la glace est trop gelée, placer au réfrigérateur le temps qu'elle ramollisse.

4 à 6 Portions

Glace au thé vert

MOULE A PAIN EN METAL DE 9 X 5 PO (22,5 X 12,5 CM)

1	**sachet de thé vert (ou 1 c. à t. de feuilles de thé vert)**	1
2	**c. à t. de thé digestif** ***(voir recette, page 248)*** **ou graines de fenouil**	10 ml
1	**anis étoilé (avec graines)**	1
1/2	**gousse de vanille**	1/2
3	**t. d'eau bouillante**	750 ml
1/2	**t. de sucre blanc**	125 ml
2	**c. à s. de jus de citron**	30 ml

1. Dans une grande théière autre qu'en métal, déposer le thé vert, le thé digestif, l'anis et la vanille. Verser l'eau bouillante, couvrir et laisser infuser 5 minutes.
2. Déposer le sucre au fond du moule à pain et verser le thé chaud sur le sucre pour le dissoudre. Mélanger et laisser tiédir.
3. Ajouter le jus de citron. Mettre au congélateur pendant 2 heures ou jusqu'à consistance de neige mouillée. Brasser à la fourchette et remettre au congélateur pendant encore 1 heure ou jusqu'à fermeté. Si la glace est trop gelée, placer au réfrigérateur le temps qu'elle ramollisse.

Granités, boissons frappées, sorbets et yogourts glacés. Les temps de congélation suggérés sont approximatifs et varient selon la température de votre congélateur et du plat utilisé. L'idéal est d'utiliser un moule à pain en métal de 9 x 5 po (22,5 x 12,5 cm). Si votre congélateur est doté d'une zone de congélation rapide ou si votre moule est peu profond, le temps de congélation sera écourté. Tous les granités ou les sorbets peuvent être faits dans une sorbetière en suivant les indications du manufacturier.

Ramollir les sorbets et les granités. À moins de les surveiller toutes les cinq minutes, il est fort possible que vos granités et vos sorbets seront trop gelés, au sortir du congélateur, pour les servir immédiatement. Pour une texture moelleuse et un maximum de saveur, les laisser amollir au réfrigérateur, de 45 minutes à 2 heures avant de les servir. La durée variera selon la profondeur du plat (plus il est profond, plus le sorbet met du temps à ramollir) et de la température de votre réfrigérateur.

Granité

4 à 6 Portions

Pour faire un granité avec de la pulpe congelée, il suffit de la décongeler légèrement : elle se mélangera aisément aux autres ingrédients.

MOULE À PAIN EN MÉTAL DE 9 X 5 PO (22,5 X 12,5 CM)

2	**t. de pulpe réfrigérée ou congelée**	**500 ml**
2	**t. de jus d'orange, de pomme**	**500 ml**
	ou jus de fruits de votre choix	
	jus d'un citron	
3/4	**t. de sucre blanc ou miel**	**175 ml**

1. Dans un mélangeur, déposer la pulpe, le jus d'orange et de citron et le sucre ou le miel. Mélanger pendant 10 secondes à haute vitesse. Verser dans le moule à pain. Mettre au congélateur pendant 2 heures ou jusqu'à ce que le mélange commence à geler.

2. Brasser à la fourchette et remettre au congélateur pendant encore 1 heure ou jusqu'à ce que le granité ait une consistance suffisamment ferme pour en prélever des boules à la cuillère (pas aussi ferme que la crème glacée). Si le granité est trop glacé, le placer au réfrigérateur le temps qu'il ramollisse.

Granité à l'ananas et à la sauge

4 à 6 Portions

La sauge ananas est une vivace dont le parfum rappelle l'ananas. Si vous parvenez à vous en procurer, ajoutez-en quelques feuilles pour parfumer votre granité à l'ananas.

MOULE À PAIN EN MÉTAL DE 9 X 5 PO (22,5 X 12,5 CM)

2	**t. d'eau**	**500 ml**
2	**t. de pulpe du Jus d'ananas et d'agrumes**	**500 ml**
	(voir recette, page 158)	
1/2	**t. de miel**	**125 ml**
2	**c. à s. de feuilles de sauge, hachées *(facultatif)***	**30 ml**

1. Déposer l'eau, la pulpe, le miel et la sauge dans un mélangeur, mélanger jusqu'à consistance homogène. Verser la préparation dans un moule à pain et mettre au congélateur pendant 2 heures ou jusqu'à ce que le mélange ait une consistance de neige mouillée. Brasser à

la fourchette et remettre au congélateur pendant encore 1 heure ou jusqu'à fermeté. Si le granité est trop glacé, le placer au réfrigérateur le temps qu'il ramollisse.

Granité à l'orange et à la carotte

4 à 6 Portions

MOULE À PAIN EN MÉTAL DE 9 X 5 PO (22,5 X 12,5 CM)

2	**t. d'eau**	**500 ml**
1/2	**t. de sucre blanc**	**125 ml**
2	**t. de pulpe de jus de carotte, fenouil et orange** ***(voir recette, page 160)***	**500 ml**

1. À feu moyen-vif, amener à ébullition l'eau et le sucre et laisser cuire 3 minutes sans brasser. Retirer du feu, laisser refroidir le sirop de sucre.
2. Dans le moule à pain, mélanger le sirop de sucre et la pulpe. Mettre au congélateur pendant 2 heures ou jusqu'à consistance de neige mouillée. Brasser à la fourchette et remettre au congélateur pendant encore 1 heure ou jusqu'à consistance ferme. Si le granité est trop gelé, placer au réfrigérateur le temps qu'il ramollisse.

Granité à la lavande et au fenouil

4 à 6 Portions

MOULE À PAIN EN MÉTAL DE 9 X 5 PO (22,5 X 12,5 CM)

2	**t. d'eau**	**500 ml**
1/4	**t. de miel**	**50 ml**
8 à 10	**brins de lavande (feuilles, tiges et fleurs)**	**8 à 10**
1/2	**gousse de vanille**	**1/2**
2	**t. de pulpe de fenouil ou jus contenant du fenouil (p. ex. jus de poire anisée, page 167)**	**500 ml**

1. À feu moyen-vif, amener à ébullition l'eau et le miel et laisser cuire de 2 à

3 minutes sans brasser. Retirer du feu, ajouter la lavande et la vanille. Laissez tiédir le sirop.

2. Lorsque le sirop est tiède, filtrer et verser dans un moule à pain. Ajouter la pulpe, mélanger et mettre au congélateur pendant 2 heures ou jusqu'à ce que le granité ait la texture de la neige mouillée. Brasser à la fourchette et remettre au congélateur pendant encore 1 heure ou jusqu'à fermeté. Si le granité est trop glacé, le placer au réfrigérateur le temps qu'il ramollisse.

Granité au pamplemousse

4 à 6 Portions

Peler les pamplemousses à vif et retirer les pépins avant de faire le jus de pamplemousse.

MOULE À PAIN EN MÉTAL DE 9 X 5 PO (22,5 X 12,5 CM)

2	**t. d'eau**	**500 ml**
3/4	**t. de sucre blanc**	**175 ml**
1	**t. de pulpe du Jus de pamplemousse** **(voir recette, page 166)**	**250 ml**

1. À feu moyen-vif, amener à ébullition le sucre et l'eau et laisser cuire 3 minutes sans brasser. Retirer du feu et laisser refroidir le sirop de sucre.
2. Dans le moule à pain, mélanger le sirop de sucre et le jus de pamplemousse. Mettre au congélateur pendant 2 heures ou jusqu'à ce que le granité soit pris. Mélanger à la fourchette et remettre au congélateur pendant encore 1 heure ou jusqu'à fermeté. Si le granité est trop gelé, placer au réfrigérateur le temps qu'il ramollisse.

Granité aux petits fruits et au romarin

4 à 6 Portions

Le riche parfum du romarin se marie très bien à la douceur des petits fruits.

MOULE À PAIN EN MÉTAL DE 9 X 5 PO (22,5 X 12,5 CM)

2	**t. d'eau**	**500 ml**
2	**t. de pulpe d'un jus aux petits fruits**	**500 ml**

	(p. ex. le jus Délice estival, page 161)	
1	**c. à s. de feuilles de romarin**	**15 ml**
1/2	**t. de miel**	**125 ml**

1. Dans un mélangeur, mélanger l'eau, la pulpe de fruits et le romarin jusqu'à consistance homogène.
2. Verser la préparation dans un moule à pain et mettre à congeler pendant 2 heures ou jusqu'à consistance de neige mouillée. Brasser à la fourchette et remettre au congélateur pendant encore 1 heure ou jusqu'à fermeté. Si le granité est trop glacé, le placer au réfrigérateur le temps qu'il ramollisse.

4 à 6 Portions

Granité express

Pour faire ce granité, il vous faut un mélangeur assez puissant pour concasser les glaçons. Il n'est pas utile de peler les fruits ni d'en retirer les graines et les cœurs. Pour un jus un peu plus sucré, ajouter 1/2 c. à thé (2 ml) de stevia liquide ou en poudre.

1/2	**t. de jus de fruits**	**125 ml**
2	**t. de pulpe de fruits ou de légumes**	**500 ml**
1 à 2	**c. à s. de miel, de sirop d'érable ou de sirop de maïs**	**15 à 30 ml**
3	**t. de glaçons**	**750 ml**

1. Dans un mélangeur, déposer le jus, la pulpe, le miel et les glaçons. Mélanger de 30 à 60 secondes, en commençant par la vitesse la plus faible et en augmentant jusqu'à la vitesse maximale, jusqu'à ce que les glaçons soient moulus en petits grains. Servir immédiatement.

Le miel

Appelée « mouche de l'homme blanc » par les Amérindiens, l'abeille a été introduite en Amérique du Nord au XVIIe siècle par les colons anglais. Elle est rapidement devenue très utile à la pollinisation des cultures, sans compter que son miel constitue une solution de choix à l'utilisation du sucre de canne ou de betterave.

Pour produire une cuillérée à thé de miel (5 ml), une abeille doit parcourir une distance qui équivaut à un tour complet de la Terre. Une colonie d'abeilles doit extraire le nectar d'environ deux millions de fleurs pour produire 1 livre (500 g) de miel. Avant que l'homme pratique l'élevage d'abeilles, le miel était recueilli dans la nature, ce qui causait souvent des dommages irréparables à l'essaim. Heureusement, au milieu du XVIIIe siècle, on commença à faire l'élevage d'abeilles dans des structures en bois (ruches) qui permettaient de recueillir le miel sans nuire aux abeilles.

La couleur et la saveur du miel varient selon la région où il a été produit et le type de fleurs visitées par les abeilles. Voici quelques-unes des « plantes à miel » les plus répandues en Amérique du Nord.

***Luzerne.** Le miel de luzerne est blanc ou très clair et sa saveur est délicate.*

***Sarrasin.** Le sarrasin pousse dans les régions froides et humides. Le miel de sarrasin est très foncé et il a une saveur forte.*

***Trèfle.** Le miel de trèfle est très répandu en Amérique du Nord. Sa couleur varie du blanc au jaune clair et sa saveur est douce.*

***Eucalyptus.** Il existe plus de 500 variétés d'eucalyptus, chacune produisant un miel dont le goût et la couleur sont variables mais qui garde toujours un goût plus ou moins prononcé d'eucalyptus.*

***Fleur d'oranger.** Ce miel est souvent le produit de nectars de différents agrumes. Sa couleur varie du blanc crème au jaune très clair et il a une délicate saveur d'orange. Ce miel est très répandu dans le sud des États-Unis.*

***Sauge.** Le miel de sauge est très répandu en Californie et dans la Sierra Nevada. La sauge donne un miel doux et délicatement parfumé de couleur blanchâtre.*

***Tournesol.** Le tournesol donne un miel jaune doré de saveur très délicate. On en trouve beaucoup au Manitoba et dans le centre des États-Unis.*

Sorbet à l'orange et au melon

4 à 6 Portions

MOULE À PAIN EN MÉTAL DE 9 X 5 PO (22,5 X 12,5 CM)

2	**t. de pulpe de melon (de n'importe quelle recette de jus contenant du melon)**	**500 ml**
2 1/2	**t. de jus d'orange**	**625 ml**
2	**c. à s. de zeste d'orange**	**30 ml**
	le jus d'un citron	
1/2	**t. de sucre blanc**	**125 ml**
1	**t. d'eau**	**250 ml**
2	**blancs d'œufs**	**2**

1. Dans un moule à pain, mélanger la pulpe de melon, le jus d'orange, le zeste d'orange, le jus de citron, le sucre et l'eau. Mettre au congélateur pendant 1 à 2 heures ou jusqu'à consistance de neige mouillée
2. Monter les blancs en neige. Retirer le sorbet du congélateur et battre à la fourchette pendant 20 secondes. Incorporer les blancs d'œufs au sorbet et remettre au

Les sorbets

Le sorbet est une préparation glacée à base d'eau, de jus de fruits et de sucre. En raison de sa forte teneur en eau, on ajoute au sorbet un stabilisateur (blancs d'œufs, guimauve ou gélatine) afin de réduire la cristallisation et lui donner une texture onctueuse.

Le sorbet est souvent servi dans une coupe, mais on peut le façonner en forme d'œuf et le servir dans une assiette garnie de fruits et d'herbes. À la différence des mousses et des crèmes dessert, le sorbet s'accompagne rarement d'une sauce.

congélateur pendant encore 1 heure ou jusqu'à fermeté. Si le sorbet est trop glacé, le placer au réfrigérateur le temps qu'il ramollisse.

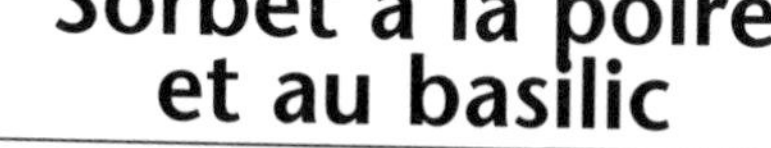

Sorbet à la poire et au basilic

4 à 6 Portions

MOULE À PAIN EN MÉTAL DE 9 5 PO (22,5 12,5 CM)

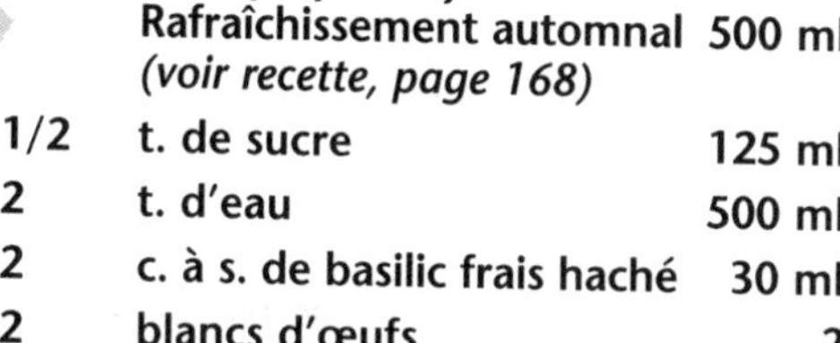

2	**t. de pulpe du jus Rafraîchissement automnal** ***(voir recette, page 168)***	**500 ml**
1/2	**t. de sucre**	**125 ml**
2	**t. d'eau**	**500 ml**
2	**c. à s. de basilic frais haché**	**30 ml**
2	**blancs d'œufs**	**2**

1. Dans un moule à pain, mélanger la pulpe, le sucre, l'eau et le basilic. Mettre au congélateur pendant 1 à 2 heures ou jusqu'à consistance de neige mouillée.
2. Monter les blancs en neige. Retirer le sorbet du congélateur et battre à la fourchette pendant 20 secondes. Incorporer les blancs d'œufs au sorbet et remettre au congélateur pendant encore 1 heure ou jusqu'à fermeté. Si le sorbet est trop glacé, le placer au réfrigérateur le temps qu'il ramollisse.

Du sucre dans presque tous les aliments préparés

La prédilection, la faiblesse devrait-on dire, des humains pour le sucre est telle que les industriels de l'alimentation en ajoutent dans la plupart de leurs produits. Des aliments pour bébés aux jus de légumes en passant par les sauces (il y a en même dans les sels assaisonnés), aucun produit n'y échappe ou presque. Le sucre provient de la canne à sucre, du sorgho, du maïs, de la betterave à sucre et de l'érable. La plupart des aliments préparés contiennent du dextrose (sucre de maïs), du fructose (sucre des fruits) ou du lactose (sucre contenu dans les produits laitiers).

Résultat ? Nous consommons trop de sucre et ce surplus nuit à notre système immunitaire, provoque la carie dentaire et contribue à augmenter les risques de diabète et d'hypoglycémie. Les aliments riches en sucre coupent l'appétit des enfants et prennent la place d'aliments plus nutritifs dont leur corps en pleine croissance a tellement besoin.

Yogourt glacé à la banane et à l'orange

4 à 6 Portions

MOULE À PAIN EN MÉTAL DE 9 X 5 PO (22,5 X 12,5 CM)

1	t. de yogourt nature	250 ml
1	banane mûre, écrasée	1
2	t. de pulpe du jus de fruit Explosion de vitamine C *(voir recette, page 162)*	500 ml
2	c. à s. de miel	30 ml

1. Dans un moule à pain, mélanger le yogourt, la banane, la pulpe et le miel. Mettre au congélateur pendant 1 à 2 heures ou jusqu'à fermeté. Si le yogourt est trop glacé, le placer au réfrigérateur pour qu'il ramollisse.

Les yogourts glacés

Le yogourt glacé est un dessert léger et beaucoup moins gras que la crème glacée. Si vous être amateur de tofu, remplacez le yogourt par du tofu mou. Le yogourt glacé maison est beaucoup plus sain que les crèmes glacées allégées qui contiennent souvent entre 18 et 36 % de gras. Moins gras que la crème glacée, les yogourts glacés vendus dans le commerce contiennent souvent des additifs alimentaires et sont plus sucrés que le yogourt glacé maison. Si le yogourt est trop glacé, le placer au réfrigérateur le temps qu'il ramollisse.

Yogourt glacé aux fraises

4 à 6 Portions

MOULE À PAIN EN MÉTAL DE 9 X 5 PO (22,5 X 12,5 CM)

2	t. de yogourt nature	500 ml
2	t. de fraises en tranches ou pulpe du jus de fraise	500 ml
1/2	t. de jus de betterave	125 ml
3	c. à s. de miel	45 ml

1. Dans un moule à pain, mélanger le yogourt, les fraises, le jus de betterave et le miel. Mettre au congélateur pendant 1à 2 heures ou jusqu'à fermeté. Si le yogourt est trop glacé, le placer au réfrigérateur le temps qu'il ramollisse.

4 à 6 Portions

Yogourt glacé aux fruits

Parfumez votre yogourt avec 2 c. à table (30 ml) de l'herbe fraîche de votre choix : sauge, thym, basilic, estragon, menthe, mélisse ou hysope.

MOULE À PAIN EN MÉTAL DE 9 X 5 PO (22,5 X 12,5 CM)

1	**t. de yogourt nature**	**250 ml**
2	**t. de pulpe de fruits ou de légumes contenant du sucre (p. ex. betteraves et carottes)**	**500 ml**
1	**c. à s. de jus de citron**	**15 ml**
3	**c. à s. de miel**	**45 ml**

1. Dans un moule à pain, mélanger le yogourt, la pulpe, le jus de citron et le miel. Mettre au congélateur pendant 1 à 2 heures ou jusqu'à fermeté. Si le yogourt est trop glacé, le placer au réfrigérateur le temps qu'il ramollisse.

4 à 6 Portions

Yogourt glacé express

Pour faire cette recette, il vous faut un mélangeur capable de concasser les glaçons. La pulpe du jus d'ananas et d'agrumes donne un très bon yogourt glacé, naturellement sucré (n'ajoutez pas de sucre).

1/2	**t. de jus de fruits**	**125 ml**
2	**t. de pulpe de fruits, réfrigérée ou congelée**	**500 ml**
1	**t. de yogourt nature**	**250 ml**
2	**c. à s. de miel *(facultatif)***	**30 ml**
3	**t. de glaçons**	**750 ml**

1. Dans un mélangeur capable de concasser les glaçons, déposer le jus, la pulpe, le yogourt, le miel et les glaçons. Mélanger, activer la plus basse vitesse et augmenter progressivement la vitesse jusqu'au maximum. Mélanger de 30 à 60 secondes. Servir immédiatement.

12 Portions

Bâtonnets à l'orange

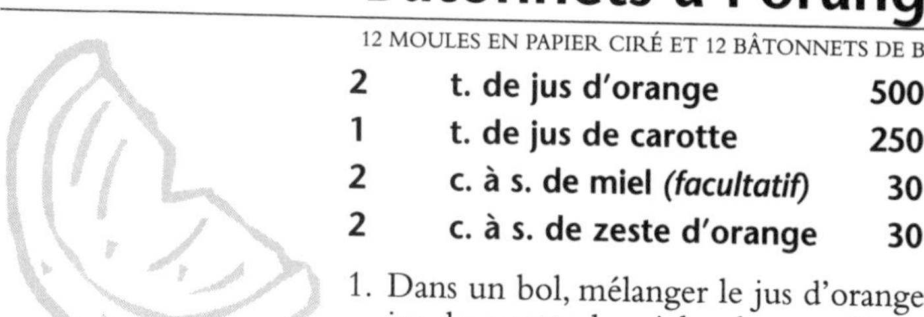

12 MOULES EN PAPIER CIRÉ ET 12 BÂTONNETS DE BOIS

2	**t. de jus d'orange**	**500 ml**
1	**t. de jus de carotte**	**250 ml**
2	**c. à s. de miel *(facultatif)***	**30 ml**
2	**c. à s. de zeste d'orange**	**30 ml**

1. Dans un bol, mélanger le jus d'orange, le jus de carotte, le miel et le zeste. Verser

1/4 t. de (50 ml) de jus dans chaque moule et mettre au congélateur pendant 1 heure ou jusqu'à ce que la préparation soit assez ferme pour faire tenir un bâtonnet. Insérer un bâtonnet de bois au centre des petits moules et remettre au congélateur pendant encore 1 heure ou jusqu'à ce que le jus soit bien gelé.

Bâtonnets glacés aux fruits

12 Portions

On trouve dans le commerce de jolis moules à bâtonnets glacés. Leur forme amusante ravira les enfants.

12 MOULES EN PAPIER CIRÉ ET 12 BÂTONNETS DE BOIS

2	**t. de jus de framboise, de fraise ou de canneberge**	**500 ml**
1/2	**t. de jus d'orange**	**125 ml**
1/2	**t. de jus de betterave**	**125 ml**
2	**c. à s. de miel *(facultatif)***	**30 ml**

1. Dans un bol, mélanger le jus de framboise, le jus d'orange, le jus de betterave et le miel. Verser 1/4 tasse (50 ml) de jus dans chaque moule en papier. Mettre au congélateur pendant 1 heure ou jusqu'à ce que la préparation soit assez ferme pour faire tenir un bâtonnet. Insérer un bâtonnet de bois au centre des petits moules et remettre au congélateur pendant encore 1 heure ou jusqu'à ce que le jus soit bien gelé.

Les bâtonnets glacés

Les enfants raffolent des sucettes glacées aux fruits, mais ils ont trop souvent pris l'habitude de manger les bâtonnets vendus dans le commerce qui contiennent beaucoup de sucre et peu ou pas de vrais fruits. Pour ne pas choquer leur goût, ajoutez 2 à 3 c. à table (30 à 45 ml) de miel à vos bâtonnets et réduisez progressivement la quantité, le temps qu'ils s'habituent.

Ces bâtonnets peuvent être faits avec du jus ou avec de la pulpe. Passez toujours la pulpe au mélangeur avant de l'utiliser. La pulpe de carotte, de fenouil et de betterave peut être mélangée à de la pulpe de fruits, plus sucrée. Si vous souhaitez ajouter des herbes, faites d'abord infuser les plantes et ajoutez la tisane filtrée aux autres ingrédients.

Verveine citronnelle ou odorante (Phyla scaberrima, *anciennement* Lippia dulcis). *La verveine citronnelle est une vivace autrefois appréciée des Aztèques. Elle contient de l'hernandulcine, une substance qui a un pouvoir sucrant trois fois plus élevé que le sucre, mais elle a un léger arrière-goût.*

Sucre de dattes. *Fait de dattes déshydratées et moulues, le sucre de dattes est de couleur foncée et ses cristaux sont assez gros. Riche en fibres, en vitamines et en minéraux, il convient très bien à la pâtisserie, mais il se dissout mal dans les liquides.*

Miel*, voir page 210.*

Katemfe (Thaumatococcus daniellii). *Plante vivace de la famille de l'arrowroot, originaire des forêts pluviales de l'Afrique. Elle contient de la thaumatine, une protéine qui a un pouvoir sucrant 1600 fois plus élevé que le saccharose (sucre). Elle perd son pouvoir sucrant dès qu'elle est soumise à la chaleur.*

Réglisse (Glycyrrhiza glabra). *La réglisse est une racine de couleur brune qui contient une substance sucrante, la glycirrhiza, dont le pouvoir sucrant est de 50 à 150 fois plus élevé que celui du sucre. Les personnes âgées ou les personnes qui souffrent d'hypertension, de problèmes cardiaques, hépatiques ou rénaux ne doivent pas consommer de réglisse.*

Mélasse*, voir page 80. La mélasse noire a un goût prononcé et contient plus d'éléments nutritifs que les mélasses plus claires. La mélasse est un sous-produit du raffinage de la canne à sucre, elle est riche en vitamines du complexe B, en vitamine E, en fer, en calcium, en magnésium, en potassium, en chrome, en manganèse et en zinc.*

Stevia (Stevia rebaudiana)*, voir page 58. En Amérique du Sud, le pouvoir sucrant du stevia est connu depuis l'ère précolombienne. Le stevia est de 200 à 300 fois plus sucré que le saccharose (sucre). Il n'a pas les mêmes effets que le sucre sur l'organisme et il ne contient pas autant de calories. Il est détectable dans les desserts par son petit arrière-goût caractéristique. Le stevia est vendu dans la plupart des magasins d'alimentation.*

Recettes à base de pulpe et les smoothies

Que faire avec la pulpe ?

Si le jus fraîchement extrait contient un concentré de nutriments, sa pulpe résiduelle est riche en fibres et regorge de nutriments de grande valeur. Elle peut être utilisée dans la confection de plusieurs plats : soupes, sauces, bouillons, ragoûts, trempettes et certains pains et produits de boulange.

Après avoir extrait le jus de fruits et de légumes, notamment le jus pomme, de tomate et de carotte, il est possible de conserver leur pulpe pour l'utiliser dans des purées, des muffins, des gâteaux ou des sauces. Voir les Délices glacés (pages 210 à 222) pour des recettes à base de pulpe de fruit.

Utilisation de la pulpe dans la confection de plats : Peler les fruits et les légumes et prélever le cœur et les graines avant d'en extraire le jus. Pour de meilleurs résultats, passer la pulpe au mélangeur ou au robot culinaire avant de l'utiliser ou de la mettre au congélateur. Mesurez 2 tasses (500 ml) de pulpe et la faire congeler dans un sac à congélation ou dans un contenant muni d'un couvercle hermétique. Au réfrigérateur, la pulpe se conserve vingt-quatre heures.

4 Portions

Gaspacho à l'avocat

Utiliser la pulpe de n'importe quel jus de légumes dans cette délicieuse soupe estivale.

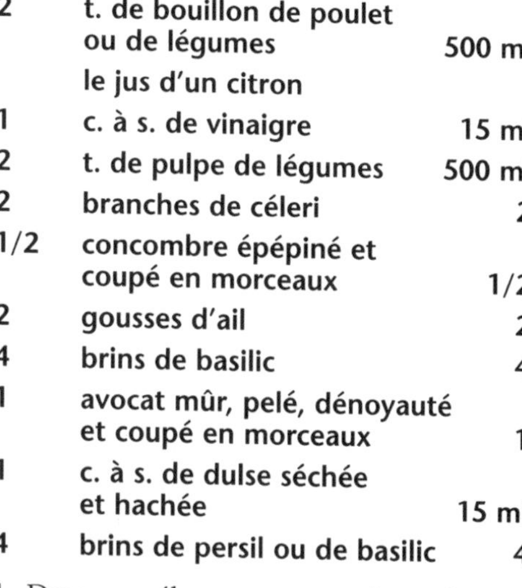

2	t. de bouillon de poulet ou de légumes	500 ml
	le jus d'un citron	
1	c. à s. de vinaigre	15 ml
2	t. de pulpe de légumes	500 ml
2	branches de céleri	2
1/2	concombre épépiné et coupé en morceaux	1/2
2	gousses d'ail	2
4	brins de basilic	4
1	avocat mûr, pelé, dénoyauté et coupé en morceaux	1
1	c. à s. de dulse séchée et hachée	15 ml
4	brins de persil ou de basilic	4

1. Dans un mélangeur ou un robot culinaire, réduire en purée le bouillon, le jus de citron, le vinaigre, la pulpe, le céleri, le concombre, l'ail, le basilic et l'avocat. Réfrigérer, et garnir de dulse et de basilic frais avant de servir.

1 1/4 tasse (300 ml) de marinade

Marinade à la papaye

Cette marinade est délicieuse avec le poisson et la volaille. Remplacez la pulpe de papaye par de la pulpe de kiwi ou d'ananas si vous ne trouvez pas de papaye.

1	t. de pulpe de papaye *(voir note à gauche)*	250 ml
2/3	t. de jus d'orange	150 ml
1/3	t. de sauce soja	75 ml
1	gousse d'ail	1

1. Dans un plat peu profond allant au four, mélanger la pulpe, le jus d'orange, la sauce soja et l'ail. Déposer la viande à mariner dans le plat et bien l'enduire de marinade. Couvrir et laisser mariner au réfrigérateur pendant 1 heure en retournant la viande 1 ou 2 fois.

Pain à la citrouille et au thym

1 Pain

PRÉCHAUFFER LE FOUR À 350 °F (180 °C)
MOULE À PAIN GRAISSÉ DE 8 X 4 PO (1,5 LITRE)

2	**œufs**	**2**
2	**c. à s. de sucre blanc**	**30 ml**
2	**c. à s. de miel**	**30 ml**
1/2	**t. d'huile d'olive**	**125 ml**
1	**t. de pulpe de citrouille ou de courge**	**250 ml**
1/2	**t. de pulpe de pomme**	**125 ml**
1/2	**oignon moyen, haché**	**1/2**
1	**c. à s. de moutarde de Dijon**	**15 ml**
1	**t. de farine tout usage**	**250 ml**
1/2	**t. de farine de blé entier**	**125 ml**
3/4	**c. à t. de levure chimique**	**4 ml**
1/2	**c. à t. de bicarbonate de sodium**	**2 ml**
1	**c. à s. de thym frais, haché ou 1 c. à t. (5 ml) d'origan séché**	**15 ml**
1	**c. à s. d'origan frais, haché ou 1 c. à t. (5 ml) d'origan séché**	**15 ml**

1. Dans un grand bol, battre les œufs, ajouter le sucre, le miel et l'huile en brassant constamment. Incorporer la pulpe de citrouille et de pomme, l'oignon et la moutarde.

2. Dans un bol moyen, mélanger la farine tout usage, la farine de blé entier, la levure chimique, le bicarbonate, le thym et l'origan.

3. Incorporer la farine dans le mélange de courge. Verser dans un moule à pain et cuire de 50 à 60 minutes, ou jusqu'à ce qu'un cure-dent inséré au milieu du pain en ressorte propre.

Purée de pommes

4 tasses (1 litre) de purée de pomme

Essayez-la avec 1/2 c. à thé (2 ml) de poivre de Cayenne ou de l'herbe de votre choix. Pour varier, remplacez le jus de pomme par du jus de betterave ou de carotte, et rectifiez la quantité d'eau selon la consistance désirée.

2	**t. de pulpe de pomme**	**500 ml**
2	**t. d'eau filtrée**	**500 ml**
2	**t. de jus de pomme**	**500 ml**
3	**c. à s. de miel**	**45 ml**
1/2	**c. à t. de cannelle moulue**	**2 ml**
1/4	**c. à t. de muscade moulue**	**1 ml**

1. À feu moyen-vif, amener à ébullition la pulpe, l'eau et le jus. Baisser le feu et laisser mijoter de 20 à 30 minutes, ou jusqu'à ce que la purée ait épaissi. Incorporer le miel, la cannelle et la muscade. Servir chaud ou à la température ambiante. Conserver au réfrigérateur dans un contenant hermétique.

Riz au lait de soja et aux pommes

4 Portions

Un dessert sans produit laitier et faible en gras. Essayez-le avec du lait de noix ou de fruits (voir pages 258 et 259). Pour égoutter le yogourt, passez-le à l'étamine.

2	**t. de lait de soja**	**500 ml**
3/4	**t. de riz**	**175 ml**
1	**t. de pulpe de pomme**	**250 ml**
1/2	**t. de jus de pomme**	**125 ml**
3	**c. à s. de miel**	**45 ml**
1/2	**t. de yogourt égoutté**	**125 ml**
1	**c. à s. de gingembre confit, finement haché**	**15 ml**
1/2	**c. à t. de cannelle moulue**	**2 ml**
1/4	**c. à t. de muscade moulue**	**1 ml**

1. À feu moyen-vif, amener le lait et le riz à petite ébullition. Baisser le feu et laisser mijoter doucement, à couvert, pendant 20 minutes ou jusqu'à ce que le riz soit cuit mais encore ferme.

2. Augmenter légèrement la chaleur et incorporer la pulpe de pomme, le jus de pomme et le miel. Laisser mijoter doucement pendant 10 minutes ou jusqu'à ce que le liquide ait réduit, que le riz soit tendre et que le mélange ait épaissi. Retirer du feu et incorporer le yogourt, le gingembre, la cannelle et la muscade.

Salade de chou

4 à 6 Portions

2	t. de pulpe de chou	500 ml
1	t. de pulpe de carotte et de pomme	250 ml
3	c. à s. de graines de tournesol	45 ml
2	c. à s. de raisins secs	30 ml
2	c. à s. de graines de lin	30 ml
1	c. à s. d'abricots hachés	15 ml
1/4	t. d'huile d'olive ou de chanvre	50 ml
2	c. à s. de jus de citron	30 ml
2	c. à s. de sauce soja	30 ml
2	gousses d'ail	2
1/4	t. de feta émiettée *(facultatif)*	50 ml

1. Dans un grand saladier, mélanger la pulpe de chou, la pulpe de carotte et de pomme, les graines de tournesol, les raisins secs, les graines de lin et les abricots. Bien mélanger.
2. Dans un petit pichet muni d'un couvercle hermétique ou dans un bol, mélanger l'huile, le jus de citron, la sauce soja et l'ail. Secouer ou battre énergiquement. Verser sur la salade et bien mélanger. Garnir la salade de feta émiettée.

Salsa à la cajun

1 tasse (250 ml) de salsa

Servir la salsa froide avec des nachos ou du pain. Vous pouvez aussi la servir chaude avec du poulet ou du poisson. Si vous aimez la salsa bien relevée, ajoutez quelques gouttes de sauce piquante ou un peu de piment frais haché.

1	t. de pulpe du Cocktail cajun *(voir recette, page 193)*	250 ml
2	tomates moyennes, épépinées et grossièrement hachées	2
1	gousse d'ail, finement hachée	1
3	c. à s. d'huile d'olive	45 ml

1. Dans un bol, bien mélanger la pulpe, les tomates, l'ail et l'huile d'olive.

2 1/2 tasses (625 ml) de sauce

Sauce au cari

Essayez cette recette avec la pulpe du Cocktail réveille-matin (voir recette, page 169). Servir avec du riz et des légumes sautés ou cuits à la vapeur.

2	c. à s. de beurre	30 ml
1	c. à s. de cari	15 ml
1	c. à s. de garam massala	15 ml
2	t. de lait de noix ou lait de soja *(voir pages 258-259)*	500 ml
1	t. de pulpe d'oignon, de céleri et de pomme *(voir note à gauche)*	250 ml
	sel et poivre noir, au goût	

1. Dans une casserole, faire fondre le beurre à feu moyen. Ajouter le cari et le garam massala, cuire pendant 1 minute.
2. Incorporer le lait et la pulpe et amener à petite ébullition en remuant constamment. Cuire en remuant constamment pendant 5 minutes ou jusqu'à ce que la sauce ait épaissi. Saler et poivrer.

1 tasse (250 ml) de sauce

Sauce au citron

Pouding au riz au citron : Dans un bol, mélanger la sauce au citron avec 2 tasses (500 ml) de riz, 1 tasse (250 ml) de lait d'amande et 1/2 c. à thé (2 ml) de cannelle moulue.

1	t. de pulpe de la Limonade curcubitacée *(voir recette, page 164)*	250 ml
1/3	t. de jus de citron	75 ml
3	c. à s. de miel	45 ml

1. À feu moyen, amener à ébullition la pulpe, le jus de citron et le miel. Réduire la chaleur et laisser mijoter en remuant constamment pendant 5 minutes ou jusqu'à ce que la sauce ait épaissi. Servir chaud ou à la température ambiante. Conserver au réfrigérateur.

4 tasses (1 litre) de sauce

Sauce tomate

Utilisez la pulpe du Cocktail cajun (page 193), du Cocktail à la tomate (page 192) et du Cocktail de légumes (page 195).

2	c. à s. d'huile d'olive	30 ml
3	gousses d'ail, émincées	3
1	gros oignon	1
2	t. de pulpe de tomate	500 ml
1	t. d'eau filtrée	250 ml
3	c. à s. de sauce soja	45 ml
1	c. à s. de vinaigre balsamique	15 ml
3	c. à s. de basilic haché ou 1 c. à s. (15 ml) d'origan séché	45 ml
2	c. à s. d'origan haché ou 1 c. à s. (15 ml) d'origan séché	30 ml
2	c. à s. de thym haché ou 1 c. à s. (15 ml) de thym séché)	30 ml
	sel et poivre, au goût	

1. Faire chauffer l'huile à feu moyen, ajouter l'ail et l'oignon et faire revenir pendant 5 minutes ou jusqu'à ce que les oignons soient tendres. Ajouter la pulpe de tomate, l'eau, la sauce soja, le vinaigre, le basilic, l'origan et le thym et amener à ébullition. Baisser le feu et laisser mijoter de 45 minutes à 1 heure, en remuant de temps en temps, jusqu'à ce que le liquide ait réduit. Saler et poivrer.

Les smoothies

Le smoothie est une boisson de 1/2 à 1 tasse (125 à 250 ml) de jus de fruits frais combiné à environ 1 tasse (250 ml) de fruits frais et dans laquelle on ajoute souvent une banane pour lui donner une texture onctueuse. On peut aussi ajouter des noix, des graines, des herbes et des épices. Remplacer le lait de soja ou une partie du jus de fruits par un lait de noix ajoute une note exotique à vos boissons. Les laits de fruits, particulièrement le lait d'abricot, remplacent agréablement les jus de fruits. Voir page 259 pour les recettes des laits de fruits et de noix.

Pour faire un smoothie : Passer le jus, les fruits et les autres ingrédients au mélangeur jusqu'à l'obtention d'une texture lisse, soit de 30 secondes à 1 minute. Garnir.

Texture

Qu'on parle de goût ou de texture, les smoothies n'ont rien à envier aux laits frappés. Mieux encore, les smoothies présentent le grand avantage de ne pas contenir de produits laitiers (lait, crème ou crème glacée) et de sucre ajouté. On utilise généralement la banane pour épaissir les smoothies, mais plusieurs autres ingrédients peuvent remplir la même fonction, dont les laits de noix (page 259), les flocons d'avoine ou d'épeautre, les graines de lin ou de sésame et les noix. Vérifier la texture du smoothie avant de le verser dans un verre, s'il est trop clair, ajouter 1 c. à table (15 ml) de flocons d'avoine, de noix ou de graines et passer au mélangeur une seconde fois. Notez vos combinaisons à côté de la recette et remplacez le lait de soja par du lait de noix la prochaine fois, ce qui épaissira le smoothie. S'il est trop épais, coupez-le avec jus de fruits (plus ou moins 1/4 tasse ou 50 ml).

1 Portion

Algues fruitées

Utilisez de la laminaire ou l'algue de votre choix. Une boisson riche en calcium.

1/2	**t. de jus de pamplemousse**	**125 ml**
6	**grosses fraises, fraîches ou surgelées**	**6**
3	**c. à s. de dattes séchées et hachées**	**45 ml**
1	**c. à t. de laminaire séchée et émiettée**	**5 ml**

1. Passer le pamplemousse, les fraises, les dattes et les algues au mélangeur jusqu'à consistance lisse. Servir.

Ananas vitaminé

1 Portion

1/2	t. de jus d'orange	125 ml
2	c. à s. jus de citron	30 ml
	le jus d'un citron vert	
1	t. d'ananas en morceaux	250 ml
1/4	t. de fraises fraîches ou congelées	50 ml

1. Passer le jus d'orange, le jus de citron, le jus de citron vert, l'ananas et les fraises au mélangeur jusqu'à consistance lisse.

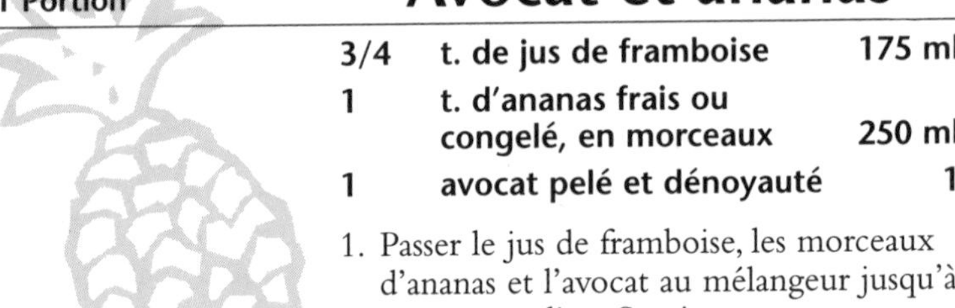

Avocat et ananas

1 Portion

3/4	t. de jus de framboise	175 ml
1	t. d'ananas frais ou congelé, en morceaux	250 ml
1	avocat pelé et dénoyauté	1

1. Passer le jus de framboise, les morceaux d'ananas et l'avocat au mélangeur jusqu'à consistance lisse. Servir.

Baies et ananas

1 Portion

Utilisez les petits fruits de votre choix : framboises, fraises, bleuets ou mûres.

3/4	t. de jus d'ananas	175 ml
3	c. à s. de yogourt nature	45 ml
1	t. de petits fruits, frais ou congelés	250 ml
1	banane	1

1. Passer le jus d'ananas, le yogourt, les petits fruits et la banane au mélangeur jusqu'à consistance lisse. Servir.

Bananes et amandes

1 Portion

Le lait d'amande constitue le meilleur choix, mais tous les laits de noix conviennent à cette recette. Voir page 261 pour plus d'information concernant la congélation des bananes.

1	t. de lait d'amande ou lait de soja	250 ml
2	bananes fraîches ou congelées	2
	une pincée de muscade moulue	

1. Passer le lait et les bananes au mélangeur jusqu'à consistance lisse. Verser dans un verre et saupoudrer de muscade.

1 Portion

Camomille calmante

1/2	t. de lait de soja ou de lait de noix	125 ml
1	pomme pelée, cœur enlevé et coupée en morceaux	1
1/4	cantaloup pelé, avec les graines	1/4
1	c. à s. de fleurs de camomille allemande	15 ml
2	c. à s. de yogourt nature	30 ml

1. Passer le lait de soja, la pomme, le cantaloup, la camomille et le yogourt au mélangeur jusqu'à consistance lisse. Servir.

1 Portion

Cerise bleue

1/2	t. de lait de soja ou lait de noix	125 ml
1/4	t. de jus de canneberge	50 ml
1/2	t. de bleuets frais ou congelés	125 ml
1/2	t. de cerises fraîches ou congelées, dénoyautées	125 ml
1	banane	1

1. Passer le lait de soja, le jus de canneberge, les bleuets, les cerises et la banane au mélangeur jusqu'à consistance lisse. Servir.

1 Portion

Classique

Un mélange classique qui sait toujours plaire.

Variante : ajoutez 1 c. à thé (5 ml) ou une capsule d'huile de primevère ou de ginkgo.

1/2	t. de jus d'orange	125 ml
4	grosses fraises, fraîches ou congelées	4
1	banane	1
2	c. à s. de germe de blé	30 ml
1	c. à s. d'amandes hachées	15 ml

1. Passer le jus d'orange, les fraises, la banane, le germe de blé et les amandes au mélangeur jusqu'à consistance lisse. Servir.

Énergie Plus

1 ou 2 portions

Riche en sucre de fruits et en potassium (banane), ce jus prépare le corps à une activité physique intense. Buvez-le avant de faire du sport, de marcher ou de faire un travail physique. Si vous utilisez du lait de noix, omettez les amandes.

1	**t. de lait de soja ou lait de noix**	**250 ml**
1	**banane**	**1**
1/2	**t. de cerises dénoyautées**	**125 ml**
1/4	**t. de bleuets frais ou congelés**	**50 ml**
1	**c. à s. de poudre de protéines**	**15 ml**
2	**c. à s. d'amandes moulues**	**30 ml**

1. Passer le lait de soja, la banane, les cerises, les bleuets et la poudre de protéines au mélangeur jusqu'à consistance lisse. Garnir les verres de poudre d'amande et servir.

Énergie verte

1 Portion

Un goût vitaminé, pas austère du tout, qui contraste avec les smoothies traditionnels.

Si vous utilisez des épinards congelés, coupez de moitié la quantité de lait de soja.

1/2	**t. de lait de soja**	**125 ml**
1/4	**t. de lait d'abricot**	**50 ml**
2	**t. d'épinards frais ou congelés**	**500 ml**
3	**c. à s. de herbe de blé ou d'orge, hachée**	**45 ml**
1	**c. à s. de graines de citrouille**	**15 ml**
1	**c. à t. de ginkgo**	**5 ml**

1. Passer le lait de soja, le lait d'abricot, les épinards, l'herbe de blé ou d'orge, les graines de citrouille et le ginkgo au mélangeur jusqu'à consistance lisse. Servir.

Explosion de bêta-carotène

1 Portion

En saison, remplacez les abricots secs par deux abricots frais dénoyautés

1/2	**t. de jus d'orange**	**125 ml**
1/4	**t. de jus de carotte**	**50 m l**
1/2	**cantaloup pelé, avec les pépins**	**1/2**
1/4	**t. d'abricots secs**	**50 ml**
1/4	**t. de tofu mou**	**50 ml**

1. Passer le jus d'orange, le jus de carotte, le cantaloup, les abricots et le tofu jusqu'à consistance lisse. Servir.

1 Portion

Figues suprêmes

Variante : remplacez le jus d'ananas par du lait de figues et remplacez les figues par deux quartiers d'ananas. Omettez alors les graines de lin.

1/2	**t. de jus d'ananas**	**125 ml**
5	**figues fraîches**	**5**
2	**c. à s. de graines de lin**	**30 ml**
2	**c. à t. d'avoine**	**10 ml**
1	**c. à t. d'huile d'olive extra vierge ou de chanvre**	**5 ml**

1. Passer le jus d'ananas, les figues, les graines de lin, l'avoine et l'huile jusqu'à consistance lisse. Servir.

2 Portions

Fruits glacés

En saison, congelez les petits fruits ainsi que la pulpe résiduelle des jus de fruits. Pour des barbotines express, déposez la pulpe dans des moules en papier de 2 onces (50 g) et congelez. Démoulez la pulpe congelée et passez-la au mélangeur, dégustez. Voir les indications de la page 261 concernant la congélation des bananes.

1/2	**t. de jus d'orange**	**125 ml**
1	**banane congelée, coupée en morceaux**	**1**
4	**fraises congelées**	**4**
1/4	**t. de jus de fruits congelé**	**50 ml**

1. Passer le jus d'orange, la banane congelée, les fraises congelées et le jus congelé au mélangeur. Augmenter progressivement la vitesse du mélangeur jusqu'à la vitesse maximale, mélanger de 30 à 60 secondes ou jusqu'à ce que la glace soit réduite en fines particules. Servir.

Si votre mélangeur est peu puissant, faites décongeler légèrement vos fruits avant de les passer.

1 Portion

Mangue envoûtante

Si vous utilisez un mélangeur peu puissant, pelez les raisins, car leur peau est difficile à déchiqueter.

1/2	**t. de jus d'orange**	**125 ml**
1	**mangue, pelée et dénoyautée**	**1**
1	**banane**	**1**
1/4	**po de racine de gingembre pelée**	**0,5 cm**
1/2	**c. à t. de cannelle moulue *(facultatif)***	**2 ml**

1. Passer le jus d'orange, la mangue, la banane, les raisins, le gingembre et la cannelle au mélangeur jusqu'à consistance lisse. Servir.

Or liquide

2 ou 3 Portions

Variante : mélangez du jus d'orange et du lait d'abricot (voir page 260) en parts égales et omettez les abricots séchés

1	**t. de jus d'orange**	**250 ml**
3	**c. à s. de jus de citron**	**45 ml**
2	**pêches pelées et dénoyautées**	**2**
1	**mangue pelée et dénoyautée**	**1**
4	**abricots séchés**	**4**
1	**banane**	**1**
1	**quartier d'ananas**	**1**

1. Passer le jus d'orange, le jus de citron, les pêches, la mangue, les abricots, la banane et l'ananas au mélangeur jusqu'à consistance lisse. Servir.

Oranges et canneberges

1 Portion

Les canneberges séchées sont vendues en vrac dans les magasins d'aliments naturels ou de santé.

1/4	**t. de jus d'orange**	**50 ml**
1/4	**t. de tofu mou**	**50 ml**
1/2	**t. de canneberges séchées**	**125 ml**
1	**orange pelée et épépinée**	**1**
1	**c. à s. de racine de gingembre râpée**	**15 ml**
1	**c. à s. de miel**	**15 ml**

1. Passer le jus d'orange, le tofu, les canneberges, l'orange, le gingembre et le miel jusqu'à consistance lisse. Servir.

Pastèque joyeuse

1 Portion

1/3	**t. de yogourt nature**	**75 ml**
1	**t. de melon d'eau, coupé en morceaux**	**250 ml**
1	**t. de bleuets**	**250 ml**
2	**c. à s. de graines de citrouille *(facultatif)***	**30 ml**

1. Passer le yogourt nature, le melon d'eau, les bleuets et les graines de citrouille au mélangeur jusqu'à consistance lisse. Servir.

1 Portion

Mers chaudes

1/2	t. de jus d'orange jus d'un citron vert	125 ml
2	papayes pelées, vidées et coupées en quartiers	2
2	quartiers d'ananas	2
1	banane	1
1	brin de menthe *(facultatif)*	1

1. Passer le jus d'orange, le jus de citron vert, les papayes, les ananas, la banane et la menthe au mélangeur jusqu'à consistance lisse. Servir

2 Portions

Petit futé

1/2	t. de jus d'orange	125 ml
1/4	t. de bleuets frais ou congelés	50 ml
1/4	t. de raisins sans pépins	50 ml
1	t. d'épinards frais ou congelés	250 ml
1	c. à t. de feuilles de ginkgo	5 ml
1	c. à s. de graines de lin	15 ml
1	c. à t. de scutellaire	5 ml
1	c. à t. de lécithine	5 ml

1. Passer le jus d'orange, les bleuets, les raisins, les épinards, le ginkgo, les graines de lin, la scutellaire et la lécithine au mélangeur jusqu'à consistance lisse. Servir.

1 ou 2 Portions

Pruneaux et bananes

Pour commencer la journée du bon pied.

1	t. de lait de soja	250 ml
1/4	t. de pruneaux dénoyautés	50 ml
1	banane	1

1. Passer le lait de soja, les pruneaux et la banane au mélangeur jusqu'à consistance lisse. Servir.

Prune enchantée

1 Portion

L'abus de réglisse — plus de 1 c. à thé (5 ml) par tasse (250 ml) — entraîne un déficit en potassium et de la rétention d'eau. Si votre taux de potassium vous cause des inquiétudes, ajoutez une banane à votre jus.

1/4	**t. de jus d'ananas**	**50 ml**
1/4	**t. de yogourt**	**50 ml**
2	**prunes dénoyautées et coupées en quartiers**	**2**
1	**t. de cerises dénoyautées**	**250 ml**
1	**pamplemousse pelé et coupé en quartiers**	**1**
1	**c. à t. de réglisse moulue *(facultatif)***	**5 ml**

1. Passer le jus d'ananas, le yogourt, les prunes, les cerises, le pamplemousse et la réglisse au mélangeur jusqu'à consistance lisse. Servir.

Spa délice

1 Portion

1/4	**t. de jus de pamplemousse**	**50 ml**
1/4	**t. de tofu mou**	**50 ml**
1/4	**t. de bleuets**	**50 ml**
3	**grosses fraises, fraîches ou congelées**	**3**
1	**c. à t. de chardon-Marie**	**5 ml**

1. Passer le jus de pamplemousse, le tofu, les bleuets, les fraises et le chardon-Marie au mélangeur jusqu'à consistance lisse. Servir.

Tropiques

2 Portions

Pour soulager les brûlures d'estomac, ajouter 1 c. à table (15 ml) de poudre d'orme rouge.

1/2	**t. de lait de coco**	**125 ml**
1	**papaye fraîche, pelée, vidée et coupée en quartiers**	**1**
1	**banane**	**1**
1	**kiwi, pelé et coupé en morceaux**	**1**
1/2	**t. d'ananas en morceaux**	**125 ml**

1. Passer le lait de coco, la papaye, la banane, le kiwi et l'ananas au mélangeur jusqu'à consistance lisse. Servir.

2 Portions

Vent du sud

1/4	t. de lait d'abricot	50 ml
1/2	t. de yogourt nature	125 ml
1	papaye fraîche, pelée et vidée ou 1/4 t. de (50 ml) de papaye séchée	1
1	banane	1
1	mangue pelée et dénoyautée	1
1/4	cantaloup pelé	1/4

1. Passer le lait d'abricot, le yogourt, la papaye, la banane, la mangue et le cantaloup au mélangeur jusqu'à consistance lisse. Servir.

1 Portion

Vitamine B

Le germe de blé est riche en vitamines du complexe B.

L'huile de poisson, de primevère, de graines de lin et de chanvre contiennent des acides gras essentiels. Utilisez-en au moins une dans cette recette.

1/4	t. de lait d'amande ou de soja	50 ml
1	t. de jus d'ananas	250 ml
1	t. d'ananas frais ou congelé, en morceaux	250 ml
1	banane pelée	1
2	c. à t. de graines de lin	10 ml
1	c. à s. de germe de blé	15 ml
1	c. à t. d'huile de chanvre	5 ml

1. Passer le lait d'amande, le jus d'ananas, les morceaux d'ananas, la banane, les graines de lin, le germe de blé et l'huile de chanvre. Servir.

1 Portion

Zen

Les propriétés calmantes de la mélisse et la teneur élevée en potassium de la banane font de cette boisson un rafraîchissement idéal après une activité physique.

1/2	t. de jus de carotte	125 ml
2	quartiers d'ananas	2
1	banane	1
1	brin de mélisse	1

1. Passer le jus de carotte, les ananas, la banane et la mélisse au mélangeur jusqu'à consistance lisse. Servir.

Cerise en fête

1 Portion

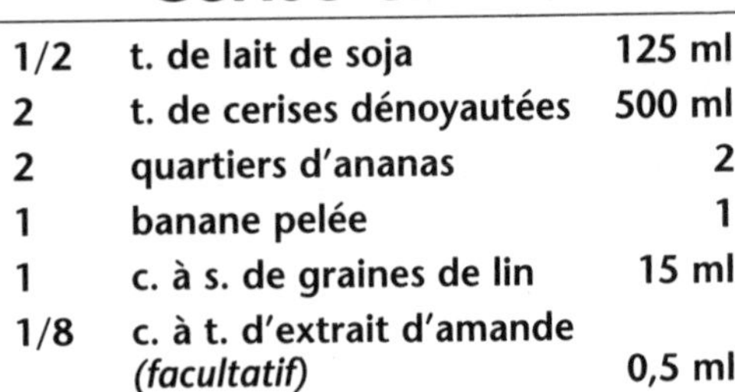

1/2	**t. de lait de soja**	**125 ml**
2	**t. de cerises dénoyautées**	**500 ml**
2	**quartiers d'ananas**	**2**
1	**banane pelée**	**1**
1	**c. à s. de graines de lin**	**15 ml**
1/8	**c. à t. d'extrait d'amande *(facultatif)***	**0,5 ml**

1. Passer le lait de soja, les cerises, l'ananas, la banane, les graines de lin et l'extrait d'amande au mélangeur jusqu'à consistance lisse. Servir.

Les apéritifs, les digestifs et les dépuratifs

Les plantes apéritives

La pharmacopée ancienne classait les plantes apéritives en deux grandes catégories : les amers majeurs (racine de persil, fenouil, asperge et fragon épineux) et les amers mineurs (racine d'adiante pédalé, de chiendent, de chardon, de bugrane et de fraisier).

Les apéritifs que nous consommons aujourd'hui ont un goût amer plus ou moins prononcé et sont souvent très alcoolisés : en effet, l'alcool permet de dissoudre les substances actives contenues dans les plantes. C'est pour cette raison que certaines liqueurs apéritives se troublent dès qu'on leur ajoute de l'eau.

(*The New Larousse Gastronomique.* P. Montagné, Crown Publishers, New York, 1977.)

Prendre l'apéro est un rituel qui ouvre en beauté un repas en famille ou entre amis, que l'on consomme une boisson alcoolisée ou non. Pour ceux qui préfèrent ne pas consommer d'alcool, nous proposons, dans les pages qui suivent, des apéritifs sans alcool riches en nutriments et en goût.

Plantes digestives

Acidophilus (Lactobacillus acidophilus), *voir Yogourt, page 82. Une bonne bactérie utilisée pour ensemencer le lait dans la fabrication du yogourt. Elle contribue au remplacement des bactéries intestinales détruites par la prise d'antibiotiques.*

Ananas *(*Ananas comosus*), voir page 64. L'ananas est riche en broméline, une enzyme aux propriétés antibactériennes et anti-inflammatoires qui facilitent la digestion.*

Calendula *(*Calendula officinalis*), voir page 29. Plante qui stimule la production de bile et facilite, par conséquent, la digestion. La calendula entre dans la composition des apéritifs et les décore joliment.*

Camomille allemande (Matricaria recutita), *voir page 29. La camomille apaise l'inflammation et les maux de ventre. Elle réduit les flatulences et la douleur qui y est parfois associée.*

Cannelle *(*Cinnamomum zeylanicum*), voir page 30. La cannelle facilite la digestion et possède des propriétés carminatives. Son goût agréable rehausse la saveur des apéritifs et des digestifs.*

Curcuma *(*Curcuma longa*), voir page 35. Augmente la production de la bile et sa circulation.*

Fenouil *(*Foeniculum vulgare*), voir page 36. Extraire le jus du bulbe et faire infuser les graines pour faciliter la digestion et réduire l'inconfort de l'indigestion et des brûlures d'estomac.*

Les plantes digestives

Les problèmes digestifs, ou indigestion, se traduisent par l'incapacité d'absorber les nutriments de la nourriture. Les gaz et les ballonnements en sont souvent une conséquence, et ces troubles peuvent être signe d'un autre problème de santé. C'est pourquoi, en cas de problèmes digestifs persistants, il est important de consulter un médecin. La capacité de l'appareil digestif diminue souvent avec l'âge. Certains aliments ou herbes préviennent l'indigestion. Bien souvent, le simple fait de changer l'ordre dans lequel les aliments sont ingérés ou d'éviter certaines combinaisons alimentaires (voir page 307) contribue à réduire les ballonnements, les flatulences et les éructations.

Les jus et les cocktails présentés dans cette section doivent être consommés frais, juste avant ou après le repas. Ils contribuent à réduire la sensation de « trop-plein » et sont suffisamment raffinés pour accompagner les mets les plus fins.

N. d. T. Dans les recettes suivantes, lorsque aucune unité de mesure n'est spécifiée, vous déterminez la portion tout en respectant les proportions indiquées dans la recette.

Gingembre (Zingeber officinalis), *voir page 38. Le gingembre stimule la circulation sanguine de l'appareil digestif et améliore l'absorption des nutriments. Il stimule l'activité de la vésicule biliaire et protège le foie contre les toxines.*

Kiwi (Actinidia chinensis), *voir page 67. Les enzymes du kiwi facilitent la digestion.*

Menthe poivrée (Mentha piperita), *voir page 46. La menthe contient des flavonoïdes, composés qui stimulent le foie et la vésicule biliaire et augmentent l'afflux de la bile. Ses propriétés antispasmodiques sur le muscle lisse de l'estomac en font un excellent digestif.*

Papaye (Carica papaya), *voir page 68. La papaye est un remède traditionnel contre l'indigestion. Elle contient de la papaïne, une enzyme qui, comme la pepsine, facilite la digestion des protéines.*

Racine de pissenlit (Taraxacum officinalis), *voir page 53. La racine de pissenlit a un goût légèrement amer. Elle est laxative, stimule le foie et la vésicule biliaire et facilite la digestion en augmentant la circulation de la bile. Les feuilles de pissenlit ont des propriétés diurétiques.*

Réglisse (Glycyrrhiza glabra), *voir page 55. La réglisse apaise la muqueuse gastrique et calme les spasmes du gros intestin. Les personnes qui souffrent d'hypertension artérielle ne doivent pas consommer de réglisse.*

Cocktail digestif

2 ou 3 Portions

Ce jus au goût puissant fait circuler les fluides digestifs. Pour un jus plus doux, omettez l'ail.

Servir sur glace dans de petits verres, avant ou après les repas. Pour un jus encore plus relevé, ajoutez une pincée de piment de Cayenne.

2	**tomates coupées en quartiers**	**2**
2	**carottes**	**2**
1/4	**bulbe de fenouil, coupé en morceaux**	**1/4**
1	**gousse d'ail**	**1**
4	**brins de basilic**	**4**
4	**brins d'aneth**	**4**
2	**brins de thym**	**2**
2	**branches de céleri**	**2**
1	**betterave coupée en morceaux**	**1**
1/2	**c. à t. de curcuma moulu**	**2 ml**
1/4	**c. à t. de moutarde séchée, en poudre**	**1 ml**
1/4	**c. à t. de cumin moulu**	**1 ml**
	une pincée de clou de girofle moulu *(facultatif)*	

1. Extraire le jus des tomates, des carottes, du fenouil, de l'ail, du basilic, de l'aneth, du thym, du céleri et des betteraves. Verser dans un pichet, ajouter le curcuma, la moutarde, le cumin et le clou de girofle, mélanger et servir.

Cocktail smoothie digestif

4 à 6 Portions

Un cocktail léger qui contient deux enzymes qui facilitent la digestion : la papaïne et la broméline.

2/3	**t. d'eau pétillante**	**150 ml**
2	**papayes vidées et coupées en morceaux**	**2**
1/2	**t. de yogourt nature**	**125 ml**
1/2	**ananas pelé et coupé en morceaux**	**1/2**
1/2	**po de racine de gingembre, pelée**	**1 cm**
	glaçons *(facultatif)*	

1. Passer l'eau minérale, le yogourt, l'ananas et le gingembre au mélangeur. Verser dans des verres à cocktail et ajouter des glaçons, si désiré.

1 Portion

Eau digestive

Les graines de fenouil ont des propriétés calmantes et carminatives. Depuis des siècles, on les utilise pour calmer les coliques des nourrissons. Elle facilite également la digestion chez l'adulte, notamment après l'ingestion d'aliments frits ou de poissons gras.

1	**c. à t. de graines de fenouil**	**5 ml**
3	**feuilles de stevia**	**3**
1 1/4	**t. d'eau bouillante**	**300 ml**

1. Dans un mortier, piler les graines de fenouil et les feuilles de stevia. Déposer dans une théière (autre qu'en métal).
2. Verser l'eau bouillante. Couvrir, laisser infuser 20 minutes et filtrer.

Adultes : Boire 1 verre à petites gorgées après les repas.

Bébés : Assurez-vous d'avoir filtré toutes les feuilles et les graines. Diluer 1/2 tasse (50 ml) d'eau digestive dans 1/2 tasse (125 ml) d'eau tiède ou de tisane de camomille et remplir la bouteille du bébé.

Conservation : Verser dans un bocal stérilisé, fermer hermétiquement et conserver au réfrigérateur pendant 2 jours.

1 Portion

Menthe apéritive

Cette boisson apéritive légèrement parfumée à la menthe est naturellement sucrée. Consommée avant les repas, elle stimule les fonctions du foie, de la vésicule biliaire et de l'intestin. Si vous n'avez pas de menthe fraîche, ajoutez au jus 1 c. à table (15 ml) de menthe séchée.

3	**kiwis pelés et coupés en deux**	**3**
1	**pomme lavée et coupée en morceaux**	**1**
8	**brins de menthe, avec feuilles et tiges**	**8**
	glaçons *(facultatif)*	

1. Extraire le jus de tous les ingrédients. Verser dans un grand verre et ajouter des glaçons, si désiré.

Pissenlit amer

1 ou 2 Portions

Si vous aimez la saveur amère, omettez la pomme.

Boire 1/4 tasse (50 ml) à midi ou juste avant le dîner.

4	**po de racine de pissenlit, bien nettoyée**	**10 cm**
2	**carottes**	**2**
1	**pomme coupée en morceaux**	**1**

1. Extraire le jus de la racine de pissenlit, des carottes et de la pomme. Verser dans 1 grand verre ou dans 2 petits.

Thé digestif

1 Portion

1	**mesure de graines d'anis**	**1 mesure**
1	**mesure de graines d'aneth**	**1 mesure**
1	**mesure de graines de fenouil**	**1 mesure**

1. Dans un bol, mélanger les graines d'anis, de fenouil et d'aneth. Déposer le mélange dans un bocal hermétiquement fermé et étiqueté. Conserver dans un endroit sec, frais et à l'abri de la lumière.
2. Dans un mortier ou dans un petit hachoir électrique, déposer 1 c. à thé (5 ml) de graines par tasse. Moudre légèrement les graines et les déposer dans une théière (autre qu'en métal). Verser l'eau bouillante et laisser infuser 15 minutes. Filtrer et servir chaud.

Les légumineuses et le système digestif

Les légumineuses sont riches en oligosaccharides, des sucres complexes que les enzymes du système digestif sont incapables de briser. Lorsque vous mangez des légumineuses, les oligosaccharides entrent dans le petit intestin, là où des bactéries s'attaquent à l'amidon, ce qui entraîne la formation de gaz. Pour combattre cet effet, certains peuples ont l'habitude de manger les lentilles, les pois et les haricots secs avec de la sauge. Le piment de Cayenne, la camomille, la lavande, la cannelle, le clou de girofle, la menthe poivrée, le persil et le romarin pris en infusion après les repas ont également des propriétés carminatives (anti-flatulences).

Tisane à la rose et à la menthe

1 ou 2 Portions

Une tisane digestive à prendre après les repas.

1	**c. à s. de feuilles de menthe ou 1 c. à t. (5 ml) de menthe séchée**	**15 ml**
1	**c. à s. de pétales de rose ou 1 c. à t. (5 ml) de rose séchée**	**15 ml**
2	**t. d'eau bouillante**	**500 ml**
2	**tranches de kiwi, pelées *(facultatif)***	**2**

1. Dans un mortier, écraser légèrement les feuilles de menthe et les pétales de rose. Déposer dans une théière (autre qu'en métal) et verser l'eau bouillante. Couvrir et laisser infuser 10 minutes.
2. Filtrer et servir dans de grandes tasses et garnir de tranches de kiwi, si désiré.

Tisane carminative de James Duke

1 ou 2 Portions

James Duke est un herboriste de réputation mondiale qui a étudié les traditions médicinales de plusieurs peuples. Il est l'auteur de plusieurs ouvrages traitant de l'utilisation des plantes à des fins médicinales. La tisane présentée ici a des vertus carminatives (anti-flatulences), elle est tirée de son livre : *The Green Pharmacy.*

2	**c. à s. de menthe poivrée, séchée**	**30 ml**
1	**c. à s. de camomille allemande, séchée**	**15 ml**
1	**c. à s. de mélisse séchée**	**15 ml**
2	**c. à t. de graines d'aneth**	**10 ml**
1	**c. à t. de graines de fenouil**	**5 ml**
1	**c. à t. de réglisse en poudre**	**5 ml**

1. Dans un bol moyen, mélanger la menthe, la camomille, la mélisse, l'aneth, le fenouil et la réglisse. Déposer dans un bocal hermétiquement fermé et ranger à l'abri de la lumière dans un endroit frais et sec.
2. Pour chaque tasse (250 ml) de tisane, moudre légèrement, au mortier ou dans un petit hachoir électrique, 1 c. à thé (5 ml) de mélange à tisane. Déposer dans une théière (autre qu'en métal), verser l'eau bouillante et laisser infuser 15 minutes. Filtrer et boire chaud.

1 ou 2 Portions

Tisane de pissenlit

1	c. à s. de racine de pissenlit, séchée et hachée	15 ml
2	t. d'eau bouillante	500 ml
1	c. à s. de camomille allemande, fraîche ou 1 c. à t. (5 ml) de camomille séchée	15 ml
1	c. à t. de graines de fenouil, séchées	5 ml

1. Dans une casserole autre qu'en métal, laisser mijoter doucement, à couvert et à feu moyen, la racine de pissenlit et l'eau pendant 20 minutes.
2. Déposer la camomille et les graines de fenouil dans une théière. Verser la décoction de pissenlit, filtrée, dans la théière et laisser infuser 5 minutes. Boire chaud ou à la température ambiante.

Patience crépue *(Rumex crispus)*, voir page 52. Ses feuilles ont un goût acidulé caractéristique qui se marie bien avec le pissenlit, la chicorée, le mouron des oiseaux et les laitues plus douces. Bien laver les feuilles de patience crépue avant de les manger crues pour les débarrasser de l'acide chrysophanique, une substance qui irrite la bouche et peut engourdir la langue et les lèvres pendant plusieurs heures.

Les amers

Les amers sont excellents pour le cœur, le petit intestin et le foie, et ils combattent la fièvre. La saveur astringente de certains légumes-feuilles, comme l'endive, la chicorée, le pissenlit, le radicchio et la patience crépue, éveille le palais et augmente la réceptivité aux autres saveurs. Les amers facilitent la digestion en stimulant la sécrétion d'acide chlorhydrique. Un verre de jus à base de plantes et de légumes amers avant le repas ouvre l'appétit, mais encore faut-il qu'il goûte bon !

En Chine, les amers sont utilisés pour faire baisser la fièvre et drainer les excès de fluides corporels. En médecine ayurvédique, les aliments amers remplissent les mêmes fonctions : ils stimulent la digestion, absorbent les mucosités, réduisent la fièvre et soulagent les problèmes de peau.

Notre bouche compte environ 10 000 papilles gustatives, lesquelles ont une durée de vie d'environ une semaine avant d'être remplacées. Les papilles gustatives sont des cellules disposées en grappes sur la langue et transmettent au cerveau les quatre saveurs : sucré, salé, amer et acide. Dans certaines cultures, on associe les saveurs à des traits de caractère. Ainsi, l'amer est censé favoriser l'honnêteté, l'intégrité, l'optimisme et la bonté.

Pour ceux et celles qui n'ont pas l'habitude des saveurs amères, il vaut mieux commencer par des amers additionnés de jus de fruits et réduire progressivement la quantité de jus. Soulignons que l'amertume des jus doit rester présente puisque le sucre détruit les propriétés des amers.

Utilisez des herbes et les légumes amers frais dans vos tisanes, vos jus et vos salades. La plupart sont vendus frais dans les marchés d'alimentation.

Les plantes amères

Feuilles de pissenlit *(Taraxacum officinale)*, voir page 53. Les feuilles séchées de pissenlit entrent dans la composition de plusieurs tisanes amères.

Chicorée *(Cichorium intybus)*. Utiliser la racine, fraîche ou séchée, et les feuilles dans des tisanes amères.

Endive *(Cichorium endivia)*. Délicieuse en salade, elle peut être servie en entrée ou après le plat principal.

Radicchio *(Cichorium endivia)*. La version rouge de l'endive de Belgique.

Oseille *(Rumex acetosella)* ou petite oseille. Une proche parente de l'oseille ronde *(Rumex scutatus)*. Les deux entrent dans la composition des amers. Traditionnellement, on l'utilisait pour abaisser la fièvre, réduire l'inflammation et traiter la diarrhée, les règles abondantes et le cancer. La petite oseille est l'un des quatre ingrédients de l'Essiac®, un produit anticancéreux.

Cresson de fontaine *(Nasturtium officinale)*, voir page 74. Le cresson a une saveur de poivre assez prononcée qui le rend délicieux dans les salades et les sandwichs.

Verdure printanière

3 à 6 Portions

Une préparation dont il ne faut pas abuser. Préparez une recette au printemps et prenez pendant pas plus de 3 jours consécutifs. Répétez la cure à l'automne, si désiré.

La petite oseille a une teneur élevée en acide oxalique, c'est pourquoi il est préférable de la consommer au printemps lorsqu'elle est encore jeune et tendre.

6	**feuilles de patience crépue, avec leur tige**	**6**
4	**feuilles d'endive**	**4**
4	**brins de petite oseille, lavés**	**4**
4	**branches de céleri**	**4**
	miel *(facultatif)*	

1. Extraire le jus des feuilles de patience crépue et d'endive, de l'oseille et du céleri. Ajouter du miel au jus, si désiré. Prendre 1 à 2 c. à table (15 à 30 ml) avant le repas principal de la journée.

Racine d'astragale (*Astragalus membranaceus*), voir page 24. Elle a des propriétés toniques et elle renforce le système immunitaire. On l'utilise fraîche dans les soupes et les jus. La racine séchée se consomme en tisane.

Racine de bardane (*Arctium lappa*), voir page 27. La bardane est utilisée pour nettoyer la peau et purifier le sang. Elle stimule la sudation et la production d'urine, et contribue au bon fonctionnement du foie, des glandes lymphatiques et du système digestif. Utilisez les feuilles et les racines fraîches dans les soupes et les jus. La bardane séchée se consomme en tisane.

Piment de Cayenne (*Capsicum annuum*),

Détoxication

L'extraction du jus de fruits et de légumes à des fins thérapeutiques est une pratique d'origine religieuse qui remonte à plusieurs siècles. Les habitants de l'Europe centrale utilisent le jus de chou, de pomme de terre et de betterave pour traiter les ulcères d'estomac, le cancer et la leucémie depuis la fin du XVIIIe siècle. Dans un monde de plus en stressant et où nous sommes quotidiennement en contact avec de nombreuses substances toxiques, les jus frais font partie intégrante d'un mode de vie sain qui privilégie la prévention.

Les jeûnes et les substances détoxifiantes ou dépuratives visent à éliminer les toxines logées dans l'intestin et dans les cellules graisseuses. Ces toxines rejoignent alors la circulation sanguine et se promènent dans l'organisme. C'est pourquoi les premiers jours d'une cure ou d'un jeûne s'accompagnent souvent de maux de tête, de diarrhée, d'irritabilité et d'inflammation des muqueuses. Ainsi libérées dans l'organisme, les toxines peuvent causer des dommages : il est donc important de les éliminer complètement.

voir page 31. Le piment de Cayenne stimule la circulation sanguine, purifie le sang, favorise l'élimination des fluides et du mucus et stimule la sudation. Extrayez le jus de piment frais et mélangez-le aux jus de fruits et de légumes qui ont des propriétés détoxifiantes ou dépuratives, ou ajoutez aux ingrédients des tisanes.

Racine de pissenlit (*Taraxacum officinale*), voir page 53. Le pissenlit est une plante très commune en Amérique du Nord. Il nettoie le foie, purifie le sang et filtre les toxines. Il possède des propriétés laxatives et diurétiques. Il est préférable de mélanger le jus de la racine de pissenlit à des jus de fruits ou de légumes. La racine séchée entre dans la composition de certaines tisanes qui imitent le goût du café.

Racine d'échinacée (*Echinacea augustifolia* ou *E. purpurea*), voir page 36. L'échinacée renforce le système immunitaire et nettoie le système lymphatique.

Baie de sureau (*Sambucus nigra*), voir page 59. Les baies de sureau stimulent l'intestin, la fonction urinaire, la sudation et la sécré-

Après une cure de 5 à 10 jours, un jeûne de 3 à 5 jours ou un programme de détoxication, la plupart des gens se sentent plus calmes, mieux dans leur peau, plus énergiques et plus vifs d'esprit.

Une cure de détoxication peut inclure une diète stricte à base de soupe aux légumes, de salades, de grains entiers, d'aliments riches en fibres, de jus de fruits et de légumes et de tisanes. Pendant une telle cure, il est essentiel de boire de 8 à 10 verres d'eau par jour, de manger des produits de culture biologique et de s'abstenir de consommer des aliments gras (viandes rouges, aliments frits et produits laitiers), de l'alcool, des boissons gazeuses, de la caféine, des aliments raffinés, du sucre et des édulcorants.

Le jeûne devrait toujours être pratiqué sous supervision médicale. Avant de prendre la décision de jeûner, il est important de bien définir ses besoins et de choisir, à l'aide d'un naturopathe ou d'un professionnel de la santé, parmi les cinq types de jeûne (digestion, circulation, élimination, respiration, nerveux) celui qui vous convient.

Le jeûne est toujours encadré d'une diète, au moins deux jours avant et deux jours après le jeûne. La personne qui jeûne cesse de consommer des aliments solides, elle ne boit que de l'eau ou des jus très clairs. Depuis quelques années, un nouveau type de jeûne a fait son apparition : le jeûne au jus où l'on consomme des jus de fruits et de légumes ainsi que des tisanes aux herbes. Ce type de cure est très simple à suivre et ne représente pas de danger pour les personnes en bonne santé (à l'exception des personnes souffrant d'une maladie dégénérative, d'hyperthyroïdie, d'anémie ou des femmes enceintes ou qui allaitent).

tion de mucus, propriétés qui en font un bon complément de cure.

Racine de gingembre (*Zingeber officinalis*), voir page 38. Le gingembre contribue à l'élimination des toxines en stimulant la circulation et la sudation. La racine de gingembre, vendue dans les magasins d'alimentation, est utilisée dans les jus destinés aux convalescents. Râpée, on l'ajoute aux ingrédients des tisanes et des substituts de café.

Racine de réglisse (*Glycyrrhiza glabra*), voir page 55. Légèrement laxative, la réglisse entre souvent dans la composition de tisanes dépuratives.

Chardon-Marie (*Silybum marianus*), voir page 32. Le chardon-Marie contient de puissants agents dépuratifs du foie. Ajoutez 1 c. à table (15 ml) de graines de chardon-Marie aux tisanes ou aux jus préparés au mélangeur.

Patience crépue (*Rumex crispus*), voir page 52. Ce puissant laxatif contribue au bon fonctionnement du foie, des glandes lymphatiques et du système digestif. On l'utilise avec d'autres herbes à des fins dépuratives.

Pour favoriser l'élimination des toxines, on doit aider les principaux organes associés à leur évacuation, c'est-à-dire le foie, les reins, le système respiratoire, le système lymphatique et la peau. Le jus frais est un choix idéal puisqu'il se compose d'un concentré de nutriments faciles à assimiler qui ne font subir aucune pression au système digestif et excréteur. Sans compter que de nombreux végétaux sont riches en antioxydants qui contribuent à l'élimination des toxines et des radicaux libres.

Ces jeûnes au jus se composent uniquement de végétaux frais issus de la l'agriculture biologique. Certains spécialistes prétendent que l'on devrait exclure le jus de fruits de ces cures pour ne garder que le jus de légumes, d'autres pensent le contraire. Quoi qu'il en soit, si vous choisissez de consommer les deux, prenez les jus de fruits au petit déjeuner seulement, et les jus de légumes au dîner et durant le reste de la journée. Accompagnez le tout de tisanes et de toniques, d'exercices légers à modérés (la sudation contribue à l'évacuation des toxines) et de saunas ou de bains. Les graines de psyllium et un minimum de 10 verres d'eau par jour contribuent à l'élimination des toxines.

Les cures de détoxication à base de jus seront d'autant plus efficaces qu'elles s'accompagneront de saines habitudes alimentaires (voir pages 14-15), d'exercices réguliers et d'un engagement de tout son être.

Les herbes présentées dans la marge de gauche favorisent le processus de détoxication de l'organisme. Autant que possible, utilisez des herbes fraîches dans vos jus, mais lorsque cela est impossible, remplacez-les par 1 c. à thé (5 ml) d'herbes séchées.

Cocktail dépuratif à la betterave

1 Portion

D'un beau rouge cramoisi, une couleur qui signale la présence de bêta-carotène, ce cocktail allie les vertus dépuratives de la betterave et du pissenlit.

1	pomme coupée en morceaux	1
1	poignée de feuilles de pissenlit	1
1	betterave moyenne, coupée en morceaux	1
2	c. à t. de sirop d'érable (ou au goût)	10 ml

1. Extraire le jus de la pomme, des feuilles de pissenlit et de la betterave. Mélanger, verser dans un grand verre et ajouter le sirop d'érable.

Cocktail dépuratif au citron

1 Portion

On pense que le citron a des propriétés dissolvantes, ce qui rend ce jus tout particulièrement important pour les personnes qui souffrent de calculs biliaires. Vous pouvez remplacer le sirop d'érable par du stevia en poudre.

2	citrons pelés et coupés en deux	2
1	pomme coupée en morceaux	1
2	c. à t. de sirop d'érable	10 ml
1/4	c. à t. de piment de Cayenne	1 ml

1. Extraire le jus des citrons et de la pomme. Mélanger, verser dans un grand verre et ajouter le piment de Cayenne et le sirop d'érable.

Nourriture cellulaire

1 Portion

Ce jus complète l'action des jus dépuratifs en nourrissant les cellules pendant la cure.

3	pommes coupées en morceaux	3
1	poignée de persil	1
1	poignée de luzerne ou 1 c. à s. (15 ml) de luzerne séchée	1

1. Extraire le jus des pommes, du persil et de la luzerne fraîche. Mélanger, verser dans un grand verre. Ajouter alors la luzerne séchée si vous n'aviez pas de luzerne fraîche.

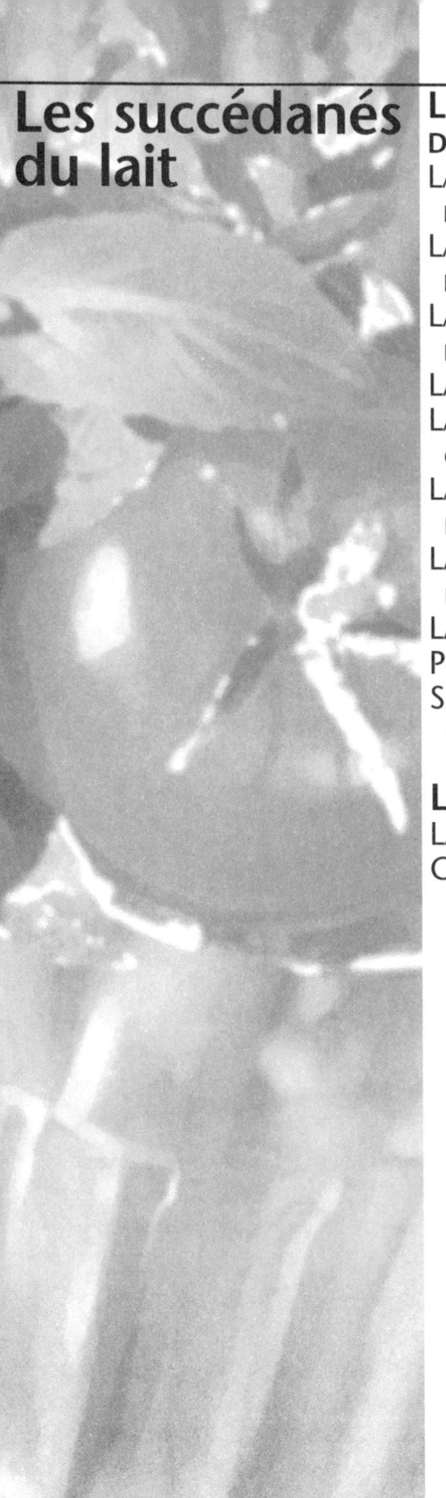

Les succédanés du lait

Les succédanés du lait

L'allergie au lait ou l'intolérance au lactose (voir page 315) provoque souvent des symptômes importants, du moins suffisamment importants pour que les personnes qui en souffrent décident d'éliminer complètement les produits laitiers de leur alimentation. Déjà désagréable en soi, cette mesure le devient encore plus lorsqu'on pense à tous les produits qui contiennent du lait ou des solides du lait, comme les céréales à déjeuner ou les pâtisseries.

Les produits laitiers fermentés, tel le yogourt, contiennent des bactéries vivantes qui facilitent la digestion du lactose. Les laits de soja ou de noix constituent d'excellents produits de remplacement du lait.

Le lait de soja

Le lait de soja est vendu, comme le tofu, dans la plupart des magasins d'alimentation, mais on peut facilement le faire à la maison. Les produits à base de soja contiennent souvent des pesticides ou des organismes génétiquement modifiés. Il vaut mieux acheter du lait de soja biologique et s'assurer que le contenant porte le sceau d'un organisme de certification reconnu.

Les laits de noix

Les laits de noix ont une texture riche qui peut être mise à profit dans les desserts et dans les sauces. Utilisez des amandes, des pacanes, des noix de cajou ou les noix et les graines de votre choix à condition qu'elles soient biologiques et non salées. Les noix contiennent de la vitamine E, des protéines et des fibres, ce qui en fait un aliment très nutritif. Il vaut toutefois mieux ne pas en abuser, car elles sont également riches en matières grasses (bien qu'il s'agisse de gras insaturés et d'acides gras essentiels). Le lait de noix a une texture plus épaisse que le lait de soja.

Vous le savez sans doute, les personnes allergiques aux noix doivent s'abstenir de consommer du lait de noix. Pour les autres, notamment pour les adolescents en pleine croissance, vous pouvez remplacer le lait de soja par du lait de noix dans toutes les recettes présentées dans cette section.

Préparation du lait de noix. Dans un pichet muni d'un couvercle, mélanger tous les ingrédients. Faire bouillir l'eau, mais laisser retomber les bouillons avant de la verser dans le pichet. Bien mélanger, laisser refroidir et passer au mélangeur ou au robot culinaire. Servir immédiatement, conserver le reste au réfrigérateur de 2 à 3 jours.

Amandes : 1 tasse (250 ml) d'amandes finement hachées, 1 c. à table (15 ml) de dattes finement hachées, 1 c. à table (15 ml) de graines de lin, 1 morceau de gousse de vanille de 1 po (2,5 cm) de long et 2 tasses (500 ml) d'eau presque bouillante.

Noix de cajou : 1 tasse (250 ml) de noix de cajou finement hachées, 1 c. à table (15 ml) de dulse séchée finement hachée, 1 c. à table (15 ml) de raisins secs finement hachés, 1 morceau de gousse de vanille de 1 po (2,5 cm) de long et 2 tasses (500 ml) d'eau presque bouillante.

Pacanes : 1 tasse (250 ml) de pacanes finement hachées, 1 c. à table (15 ml) de raisins secs finement hachés, 1 c. à table (15 ml) de graines de lin, 1 morceau de gousse de vanille de 1 po (2,5 cm) de long et 2 tasses (500 ml) d'eau presque bouillante.

Noix : 1 tasse (250 ml) de noix finement hachées, 1 c. à table (15 ml) de dattes finement hachées, 1 c. à table (15 ml) de graines de lin, 1 morceau de gousse de vanille de 1 po (2,5 cm) de long et 2 tasses (500 ml) d'eau presque bouillante.

Les laits de fruits

Lait de coco et de caroube. Utilisez de préférence de la noix de coco fraîche, mais la noix de coco séchée fera tout aussi bien l'affaire. La noix de coco est naturellement sucrée, additionnée de caroube, elle l'est encore plus. C'est pourquoi ce lait peut remplacer le sucre dans les boissons frappées.

Préparation du lait de coco : Dans le bol d'un mélangeur, déposer 1/2 tasse (125 ml) de noix de coco fraîche râpée, ou 1/3 tasse (75 ml) de noix de coco séchée, 3 c. à table (45 ml) de poudre de caroube (facultatif), 1 morceau de gousse de vanille de 1 po (2,5 cm) de long et 1/2 tasse (125 ml) d'eau presque bouillante. Laisser tiédir, puis mélanger jusqu'à consistance lisse. Ajouter un peu d'eau si le lait est trop épais. Utiliser immédiatement ou conserver au réfrigérateur pendant 1 semaine.

Lait de datte. Le sucre de datte entre dans la composition de plusieurs édulcorants. Comme il est très sucré, le lait de dattes remplace agréablement le sucre dans les boissons frappées, mais, tout comme le sucre, il vaut mieux l'utiliser parcimonieusement. Les dattes contiennent des fibres et des nutriments.

Préparation du lait de datte : Dans le bol d'un mélangeur, déposer 1/4 tasse (50 ml) de dattes dénoyautées et hachées, 1 morceau de gousse de vanille de 1 po (2,5 cm) de long et 1/2 tasse (125 ml) d'eau presque bouillante. Laisser tiédir, puis mélanger jusqu'à consistance lisse.

Utiliser immédiatement ou conserver au réfrigérateur pendant 1 semaine.

Lait de figue. Les figues ont des propriétés antibactériennes et anticancéreuses. Son lait sucré entre dans la préparation de yogourts ou de boissons frappées au tofu. Achetez les figues fraîches lorsqu'elles sont en vente. Les figues séchées sont très dures et doivent être hachées grossièrement avant de les passer au mélangeur.

Préparation du lait de figue : Dans le bol d'un mélangeur ou d'un robot culinaire, déposer 1/4 tasse (50 ml) de figues hachées, 1 morceau de gousse de vanille de 1 po (2,5 cm) de long et 1/2 tasse (125 ml) d'eau presque bouillante. Laisser tiédir, puis mélanger jusqu'à consistance lisse. Utiliser immédiatement ou conserver au réfrigérateur pendant 1 semaine.

Lait d'abricot. À la fois sucré et légèrement acide, ce lait de fruit au goût unique entre dans la préparation des laits frappés ou des boissons frappées aux fruits. Préférez les abricots séchés sans sulfate ajouté.

Préparation du lait d'abricot : Dans le bol d'un mélangeur ou d'un robot culinaire, déposer 1/4 tasse (50 ml) d'abricots séchés et hachés, 1 morceau de gousse de vanille de 1 po (2,5 cm) de long et 1/2 tasse (125 ml) d'eau presque bouillante. Laisser tiédir, puis mélanger jusqu'à consistance lisse. Utiliser immédiatement ou conserver au réfrigérateur pendant 1 semaine.

Lait frappé à l'avocat

1 Portion

1	t. de lait de soja ou de noix	250 ml
1	avocat, pelé et dénoyauté	1
1	pamplemousse pelé et coupé en quartiers	1
	le jus d'un demi-citron	
1	c. à s. de mélasse	15 ml

1. Passer le lait de soja ou de noix, l'avocat, le pamplemousse, le jus de citron et la mélasse au mélangeur jusqu'à consistance lisse. Servir.

Lait frappé à l'orange et à la caroube

1 Portion

Pour une boisson plus épaisse, ajoutez une banane ou des flocons d'avoine.

1	t. de jus d'orange	250 ml
1/2	t. de yogourt	125 ml
2	c. à s. de poudre de caroube	30 ml
1	c. à t. de zeste d'orange *(facultatif)*	5 ml

1. Passer le jus, le yogourt, la caroube et le zeste au mélangeur jusqu'à consistance lisse. Servir.

Lait frappé à la banane

1 ou 2 Portions

La congélation des bananes : Pelez les bananes et coupez-les en quatre. Déposez sur une plaque à pâtisserie et mettre au congélateur pendant 30 minutes. Placez ensuite les morceaux dans un sac à congélation.

1	t. de lait d'amande ou de soja	250 ml
1/2	t. de tofu mou	125 ml
1	banane congelée	1
1	c. à s. de poudre de caroube	15 ml
1/4	c. à t. d'extrait d'amande *(facultatif)*	1 ml
	une pincée de muscade	

1. Passer le lait d'amande ou de soja, le tofu, la banane, la caroube et l'extrait d'amande au mélangeur jusqu'à consistance lisse. Verser dans des verres, saupoudrer de muscade et servir.

Lait frappé à la fraise

1 Portion

1/2	**t. de jus d'orange**	**125 ml**
1/2	**t. de tofu mou**	**125 ml**
1 1/2	**t. de fraises congelées ou fraîches**	**375 ml**
1/2	**c. à t. d'extrait de vanille**	**2 ml**

1. Passer le jus d'orange, le tofu mou, les fraises et l'extrait de vanille au mélangeur jusqu'à consistance lisse. Servir.

Lait frappé au chocolat

1 ou 2 Portions

1	**t. de lait de pacane ou de soja**	**250 ml**
1/2	**t. de tofu mou**	**125 ml**
1	**banane congelée**	**1**
2	**c. à s. de poudre de caroube**	**30 ml**

1. Passer le lait, le tofu, la banane et la caroube au mélangeur. Verser dans 1 grand verre ou dans 2 petits.

Lait frappé aux dattes et aux noix

1 ou 2 Portions

Si vous utilisez du lait de soja, ajoutez 1 c. à table (15 ml) de dattes hachées.

1	**t. de lait de datte ou de soja**	**250 ml**
1/2	**t. de tofu mou**	**125 ml**
2	**poires pelées (enlever le cœur)**	**2**
1	**c. à s. d'amandes hachées**	**15 ml**

1. Passer le lait, le tofu, les poires et les amandes au mélangeur jusqu'à consistance lisse. Verser dans 1 grand verre ou dans 2 petits.

Lait frappé aux petits fruits

1 ou 2 portions

Utilisez les petits fruits de votre choix : fraises, framboises, bleuets, mûres, cassis ou groseilles.

1	t. de lait de soja ou lait de noix	250 ml
1/2	t. de tofu mou	125 ml
1/2	t. de petits fruits, frais ou congelés	125 ml
	le jus d'un demi-citron	

1. Passer le lait, le tofu, les petits fruits et le jus de citron au mélangeur jusqu'à consistance lisse. Verser dans 1 grand verre ou dans 2 petits.

Lait frappé tropical

2 portions

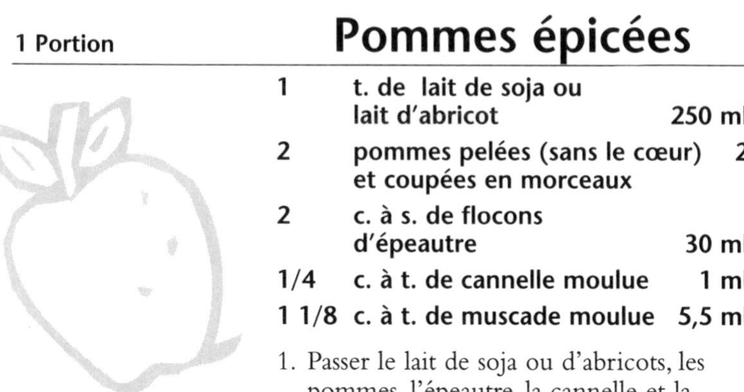

1	t. de lait de coco ou lait de fruit	250 ml
1/2	t. de tofu mou	125 ml
1	t. de morceaux d'ananas	250 ml
1	mangue pelée et dénoyautée	1
1/4	c. à t. d'anis étoilé, moulu	1 ml

1. Passer le lait de coco ou de fruit, le tofu mou, l'ananas, la mangue et l'anis étoilé au mélangeur jusqu'à consistance lisse. Servir.

Pommes épicées

1 Portion

1	t. de lait de soja ou lait d'abricot	250 ml
2	pommes pelées (sans le cœur) et coupées en morceaux	2
2	c. à s. de flocons d'épeautre	30 ml
1/4	c. à t. de cannelle moulue	1 ml
1 1/8	c. à t. de muscade moulue	5,5 ml

1. Passer le lait de soja ou d'abricots, les pommes, l'épeautre, la cannelle et la muscade au mélangeur jusqu'à consistance lisse. Servir.

Spécial bêta-carotène

1 ou 2 Portions

Un jus épais au parfum exquis de cantaloup. Pour un jus plus clair, coupez avec 1/4 de tasse (50 ml) de jus de carotte ou d'orange.

1/2	**t. de lait d'abricot, de fruit ou de soja**	**125 ml**
1/4	**t. de jus de carotte**	**50 ml**
1/4	**cantaloup pelé**	**1/4**
1	**c. à s. d'amandes hachées**	**15 ml**
1	**c. à s. de flocons de sarrasin**	**15 ml**

1. Passer le lait d'abricot ou de fruit, le jus de carotte, le cantaloup, les amandes et le sarrasin au mélangeur jusqu'à consistance lisse. Verser dans 1 grand verre ou dans 2 petits.

LAITS CHAUDS

Lait à la caroube

2 Portions

2	**t. de lait de datte, de figue ou de soja**	**500 ml**
3	**c. à s. de poudre de caroube**	**45 ml**
1/2	**c. à t. de cannelle**	**5 ml**

1. À feu moyen-vif, faire chauffer le lait jusqu'à la formation de petites bulles sur le bord de la casserole. Ajouter la caroube et la cannelle, baisser le feu et laisser mijoter doucement jusqu'à ce que la poudre soit dissoute. Servir immédiatement dans des tasses chaudes.

Chaï aux noix

2 Portions

Utilisez les noix de votre choix. Si désiré, ajoutez 1 c. à table (15 ml) de poudre de caroube.

2	**t. de lait de noix**	**500 ml**
2	**c. à t. de mélange à chaï indien, (voir recette, page 271)**	**10 ml**

1. À feu moyen-vif, faire chauffer le lait jusqu'à la formation de petites bulles sur le bord de la casserole. Ajouter le mélange à chaï, baisser le feu et laisser mijoter doucement pendant 10 minutes. Filtrer et servir dans des tasses chaudes.

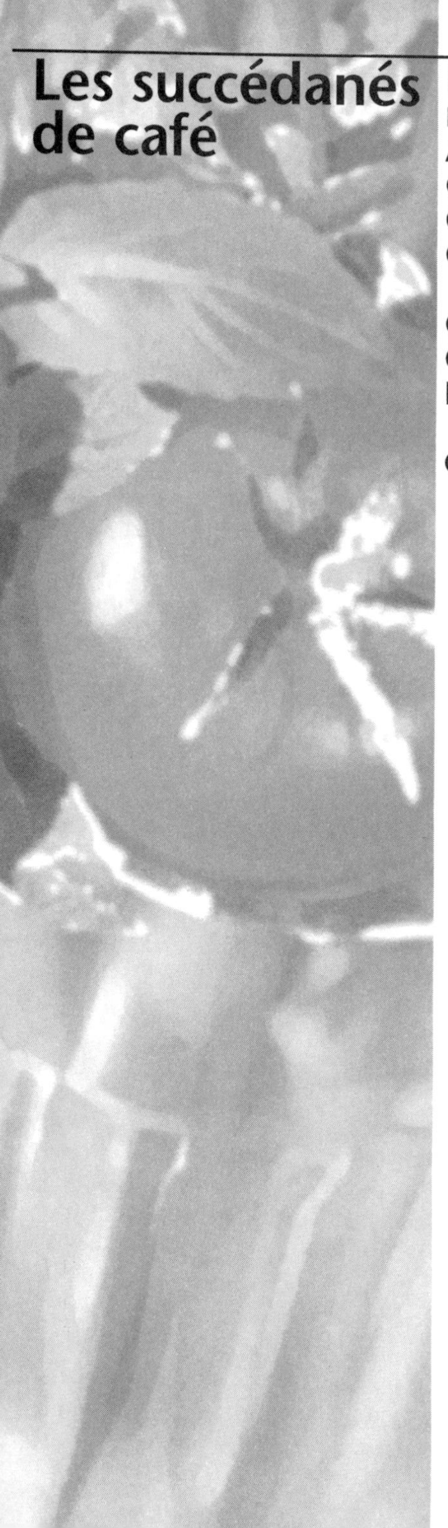

Les succédanés de café

Les succédanés de café

Aucune plante n'imite parfaitement le goût du café. Toutefois, certaines plantes rôties ressemblent suffisamment au café pour en faire des succédanés intéressants. Les succédanés de café présentés dans cette section ont une saveur riche et peuvent être bus sans sucre ni lait. Si vous préférez votre boisson plus sucrée, ajoutez un soupçon de lait de noix (voir page 259). Consommées régulièrement en remplacement du café, les boissons à base de racines rôties ont un effet tonique important.

La cueillette des racines des plantes sauvages ou de culture s'effectue à la fin de l'automne, avant les premières gelées, lorsque les fleurs sont mortes.

Pour faire rôtir les racines fraîches : Préchauffer le four à 300 °F (150 °C). Bien nettoyer les racines et les hacher en morceaux de la taille d'un pois sec. Étendre les racines sur une plaque à pâtisserie et mettre au four préchauffé pendant 45 minutes ou jusqu'à ce que les racines soient dorées. Secouer la plaque après 20 minutes. Réduire la température du four à 200 °F (100 °C) et laisser cuire encore 1 heure secouant la plaque toutes les vingt minutes ou jusqu'à ce que les racines soient bien sèches. Laisser refroidir et conserver dans un bocal hermétique.

Pour faire rôtir les racines séchées : Les racines requises pour les recettes présentées ici sont vendues séchées dans les magasins d'aliments naturels ou de santé. Leur rôtissage, bien qu'il ne soit pas essentiel, rehausse la valeur des mélanges. Préchauffer le four à 300 °F (150 °C). Étendre les racines sur une plaque à pâtisserie non graissée et mettre au four préchauffé pendant 20 minutes ou jusqu'à ce que les racines soient légèrement dorées.

Racine d'astragale (*Astragalus membracanus*), voir page 24. Entière, coupée ou réduite en poudre, la racine d'astragale entre dans la composition de succédanés de café.

Racine d'échinacée (*Echinacea agustifolia* ou *E. purpurea*), voir page 36. Entière, séchée ou fraîche, la racine d'échinacée renforce le système immunitaire. Une racine excellente dans les succédanés de café, surtout en hiver, au cœur de la saison de la grippe.

Racine de bardane (*Arctium lappa*), voir page 27. Une racine thérapeutique au goût de noix qui fait merveille dans les mélanges de plantes rôties.

Racine de chicorée (*Cichorium intybus*). Le succédané de café le plus répandu et celui dont le goût ressemble le plus au café. La chicorée ne contient pas de caféine et assure le bon fonctionnement du foie. La racine de chicorée est à son meilleur mélangée avec des graines, des noix ou des racines rôties.

Racine de ginseng (*Panax quinquefolius*), voir page 40. Un excellent succédané de café qui stimule autant les fonctions physiques que mentales. Pris régulièrement, le ginseng augmente la résistance au stress et à la maladie. Contrairement au café, il ne crée pas d'accoutumance.

Racine de guimauve (*Althaea officinalis*), voir page 42. Une racine thérapeutique à saveur délicate.

Racine de patience crépue (*Rumex crispus*), voir page 52. Une racine aux propriétés dépuratives et un puissant laxatif. Son emploi est essentiellement thérapeutique.

Racine de pissenlit (*Taraxacum officinalis*), voir page 53. Un succédané de café populaire. Mélangée à d'autres racines rôties, elle donne un excellent succédané de café.

Racine de réglisse (*Glycyrrhiza glabra*), voir page 55. Une racine qui ajoute une saveur légèrement anisée et sucrée aux succédanés de café et qui active les propriétés des autres herbes. Ne pas consommer si vous souffrez d'hypertension.

Pour préparer le succédané de café : Moudre la quantité requise de mélange dans un mortier, un moulin à café ou un mini-robot culinaire (ne pas le moudre à l'avance). Utiliser 1 c. à table (15 ml) de succédané de café par tasse (250 ml) d'eau. Pour faire votre boisson, utiliser votre cafetière comme vous le feriez pour votre café. Sucrer avec du stevia, du miel ou l'édulcorant de votre choix.

Le café

Le café a été introduit en Europe au XVIe siècle. On le réservait alors à un usage thérapeutique, mais il ne tarda pas à être connu pour ses propriétés stimulantes. C'est à Londres, en 1652, qu'on ouvrit les portes du premier café.

Reconnu pour stimuler l'activité mentale, le café a une légère action antidépressive, il stimule les fonctions corporelles et l'endurance, allège les crises d'asthme, protège de la carie et pourrait avoir des propriétés anticancéreuses. Pris en quantité raisonnable — pas plus de 2 tasses (500 ml) par jour —, le café présente de nombreux avantages.

Néanmoins le café peut provoquer des effets secondaires chez certaines personnes plus sensibles. Il stimule le cœur, élève la pression sanguine et on pense qu'il pourrait favoriser le développement de cardiopathies chez certains sujets à risque ou chez les personnes qui en consomment plus de 5 tasses (1,25 litre) par jour. Il prive l'organisme de vitamine B, de magnésium, de fer et de calcium. L'abus de caféine est à l'origine d'états anxieux ou dépressifs. La caféine augmente les effets du stress et favorise l'anxiété, la tension, l'irritabilité et l'hypoglycémie. Le café perturbe l'équilibre hormonal et bouleverse le cycle menstruel. Il peut déclencher des migraines chez certaines personnes ou à l'occasion du sevrage de la caféine. Sans compter qu'il provoque de l'insomnie et nuit à la qualité du sommeil. Les personnes qui souffrent d'un ulcère gastrique, de diarrhée chronique, de calculs rénaux, de la goutte, d'anxiété, de dépression, d'hypoglycémie, de désordres du cycle menstruel, de kystes au sein, d'hypertension, d'arthrite, de crises de panique et les femmes enceintes ne devraient pas consommer de café.

Tout compte fait, pour certains, les bénéfices du café ne sont pas plus grands que les inconvénients qu'il cause. Pour ces personnes, il est préférable de remplacer le café par des jus et des succédanés de café à base de plantes.

3 tasses (750 ml) de mélange

Antidote à l'anxiété

PRÉCHAUFFER LE FOUR À 300 °F (150 °C)
GRANDE PLAQUE À PÂTISSERIE, NON GRAISSÉE

Un mélange très doux. Pour un goût plus soutenu, ajoutez 1 c. à thé (5 ml) de caroube par tasse (250 ml).

Pour une boisson relaxante, ajoutez quelques gouttes de teinture de valériane. Certaines personnes tolèrent mal la valériane.

1	**t. de racine de chicorée, hachée et séchée**	**250 ml**
1	**t. de racine de guimauve, hachée et séchée**	**250 ml**
1/2	**t. d'amandes finement hachées**	**125 ml**
1/2	**t. de flocons d'avoine**	**125 ml**
1	**c. à s. de racine de ginseng, séché**	**15 ml**
1	**c. à t. de muscade moulue**	**5 ml**
1/2	**c. à t. de piment de la Jamaïque, moulu *(facultatif)***	**2 ml**

1. Étendre la chicorée, la guimauve, les amandes et les flocons d'avoine sur une plaque à pâtisserie. Rôtir au four pendant 20 minutes ou jusqu'à ce que le mélange soit légèrement doré. Laisser refroidir.
2. Dans un bol, mélanger la préparation rôtie avec le ginseng, le piment de la Jamaïque et la muscade. Conserver dans un bocal hermétique.
3. Moudre une petite quantité de mélange et ajouter 1 c. à table (15 ml) par tasse (250 ml) d'eau.

Café de graines

PRÉCHAUFFER LE FOUR À 300 °F (150 °C)
GRANDE PLAQUE À PÂTISSERIE, NON GRAISSÉE

Nature ou rôti, ce café de graines a un parfum exquis.

1/2	**t. de graines de citrouille**	**125 ml**
1/2	**t. de graines de tournesol**	**125 ml**
1/4	**t. de graines de sésame**	**50 ml**
1/2	**chicorée séchée et hachée**	**125 ml**
1	**feuille de ginkgo**	**1**
1/8	**t. de poudre de caroube**	**15 ml**

1. Pour un mélange non rôti, passer immédiatement à l'étape 2. Étendre les graines de citrouille, les graines de tournesol, les graines de sésame et la chicorée. Cuire

au four préchauffé pendant 20 minutes ou jusqu'à ce que le mélange soit légèrement doré. Laisser refroidir.

2. Dans un bol, mélanger les graines, la chicorée, le ginkgo et la caroube. Bien mélanger et conserver dans un bocal hermétique.
3. Moudre une petite quantité de mélange. Utilisez 1 c. à table (15 ml) par tasse (250 ml) d'eau.

2 1/2 tasses (625 ml) de mélange

Café de racines

Voir page 266 pour des conseils concernant la récolte des racines.

PRÉCHAUFFER LE FOUR À 330 °F (150 °C)
GRANDE PLAQUE À PÂTISSERIE, NON GRAISSÉE

6 à 8	**racines de pissenlit**	**6 à 8**
4 à 6	**racines de bardane**	**4 à 6**
3 ou 4	**racines de chicorée**	**3 à 4**
2	**po bâton de cannelle**	**5 cm**
1/4	**t. de racine de réglisse*, séchée et hachée**	**50 ml**

**** Omettre cet ingrédient si vous souffrez d'hypertension***

1. Étendre les racines de pissenlit, de bardane et de chicorée sur une plaque à pâtisserie. Cuire au four préchauffé pendant 45 minutes ou jusqu'à ce que le mélange soit doré. Secouer la plaque après 20 minutes. Réduire la température du four à 200 °F (100 °C) et cuire encore pendant 1 heure ou jusqu'à ce que le mélange soit bien sec. Secouer la plaque toutes les 20 minutes. Laisser refroidir.
2. Pendant ce temps, moudre le bâton de cannelle au mortier, dans un robot culinaire ou un mélangeur.
3. Dans un bol, mélanger les racines rôties avec la cannelle, la réglisse et le ginseng. Conserver dans un bocal hermétique. Attendre que les racines soient bien sèches avant de les ranger.
4. Moudre une petite quantité de mélange. Utilisez 1 c. à table (15 ml) de mélange par tasse (250 ml) d'eau.

Café de racines express

1 1/4 tasse de mélange

Faites votre propre mélange express avec des racines déjà moulues. Pour 1 tasse (250 ml) de café de racines, ajoutez 1 c. à thé (5 ml) 1 c. à table (15 ml) de mélange. Déposez le mélange dans une tasse, versez l'eau bouillante, brasser et attendez que les solides tombent au fond de la tasse ou filtrez.

1/2	**t. de racine de chicorée, moulue**	**125 ml**
1/4	**t. de racine de pissenlit, moulue**	**50 ml**
1/4	**t. de racine de bardane, moulue**	**50 ml**
1/4	**t. de poudre de caroube**	**50 ml**
1	**c. à s. de racine de ginseng, moulue**	**15 ml**

1. Dans un bol, mélanger la chicorée, le pissenlit, la bardane, la caroube et le ginseng. Conserver dans un bocal hermétique.

Café hivernal

Faire sécher le zeste

Pour rehausser la saveur des tisanes et des succédanés de café, ajoutez un peu de zeste séché. N'utilisez que des agrumes de culture biologique, car les pesticides se concentrent dans leur peau. Prélevez le zeste et hachez-le grossièrement. Déposez sur une grille ou dans une passoire afin d'assurer une bonne circulation d'air. Placez dans une pièce sombre et assez chaude pendant au moins une semaine. Lorsque le zeste est bien sec, rangez-le dans un bocal hermétique dans un endroit frais et sec à l'abri de la lumière.

1	**racine de chicorée, séchée et hachée**	**1**
1	**racine de bardane, séchée et hachée**	**1**
3/4	**poudre de caroube**	**3/4**
1/2	**racine d'échinacée, séchée et hachée**	**1/2**
1/4	**racine d'astragale, séchée et hachée**	**1/4**
1/4	**zeste d'orange, séché et haché**	**1/4**

1. Dans un bol, mélanger la racine de chicorée, la racine de bardane, la caroube, la racine d'échinacée, la racine d'astragale et le zeste d'orange. Bien mélanger et conserver dans un bocal hermétique.
2. Moudre une petite quantité de mélange. Utilisez 1 c. à table (15 ml) par tasse (250 ml) d'eau.

Café spécial immunité

1 3/4 tasse de mélange

Un mélange aux propriétés toniques qui stimule le système immunitaire.

Utilisez des racines fraîches, si vous en avez sous la main.

PRÉCHAUFFER LE FOUR À 300 °F (150 °C)
PLAQUE À PÂTISSERIE, NON GRAISSÉE

1/2	**t. de racine de bardane, séchée et hachée**	**125 ml**
1/2	**t. de racine de ginseng, séchée et hachée**	**125 ml**
1/4	**t. de racine d'astragale, séchée et hachée**	**50 ml**
1/4	**t. de racine de réglisse, séchée et hachée**	**50 ml**

1. Étendre la racine de bardane, de ginseng, d'astragale et de réglisse sur une plaque à pâtisserie. Faire rôtir pendant 20 minutes ou jusqu'à ce que le mélange soit doré. Laisser refroidir et conserver dans un bocal hermétique.
2. Moudre une petite quantité de mélange. Utiliser 1 c. à table (15 ml) de mélange par tasse (250 ml) d'eau.

Mélange à chaï indien

environ 1/3 tasse (75 ml) de mélange

Un thé à l'arôme capiteux. Si vous préférez votre thé un peu plus sucré, buvez-le avec un peu de lait de fruit ou ajoutez 1/2 c. à thé (2 ml) de stevia par 1/3 tasse (75 ml) de mélange.

2	**c. à s. de graines de fenouil**	**30 ml**
1	**c. à s. de graines de cardamome**	**15 ml**
1	**c. à s. de graines de coriandre**	**15 ml**
1	**c. à s. de graines de fenugrec**	**15 ml**
2	**clou de girofle, entier**	**2**
2	**anis étoilé, entier**	**2**
2	**po de bâton de cannelle, écrasé ou coupé en morceaux**	**5 cm**

1. À feu moyen-vif, faire griller les graines de fenouil, de cardamome, de coriandre, de fenugrec, le clou de girofle, l'anis étoilé et la cannelle pendant 40 secondes ou jusqu'à ce que les graines commencent à crépiter. Laisser refroidir.

2. Dans un mortier, un moulin à café ou un mini-robot culinaire, moudre le mélange de graines. Conserver dans un bocal hermétique dans un endroit frais et sec. Utilisez 1 c. à thé (5 ml) de mélange par tasse (250 ml) d'eau.

Chaï indien

1 Portion

Un thé réconfortant à boire avant d'aller au lit. Coupez de moitié la quantité de lait et remplacez avec du lait aux fruits ou aux noix de votre choix (voir page 258). Pour un thé plus sucré, augmentez la proportion de lait aux fruits.

2	**c. à t. de mélange à chaï indien**	**10 ml**
	(voir recette, page 271)	
1/4	**t. d'eau**	**50 ml**
1	**t. de lait écrémé, ou lait de soja, ou lait d'amande**	**250 ml**
1	**sachet de thé vert ou 1 c. à t. (5 ml) de feuilles de thé vert**	**1**
	une pincée de muscade fraîchement moulue	

1. Dans une petite casserole, à feu moyen, amener à ébullition le mélange à chaï indien, l'eau et le lait. Baisser le feu et laisser mijoter doucement pendant 10 minutes. Éteindre le feu et ajouter le thé vert. Couvrir et laisser infuser de 3 à 5 minutes. Filtrer, servir et garnir de muscade.

Le chaï indien

Le chaï indien est un thé au lait parfumé aux épices de plus en plus populaires en Amérique du Nord. En Inde, le chaï est parfumé au fenouil, à la cardamome verte (non blanchie) et additionné d'un peu de sucre. Le lait est ajouté au liquide bouillant à raison d'une mesure pour quatre mesures d'eau. Ce thé parfumé est bu à travers l'Inde dans des tasses, des verres ou de petits gobelets en terre cuite qui ressemblent à des pots à fleurs. Tout au long du jour et de la nuit, dans toutes les gares indiennes, il y a au moins un vendeur de chaï. Dès qu'un train entre en gare, on entend résonner les cris des vendeurs « Chay-ya ! Chay-ya ! »

Les tisanes, les thés et les toniques

Les thés 274

Les toniques 298

Les thés

Le thé est la deuxième boisson la plus bue dans le monde, après l'eau. Depuis près de 2000 ans on consomme du thé, vert ou noir, que l'on mélange ou non avec d'autres plantes, pour ses bienfaits sur l'humeur et la digestion et pour ses vertus stimulantes. Depuis quelque temps, les tisanes connaissent une popularité grandissante, certaines personnes préférant ne pas consommer de théine, la substance stimulante contenue dans le thé.

La tisane, en plus de remplacer le thé, constitue un excellent moyen de profiter des bienfaits de certaines plantes. Au contact de l'eau chaude, la paroi des cellules se brise et plusieurs composés organiques solubles sont libérés.

Si certaines tisanes requièrent des herbes fraîches, la plupart des tisanes thérapeutiques sont faites à base d'herbes séchées qui sont plus faciles à utiliser et à conserver. Les recettes présentées dans cette section demandent des herbes séchées, à moins qu'il n'en soit fait mention. Les mélanges de tisane doivent être faits d'herbes séchées, sans quoi ils ne se conserveront pas.

MÉLANGES DE THÉ ET DE TISANE

Les tisanes se composent souvent d'un mélange de plantes, de graines, de fleurs et d'épices. Le cerfeuil musqué (voir page 203) et le stevia (voir page 58) sont souvent utilisés dans les tisanes amères pour leur pouvoir sucrant.

Préparation d'un mélange de plantes. Faites sécher vos herbes en les suspendant à l'envers dans un endroit sombre, frais et sec, jusqu'à ce que la plante s'effrite facilement. Prélevez les feuilles en prenant soin de ne pas les briser. Faites votre propre mélange de plantes ou suivez les recettes présentées dans cette section. Conservez dans un bocal de métal ou de verre teinté, dans un endroit frais et sec.

Préparation de la tisane. Utilisez toujours de l'eau filtrée. Ébouillantez la théière afin de bien la réchauffer (n'utilisez pas de théière en métal et réservez une théière à la préparation des tisanes). Comptez une 1 c. à thé (5 ml) d'herbes moulues par tasse (250 ml) d'eau. Si vous faites plus de 2 tasses (500 ml) de thé, ajoutez 1 c. à table (15 ml) supplémentaire de thé « pour la théière », comme disent les Anglais. Laisser infuser 15 minutes et servir immédiatement. Les tisanes doivent être consommées sur-le-champ, car elles contiennent des huiles volatiles qui s'évaporent rapidement, emportant avec elles certaines propriétés des plantes.

Les tisanes en gargarisme. Certaines plantes, dont celles qui composent la Tisane pour la gorge (voir recette, page 295), ont des propriétés antibiotiques qui aident à soulager le mal de gorge. Faites la tisane en suivant les indications. Filtrez le thé, versez dans un bocal avec un couvercle, laissez tiédir, à couvert, puis conservez au réfrigérateur. Gargarisme : gargarisez-vous avec 1/4 à 1/2 tasse (50 à 125 ml) de tisane toutes les 1 ou 2 heures, ou au besoin.

Apaisement pulmonaire

Expectorant, antibactérien et apaisant, ce thé soulage les poumons. Pour augmenter les effets bénéfiques de la tisane, ajoutez 1 tasse (250 ml) de jus de carotte ou de betterave par tasse (250 ml) de tisane.

1	**feuille ou racine de guimauve**	**1**
1	**feuille d'hysope**	**1**
1	**feuille de thym**	**1**
1/2	**racine de réglisse, ou 1/4 de réglisse moulue**	**1/2**

1. Dans un bocal en métal ou en verre teinté, mélanger la guimauve, l'hysope, le thym et la réglisse. Ranger dans un endroit frais et sec, à l'abri de la lumière.
2. Préparation de la tisane : Moudre finement une petite quantité du mélange. Compter 1 c. à thé (5 ml) de mélange par tasse (250 ml) d'eau. Déposer le mélange dans une théière en céramique préalablement ébouillantée, ajouter 1 c. à thé (5 ml) « pour la théière » et verser l'eau bouillante. Couvrir, boucher le bec verseur et laisser infuser pendant environ 15 minutes. Filtrer au-dessus des tasses.

Chasse-spleen

Une tisane au goût agréable qui chasse le cafard.

** Omettez le millepertuis si vous prenez des médicaments d'ordonnance.*

2	**fleurs de tilleul**	**2**
2	**feuilles de verveine citronnelle**	**2**
2	**fleurs de millepertuis***	**1**
1	**fleur de romarin**	**1**
1	**fleur de lavande**	**1**
1	**feuille de verveine**	**1**
1	**feuille de thym**	**1**

1. Dans un bocal en métal ou en verre teinté, mélanger les fleurs de tilleul, la verveine citronnelle, le millepertuis, le romarin, la lavande, la verveine et le thym. Ranger dans un endroit frais et sec, à l'abri de la lumière.
2. Préparation de la tisane : Moudre finement une petite quantité du mélange. Compter 1 c. à thé (5 ml) de mélange par tasse (250 ml) d'eau. Déposer le

mélange dans une théière en céramique préalablement ébouillantée, ajouter 1 c. à thé (5 ml) « pour la théière » et verser l'eau bouillante. Couvrir, boucher le bec verseur et laisser infuser pendant environ 15 minutes. Filtrer au-dessus des tasses.

Décoction de racines

1	**c. à s. de racine de pissenlit, séchée et hachée**	**15 ml**
1	**c. à t. de racine de réglisse, séchée et hachée**	**5 ml**
2	**c. à t. de racine de ginseng, séchée et hachée**	**10 ml**
4	**t. d'eau**	**1 litre**

1. À feu moyen-vif, amener à petite ébullition tous les ingrédients. Couvrir, réduire la chaleur et laisser mijoter doucement pendant 15 minutes. Retirer du feu et laisser infuser 5 minutes. Filtrer au-dessus des tasses.

Équilibre du système immunitaire

Un mélange de plantes qui renforcent le système immunitaire.

2	**feuilles de mélisse**	**2**
2	**fleurs d'églantier**	**2**
1	**fleur de camomille allemande**	**1**
1	**fleur de trèfle violet**	**1**
1	**feuille de thym**	**1**
1/2	**racine de réglisse, séchée et hachée**	**1/2**
1/2	**racine de gingembre, séchée et hachée**	**1/2**

1. Dans un bocal en métal ou en verre teinté, mélanger la mélisse, l'églantier, la camomille et le trèfle, le thym, la réglisse et le gingembre. Ranger dans un endroit frais et sec, à l'abri de la lumière.

2. Préparation de la tisane : Moudre finement une petite quantité du mélange. Compter 1 c. à thé (5 ml) de mélange

par tasse (250 ml) d'eau. Déposer le mélange dans une théière en céramique préalablement ébouillantée, ajouter 1 c. à thé (5 ml) « pour la théière » et verser l'eau bouillante. Couvrir, boucher le bec verseur et laisser infuser pendant environ 15 minutes. Filtrer au-dessus des tasses.

Équilibre hormonal

Assure l'équilibre hormonal et veille sur le système reproducteur.

Ne pas prendre durant la grossesse.

3	**feuilles de framboisier rouge**	**3**
2	**baies de gattilier**	**2**
2	**feuilles de mélisse**	**2**
1	**feuille d'ortie**	**1**
1	**achillée millefeuille (parties aériennes)**	**1**
1	**fleur de trèfle violet**	**1**
1	**racine de gingembre, séchée et hachée ou 1/2 c. à s. de gingembre moulu**	**1**
1	**fleur de camomille allemande**	**1**
1	**feuille de romarin**	**1**

1. Dans un bocal en métal ou en verre teinté, mélanger les feuilles de framboisier, les baies de gattilier, la mélisse, les orties, l'achillée millefeuille, le trèfle violet, le gingembre, la camomille et le romarin. Ranger dans un endroit frais et sec, à l'abri de la lumière.

2. Préparation de la tisane : Moudre finement une petite quantité de mélange. Compter 1 c. à thé (5 ml) de mélange par tasse (250 ml) d'eau. Déposer le mélange dans une théière en céramique préalablement ébouillantée, ajouter 1 c. à thé (5 ml) « pour la théière » et verser l'eau bouillante. Couvrir, boucher le bec verseur et laisser infuser pendant environ 15 minutes. Filtrer au-dessus des tasses.

Estomac paisible

Une tisane riche en mucilages, qui apaise l'inflammation du système digestif. Elle se boit après le repas ou avant d'aller au lit pour protéger l'estomac des dommages causés par un excès d'acidité. Pour augmenter les effets bénéfiques de la tisane, ajoutez 1 tasse (250 ml) de jus de carotte ou de betterave par tasse (250 ml) de tisane.

1	**écorce d'orme rouge, moulue**	**1**
1	**feuille de guimauve ou 1/2 racine de guimauve séchée et hachée**	**1**
1	**fleur de camomille allemande**	**1**
1/2	**racine de réglisse, séchée et hachée ou 1/4 de réglisse moulue**	**1/2**
1/2	**t. de graines de fenouil**	**1/2**

1. Dans un bocal en métal ou en verre teinté, mélanger l'orme rouge, la guimauve, la camomille, la réglisse et le fenouil. Ranger dans un endroit frais et sec, à l'abri de la lumière.
2. Préparation de la tisane : Moudre finement une petite quantité du mélange. Compter 1 c. à thé (5 ml) de mélange par tasse (250 ml) d'eau. Déposer le mélange dans une théière en céramique préalablement ébouillantée, ajouter 1 c. à thé (5 ml) « pour la théière » et verser l'eau bouillante. Couvrir, boucher le bec verseur et laisser infuser pendant environ 15 minutes. Filtrer au-dessus des tasses.

Nourriture des nerfs

** Omettez le millepertuis si vous prenez des médicaments d'ordonnance.*

2	**pailles d'avoine**	**2**
2	**feuilles de mélisse**	**2**
1	**fleur de camomille allemande**	**1**
1	**racine de réglisse, séchée et hachée ou 1/2 de réglisse moulue**	**1**
1	**feuille de romarin**	**1**
1	**feuille de verveine**	**1**
1	**feuille de scutellaire**	**1**
1	**fleur de millepertuis***	**1**

1. Dans un bocal en métal ou en verre teinté, mélanger la paille d'avoine, la mélisse, les fleurs de camomille allemande, la réglisse, le romarin, la verveine, la

scutellaire et le millepertuis. Ranger dans un endroit frais et sec, à l'abri de la lumière.

2. Préparation de la tisane : Moudre finement une petite quantité du mélange. Compter 1 c. à thé (5 ml) de mélange par tasse (250 ml) d'eau. Déposer le mélange dans une théière en céramique préalablement ébouillantée, ajouter 1 c. à thé (5 ml) « pour la théière » et verser l'eau bouillante. Couvrir, boucher le bec verseur et laisser infuser pendant environ 15 minutes. Filtrer au-dessus des tasses.

Thé vert tonique

Antioxydant et stimule la circulation et la digestion.

2	**feuilles de ginkgo**	2
1	**camomille allemande**	1
1	**feuille de thé vert**	1
1/2	**cerfeuil musqué**	1/2
1/4	**feuille de sauge**	1/4

1. Dans un bocal en métal ou en verre teinté, mélanger le ginkgo, la camomille, le thé vert, le cerfeuil musqué et la sauge. Ranger dans un endroit frais et sec, à l'abri de la lumière.
2. Préparation du thé : Moudre finement une petite quantité du mélange. Compter 1 c. à thé (5 ml) de mélange par tasse (250 ml) d'eau. Déposer le mélange dans une théière en céramique préalablement ébouillantée, ajouter 1 c. à thé (5 ml) « pour la théière » et verser l'eau bouillante. Couvrir, boucher le bec verseur et laisser infuser pendant environ 15 minutes. Filtrer au-dessus des tasses.

Tisane aide-mémoire

1 Portion

1	**feuille de ginkgo**	1
1	**feuille de pissenlit**	1
1/4	**feuille de romarin**	1/4
1/4	**feuille de sauge**	1/4

1/4	**de racine de gingembre séché et haché ou 1/8 c. à s. de gingembre moulu**	**1/4**
1/4	**feuille de stevia ou 1/8 c. à t. de stevia en poudre**	**1/4**

1. Dans un bocal en métal ou en verre teinté, mélanger le ginkgo, le pissenlit, le romarin, la sauge, le gingembre et le stevia. Ranger dans un endroit frais et sec, à l'abri de la lumière.

2. Préparation de la tisane : Moudre finement une petite quantité du mélange. Compter 1 c. à thé (5 ml) de mélange par tasse (250 ml) d'eau. Déposer le mélange dans une théière en céramique préalablement ébouillantée, ajouter 1 c. à thé (5 ml) « pour la théière » et verser l'eau bouillante. Couvrir, boucher le bec verseur et laisser infuser pendant environ 15 minutes. Filtrer au-dessus des tasses.

3 ou 4 Portions

Tisane à la framboise

3	**c. à s. de framboises fraîches ou congelées**	**45 ml**
1	**c. à t. de feuilles de framboisier, séchées**	**5 ml**
1	**c. à t. de feuilles de mélisse**	**5 ml**
2	**t. d'eau bouillante**	**500 ml**

1. Dans une théière autre qu'en métal, mélanger les framboises, les feuilles de framboisier et la mélisse. Verser l'eau bouillante et laisser infuser 15 minutes. Filtrer au-dessus des tasses et servir chaud.

Tisane à la lavande

Relaxe, facilite la digestion et aide la fonction hépatique.

2	**feuilles de mélisse**	**2**
1	**fleur de lavande**	**1**
1	**fleur de camomille allemande**	**1**
1	**fleur de passiflore**	**1**

1. Dans un bocal en métal ou en verre teinté, mélanger la mélisse, les fleurs de

lavande et de camomille et la passiflore. Ranger dans un endroit frais et sec, à l'abri de la lumière.

2. Préparation de la tisane : Moudre finement une petite quantité du mélange. Compter 1 c. à thé (5 ml) de mélange par tasse (250 ml) d'eau. Déposer le mélange dans une théière en céramique préalablement ébouillantée, ajouter 1 c. à thé (5 ml) « pour la théière » et verser l'eau bouillante. Couvrir, boucher le bec verseur et laisser infuser pendant environ 15 minutes. Filtrer au-dessus des tasses.

Tisane à la papaye épicée

3	**papayes séchées et hachées**	**3**
1/2	**écorce d'orme rouge**	**1/2**
1	**pincée de graines de coriandre**	**1**
1/4	**écorce de cannelle écrasée**	**1/4**
	ou 1/8 c. à t. de cannelle moulue	
1	**pincé de graines de cumin**	**1**
1/4	**racine de curcuma, moulue**	**1/4**

1. Dans un bocal en métal ou en verre teinté, mélanger la papaye, l'écorce d'orme rouge, la coriandre, la cannelle, le cumin et le curcuma. Ranger dans un endroit frais et sec, à l'abri de la lumière.

2. Préparation de la tisane : Moudre finement une petite quantité du mélange. Compter 1 c. à thé (5 ml) de mélange par tasse (250 ml) d'eau. Déposer le mélange dans une théière en céramique préalablement ébouillantée, ajouter 1 c. à thé (5 ml) « pour la théière » et verser l'eau bouillante. Couvrir, boucher le bec verseur et laisser infuser pendant environ 15 minutes. Filtrer au-dessus des tasses.

Tisane anti-goutte

Favorise l'élimination de l'acide urique.

** Ne consommez pas de réglisse si vous souffrez d'hypertension.*

2	**feuilles d'ortie**	**2**
1	**c. à t. de graines de bardane**	**1**
1	**c. à t. de graines de céleri**	**1**
1/2	**racine de réglisse* moulue**	**1/2**

1. Dans un bocal en métal ou en verre teinté, mélanger les feuilles d'ortie, les graines de bardane et de céleri et la racine de réglisse. Ranger dans un endroit frais et sec, à l'abri de la lumière.

2. Préparation de la tisane : Moudre finement une petite quantité du mélange. Compter 1 c. à thé (5 ml) de mélange par tasse (250 ml) d'eau. Déposer le mélange dans une théière en céramique préalablement ébouillantée, ajouter 1 c. à thé (5 ml) « pour la théière » et verser l'eau bouillante. Couvrir, boucher le bec verseur et laisser infuser pendant environ 15 minutes. Filtrer au-dessus des tasses.

Tisane antioxydante

Selon une recherche menée en Écosse, le thym contient plus de 75 composés, dont 25 % possèdent des propriétés antioxydantes.

2	**feuilles de thym**	**2**
1	**feuille de menthe**	**1**
1	**feuille de romarin**	**1**
1/2	**feuille de sauge**	**1/2**

1. Dans un bocal en métal ou en verre teinté, mélanger le thym, la menthe, le romarin et la sauge. Ranger dans un endroit frais et sec, à l'abri de la lumière.

2. Préparation de la tisane : Moudre finement une petite quantité du mélange. Compter 1 c. à thé (5 ml) de mélange par tasse (250 ml) d'eau. Déposer le mélange dans une théière en céramique préalablement ébouillantée, ajouter 1 c. à thé (5 ml) « pour la théière » et verser l'eau bouillante. Couvrir, boucher le bec verseur et laisser infuser pendant environ 15 minutes. Filtrer au-dessus des tasses.

Tisane anti-varices

Nourrit et tonifie les veines.

1	feuille de pissenlit	1
1	achillée millefeuille (parties aériennes)	1
1	feuille et 1 fleur d'aubépine	1
1	fleur de tilleul	1
1/2	racine de gingembre, séchée et hachée ou 1/4 de gingembre moulu	1/2

1. Dans un bocal en métal ou en verre teinté, mélanger le pissenlit, l'achillée millefeuille, l'aubépine, le tilleul et le gingembre. Ranger dans un endroit frais et sec, à l'abri de la lumière.
2. Préparation de la tisane : Moudre finement une petite quantité du mélange. Compter 1 c. à thé (5 ml) de mélange par tasse (250 ml) d'eau. Déposer le mélange dans une théière en céramique préalablement ébouillantée, ajouter 1 c. à thé (5 ml) « pour la théière » et verser l'eau bouillante. Couvrir, boucher le bec verseur et laisser infuser pendant environ 15 minutes. Filtrer au-dessus des tasses.

1 Portion

Tisane au gingembre

Stimule la circulation et la digestion.

1	racine de gingembre, séchée et hachée	1
1	c. à s. de grained de fenouil	15 ml
1	c. à s. de feuille de mélisse	15 ml

1. Dans un bocal en métal ou en verre teinté, mélanger le gingembre, le fenouil et la mélisse. Ranger dans un endroit frais et sec, à l'abri de la lumière.
2. Préparation de la tisane : Moudre finement une petite quantité du mélange. Compter 1 c. à thé (5 ml) de mélange par tasse (250 ml) d'eau. Déposer le mélange dans une théière en céramique préalablement ébouillantée, ajouter 1 c. à thé (5 ml) « pour la théière » et verser

l'eau bouillante. Couvrir, boucher le bec verseur et laisser infuser pendant environ 15 minutes. Filtrer au-dessus des tasses.

Tisane au ginseng

Stimule la circulation, la digestion et redonne de l'énergie.

1	**racine de ginseng, moulue**	**1**
1	**c. à s. de graines de fenouil**	**15 ml**
1	**feuille d'ortie**	**1**
1	**c. à t. de gingembre moulu**	**5 ml**
1/4	**feuille de stevia, moulues**	**1/4**

1. Dans un bocal en métal ou en verre teinté, mélanger le ginseng, le fenouil, l'ortie, le gingembre et le stevia. Ranger dans un endroit frais et sec, à l'abri de la lumière.
2. Préparation de la tisane : Moudre finement une petite quantité du mélange. Compter 1 c. à thé (5 ml) de mélange par tasse (250 ml) d'eau. Déposer le mélange dans une théière en céramique préalablement ébouillantée, ajouter 1 c. à thé (5 ml) « pour la théière » et verser l'eau bouillante. Couvrir, boucher le bec verseur et laisser infuser pendant environ 15 minutes. Filtrer au-dessus des tasses.

Tisane calmante

Relaxe et favorise le sommeil.

2	**feuilles de mélisse**	**2**
2	**feuilles de scutellaire**	**2**
1	**feuille de verveine citronnelle**	**1**
1	**feuille de tilleul**	**1**
1	**fleur de lavande**	**1**
1	**passiflore**	**1**

1. Dans un bocal en métal ou en verre teinté, mélanger la mélisse, la scutellaire, la verveine, le tilleul, la lavande et la passiflore. Ranger dans un endroit frais et sec, à l'abri de la lumière.
2. Préparation de la tisane : Moudre finement une petite quantité du mélange. Compter 1 c. à thé (5 ml) de mélange

par tasse (250 ml) d'eau. Déposer le mélange dans une théière en céramique préalablement ébouillantée, ajouter 1 c. à thé (5 ml) « pour la théière » et verser l'eau bouillante. Couvrir, boucher le bec verseur et laisser infuser pendant environ 15 minutes. Filtrer au-dessus des tasses.

1 Portion

Tisane casse-grippe

Une tisane qui favorise la sudation, apaise les symptômes du rhume et de la grippe, et accélère la guérison.

2	**ananas, papaye ou mangue séchés et hachés**	2
1	**racine de gingembre, séchée et hachée ou 1/2 c. à t. de gingembre moulu**	1
1/2	**racine d'échinacée, finement hachée ou 1/4 c. à t. d'échinacée moulu**	1/2
1/2	**t. de baies de sureau séchées**	125 ml
1/4	**t. d'eupatoire perfoliée moulue**	50 ml
1	**pincée de piment de Cayenne**	1

1. Dans un bocal en métal ou en verre teinté, mélanger l'ananas, le gingembre, l'échinacée, les baies de sureau, l'eupatoire et le piment de Cayenne. Ranger dans un endroit frais et sec, à l'abri de la lumière.

2. Préparation de la tisane : Moudre finement une petite quantité du mélange. Compter 1 c. à thé (5 ml) de mélange par tasse (250 ml) d'eau. Déposer le mélange dans une théière en céramique préalablement ébouillantée, ajouter 1 c. à thé (5 ml) « pour la théière » et verser l'eau bouillante. Couvrir, boucher le bec verseur et laisser infuser pendant environ 15 minutes. Filtrer au-dessus des tasses.

Tisane casse-migraine

La grande camomille contribue à prévenir et à soulager les crises de migraine et les maux de tête. Pour prévenir la migraine, boire 1 tasse (250 ml) de grande camomille par jour.

1	**grande camomille**	**1**
1	**feuille de ginkgo**	**1**
1/2	**feuille de mélisse**	**1/2**
1/2	**fleur de camomille allemande**	**1/2**

1. Dans un bocal en métal ou en verre teinté, mélanger la grande camomille, le ginkgo, la mélisse et la camomille allemande. Ranger dans un endroit frais et sec, à l'abri de la lumière.

2. Préparation de la tisane : Moudre finement une petite quantité du mélange. Compter 1 c. à thé (5 ml) de mélange par tasse (250 ml) d'eau. Déposer le mélange dans une théière en céramique préalablement ébouillantée, ajouter 1 c. à thé (5 ml) « pour la théière » et verser l'eau bouillante. Couvrir, boucher le bec verseur et laisser infuser pendant environ 15 minutes. Filtrer au-dessus des tasses.

Tisane contre l'herpès

1 Portion

Alimente les nerfs, renforce le système immunitaire et lutte contre le virus de l'herpès. Cette tisane permet de soulager les symptômes de l'herpès et protège contre l'infection.

** Omettez le millepertuis si vous prenez des médicaments d'ordonnance.*

2	**racines ou feuilles d'échinacée, séchées et hachées ou 1 d'échinacée moulue**	**2**
2	**feuilles de mélisse**	**2**
1	**fleur de millepertuis***	**1**
1	**fleur de calendula**	**1**
1	**feuille de framboisier rouge**	**1**
1	**feuille de bardane ou racine de bardane hachée**	**1**
1/2	**feuille de menthe**	**1/2**

1. Dans un bocal en métal ou en verre teinté, mélanger l'échinacée, la mélisse, le millepertuis, la calendula, les feuilles de framboisier et de menthe. Ranger dans un endroit frais et sec, à l'abri de la lumière.

2. Préparation de la tisane : Moudre finement une petite quantité du mélange.

Compter 1 c. à thé (5 ml) de mélange par tasse (250 ml) d'eau. Déposer le mélange dans une théière en céramique préalablement ébouillantée, ajouter 1 c. à thé (5 ml) « pour la théière » et verser l'eau bouillante. Couvrir, boucher le bec verseur et laisser infuser pendant environ 15 minutes. Filtrer au-dessus des tasses.

Tisane d'ortie

Une tisane qui réduit la rétention d'eau.

2	**feuilles d'ortie**	**2**
1	**feuille de pissenlit**	**1**
1	**achillée millefeuille**	**1**

1. Dans un bocal en métal ou en verre teinté, mélanger les orties, le pissenlit et l'achillée millefeuille. Ranger dans un endroit frais et sec, à l'abri de la lumière.
2. Préparation de la tisane : moudre finement une petite quantité du mélange. Compter 1 c. à thé (5 ml) de mélange par tasse (250 ml) d'eau. Déposer le mélange dans une théière en céramique préalablement ébouillantée, ajouter 1 c. à thé (5 ml) « pour la théière » et verser l'eau bouillante. Couvrir, boucher le bec verseur et laisser infuser pendant environ 15 minutes. Filtrer au-dessus des tasses.

Tisane de chou palmiste

1 Portion

Pimbina *(Viorne trilobée ou viorne comestible)* Le pimbina est le fruit de la viorne et n'a pas de lien de parenté avec la canneberge. Les Amérindiens l'utilisaient pour soigner les crampes, la tension musculaire, l'inflammation des ganglions, la colique et la diarrhée.

1/2	**t. de baies de chou palmiste, moulues**	**125 ml**
1	**t. de thé vert**	**125 ml**
1	**racine d'ortie fraîche, hachée (si disponible)**	**1**
1/2	**c. à t. de gingembre moulu**	**3 ml**

1. Dans un bocal en métal ou en verre teinté, mélanger les baies de chou palmiste, le thé vert, les racines d'orties et le gingembre. Ranger dans un endroit frais et sec, à l'abri de la lumière.
2. Préparation de la tisane : Moudre finement une petite quantité du mélange.

Garnissez d'une tranche de citron vert pour accroître les propriétés antioxydantes.

** Ne pas consommer de persil durant la grossesse.*

Compter 1 c. à thé (5 ml) de mélange par tasse (250 ml) d'eau. Déposer le mélange dans une théière en céramique préalablement ébouillantée, ajouter 1 c. à thé (5 ml) « pour la théière » et verser l'eau bouillante. Couvrir, boucher le bec verseur et laisser infuser pendant environ 15 minutes. Filtrer au-dessus des tasses.

Tisane de lactation

Un thé nourrissant qui stimule la lactation.

2	**feuilles de framboisier rouge**	**2**
1	**fruit d'églantier**	**1**
1	**feuille d'ortie**	**1**
1	**verveine citronnelle**	**1**
1	**pincée de graines de fenouil**	**1**
1/2	**feuille de mélisse**	**1/2**
1/2	**luzerne (parties aériennes)**	**1/2**

1. Dans un bocal en métal ou en verre teinté, mélanger les feuilles de framboisier, les fruits d'églantier, les orties, la verveine citronnelle, les graines de fenouil, la mélisse et la luzerne. Ranger dans un endroit frais et sec, à l'abri de la lumière.
2. Préparation de la tisane : Moudre finement une petite quantité du mélange. Compter 1 c. à thé (5 ml) de mélange par tasse (250 ml) d'eau. Déposer le mélange dans une théière en céramique préalablement ébouillantée, ajouter 1 c. à thé (5 ml) « pour la théière » et verser l'eau bouillante. Couvrir, boucher le bec verseur et laisser infuser pendant environ 15 minutes. Filtrer au-dessus des tasses.

Tisane dépurative

1 Portion

Une boisson riche et minérale qui stimule l'intestin, le foie, les reins et les glandes lymphatiques, et qui favorise l'équilibre hormonal.

1	**racine de bardane, séchée et hachée ou 1/2 de racine séchée et moulue**	**1**
1	**racine de pissenlit, séchée et hachée ou 1/2 de racine séchée et moulue**	**1**

1	racine de patience crépue ou 1/2 de racine séchée et moulue	1
1	feuille d'ortie	1
1	feuille de plantain	1
1	fleur de trèfle violet	1
1/2	racine de gingembre, séchée et hachée ou 1/4 gingembre moulu	1/2
1/2	racine de réglisse, séchée et hachée ou 1/4 réglisse moulue	1/2
1	pincée de graines de fenouil	1

1. Dans un bocal en métal ou en verre teinté, mélanger la bardane, le pissenlit, la patience crépue, l'ortie, le plantain, le trèfle rouge, le gingembre, la réglisse et le fenouil. Ranger dans un endroit frais et sec, à l'abri de la lumière.
2. Préparation de la tisane : Compter 1 c. à thé (5 ml) de plantes légèrement écrasées par tasse (250 ml) d'eau. Faire mijoter doucement l'eau et le mélange pendant 15 minutes. Filtrer et servir. Boire de 1/2 à 1 tasse (125 à 250 ml) de tisane trois fois par jour. Conserver pendant 2 jours au réfrigérateur dans un contenant hermétique.

Tisane des femmes

2	c. à s. d'agripaume cardiaque (parties aériennes)	30 ml
1	c. à s. de baies de gattilier	15 ml
1	c. à s. de fleurs de trèfle violet	15 ml
1	c. à s. de racine de réglisse, moulue	15 ml
1	c. à t. de graines de fenouil	5 ml
1/2	racine de ginseng, séchée et hachée ou 1 c. à t. de ginseng moulu	1/2

1. Dans un bocal en métal ou en verre teinté, mélanger l'agripaume cardiaque, les baies de gattilier, les fleurs de trèfle, la

réglisse, le fenouil et le ginseng. Ranger dans un endroit frais et sec, à l'abri de la lumière.

2. Préparation de la tisane : Moudre finement une petite quantité du mélange. Compter 1 c. à thé (5 ml) de mélange par tasse (250 ml) d'eau. Déposer le mélange dans une théière en céramique préalablement ébouillantée, ajouter 1 c. à thé (5 ml) « pour la théière » et verser l'eau bouillante. Couvrir, boucher le bec verseur et laisser infuser pendant environ 15 minutes. Filtrer au-dessus des tasses.

Tisane diable vert

1 Portion

2	**c. à t. de feuilles de thé vert**	**10 ml**
1	**c. à t. de feuilles de persil*, séchées**	**5 ml**
1	**c. à t. de zeste de citron, séché**	**5 ml**
1	**c. à t. de poivre de Cayenne, moulu**	**5 ml**
1/2	**c. à t. de feuilles de stevia**	**2 ml**
5	**t. d'eau bouillante**	**1,25 litre**
4	**tranches de citron vert *(facultatif)***	**4**

1. Dans une théière autre qu'en métal, déposer le thé vert, le persil, le zeste de citron, le poivre de Cayenne et le stevia. Verser l'eau bouillante, couvrir et laisser infuser 15 minutes. Filtrer au-dessus des tasses et garnir, si désiré, de tranches de citron vert.

Tisane diurétique

Une tisane diurétique, anti-inflammatoire, apaisante et antiseptique des voies urinaires.

2	**c. à s. de feuilles de guimauve**	**30 ml**
1	**c. à s. d'achillée millefeuille**	**15 ml**
1	**c. à s. de feuilles de plantain**	**15 ml**
1	**c. à s. de feuilles d'ortie**	**15 ml**
1	**c. à s. d'aériennes de verge d'or**	**15 ml**
1	**c. à t. cannelle moulue**	**5 ml**

1. Dans un bocal en métal ou en verre teinté, mélanger la guimauve, l'achillée millefeuille, le plantain, l'ortie, la verge d'or et la cannelle. Ranger dans un endroit frais et sec, à l'abri de la lumière.

2. Préparation de la tisane : Moudre finement une petite quantité du mélange. Compter 1 c. à thé (5 ml) de mélange par tasse (250 ml) d'eau. Déposer le mélange dans une théière en céramique préalablement ébouillantée, ajouter 1 c. à thé (5 ml) « pour la théière » et verser l'eau bouillante. Couvrir, boucher le bec verseur et laisser infuser pendant environ 15 minutes. Filtrer au-dessus des tasses.

Tisane énergisante

Il est préférable d'acheter du basilic séché, car les feuilles de basilic sont difficiles à faire sécher à la maison.

1	**c. à s. de feuille de sauge**	**15 ml**
1	**c. à s. de feuille de romarin**	**15 ml**
1	**c. à s. de feuille de thym**	**15 ml**
1	**c. à s. de feuille de basilic**	**15 ml**
1/2	**racine de gingembre, séchée et hachée ou 1/4 c. à t. de gingembre moulu**	**1/2**
1/2	**écorce de cannelle, grossièrement moulue ou 1/4 c. à t. de cannelle moulue)**	**1/2**

1. Dans un bocal en métal ou en verre teinté, mélanger la sauge, le romarin, le thym, le basilic, le gingembre et la cannelle. Ranger dans un endroit frais et sec, à l'abri de la lumière.

2. Préparation de la tisane : Moudre finement une petite quantité du mélange. Compter 1 c. à thé (5 ml) de mélange par tasse (250 ml) d'eau. Déposer le mélange dans une théière en céramique préalablement ébouillantée, ajouter 1 c. à thé (5 ml) « pour la théière » et verser l'eau bouillante. Couvrir, boucher le bec verseur et laisser infuser pendant environ 15 minutes. Filtrer au-dessus des tasses.

Tisane épicée à la camomille

1 ou 2 portions

Une tisane calmante, digestive et qui stimule les fonctions hépatiques.

** Ne consommez pas de réglisse si vous souffrez d'hypertension.*

1	**c. à s. de fleurs de camomille allemande**	**15 ml**
1	**c. à t. de racine de réglisse*, moulue finement**	**5 ml**
1/2	**c. à t. de gingembre moulu**	**2 ml**
3	**t. d'eau bouillante**	**750 ml**

1. Dans une théière autre qu'en métal, déposer la camomille, la réglisse et le gingembre. Verser l'eau bouillante et laisser infuser pendant 15 minutes. Filtrer au-dessus des tasses et servir.

Tisane expectorante

Cette tisane fluidifie le mucus et renforce le système immunitaire pour mieux résister aux allergies.

2	**feuilles d'ortie**	**2**
2	**fleurs de sureau**	**2**
2	**fruits d'églantier**	**2**
2	**écorces de cannelle, légèrement écrasée ou 1 pincée de cannelle moulue**	**2**
1	**feuille de thym**	**1**
1/2	**racine de gingembre séchée ou 1/4 c. à t. de gingembre moulu**	**1/2**
1/2	**feuille de menthe**	**1/2**

1. Dans un bocal en métal ou en verre teinté, mélanger l'ortie, le sureau, les fruits d'églantier, la cannelle, le thym, le gingembre et la menthe. Ranger dans un endroit frais et sec, à l'abri de la lumière.

2. Préparation de la tisane : Moudre finement une petite quantité du mélange. Compter 1 c. à thé (5 ml) de mélange par tasse (250 ml) d'eau. Déposer le mélange dans une théière en céramique préalablement ébouillantée, ajouter 1 c. à thé (5 ml) « pour la théière » et verser l'eau bouillante. Couvrir, boucher le bec verseur et laisser infuser pendant environ 15 minutes. Filtrer au-dessus des tasses.

Tisane framboise gingembre

1 ou 2 Portions

L'écorce d'orme rouge a tendance à flotter, brasser la tisane à la fourchette ou au fouet en versant l'eau chaude.

1	**c. à s. de feuilles de framboisier**	**15 ml**
1	**c. à t. de racine de gingembre râpé ou 1/2 c. à t. (2 ml) de gingembre moulu**	**5 ml**
1	**c. à t. d'écorce d'orme rouge**	**5 ml**
1 1/2	**t. d'eau bouillante**	

1. Dans une théière autre qu'en métal, mélanger les feuilles de framboisier, le gingembre et l'orme rouge. Mélanger doucement en ajouter l'eau bouillante. Laisser infuser 15 minutes et filtrer au-dessus des tasses. Boire chaud.

Tisane lendemain difficile

1 Portion

Une tisane qui combat la gueule de bois

2	**c. à s. de fleurs de camomille allemande**	**30 ml**
1	**c. à s. de feuille de reine-des-prés**	**15 ml**
1	**c. à t. de gingembre moulu**	**5 ml**
1/2	**c. à t. de fleurs de lavande**	**2 ml**

1. Dans un bocal en métal ou en verre teinté, mélanger les fleurs de camomille et de reine-des-prés, le gingembre et les fleurs de lavande. Ranger dans un endroit frais et sec, à l'abri de la lumière.
2. Préparation de la tisane : Moudre finement une petite quantité du mélange. Compter 1 c. à thé (5 ml) de mélange par tasse (250 ml) d'eau. Déposer le mélange dans une théière en céramique préalablement ébouillantée, ajouter 1 c. à thé (5 ml) « pour la théière » et verser l'eau bouillante. Couvrir, boucher le bec verseur et laisser infuser pendant environ 15 minutes. Filtrer au-dessus des tasses.

Tisane os plus

Une tisane qui accélère la régénération du tissu osseux. La prêle (*Equisetum arvense*) est riche en silice et doit être cueillie tôt au printemps (avant le mois de juin). Elle est vendue dans les magasins d'aliments naturels ou de santé.

2	**prêles**	2
2	**orties**	2
2	**pailles d'avoine**	2
1	**trèfle violet**	1
1	**feuille de sauge**	1
1/2	**racine de réglisse ou 1/4 de réglisse moulue**	1/2

1. Dans un bocal en métal ou en verre teinté, mélanger la prêle, l'ortie, la paille d'avoine, le trèfle violet, la sauge et la réglisse. Ranger dans un endroit frais et sec à l'abri de la lumière.
2. Préparation de la tisane : Moudre finement une petite quantité du mélange. Compter 1 c. à thé (5 ml) de mélange par tasse (250 ml) d'eau. Déposer le mélange dans une théière en céramique préalablement ébouillantée, ajouter 1 c. à thé (5 ml) « pour la théière » et verser l'eau bouillante. Couvrir, boucher le bec verseur et laisser infuser pendant environ 15 minutes. Filtrer au-dessus des tasses.

Tisane pour la circulation

Une tisane qui stimule la circulation et nourrit toutes les cellules du corps. Pour augmenter les effets bénéfiques de la tisane, ajoutez 1 mesure de jus de carotte ou de betterave par mesure de tisane.

3	**feuilles de ginkgo**	3
2	**feuilles d'ortie**	2
2	**feuilles de romarin**	2
1	**racine de gingembre, séchée et hachée ou 1 pincée de gingembre moulu**	1
1	**pincée de cannelle moulue**	1
1	**pincée de graines de cardamome**	1
1	**achillée millefeuille**	1

1. Dans un bocal en métal ou en verre teinté, mélanger le ginkgo, l'ortie, le romarin, le gingembre, la cannelle, la cardamome et l'achillée millefeuille. Ranger dans un endroit frais et sec, à l'abri de la lumière.

2. Préparation de la tisane : Moudre finement une petite quantité du mélange. Compter 1 c. à thé (5 ml) de mélange par tasse (250 ml) d'eau. Déposer le mélange dans une théière en céramique préalablement ébouillantée, ajouter 1 c. à thé (5 ml) « pour la théière » et verser l'eau bouillante. Couvrir, boucher le bec verseur et laisser infuser pendant environ 15 minutes. Filtrer au-dessus des tasses.

1 Portion

Tisane pour la gorge

Apaise le mal de gorge.

1	**feuille de thym**	**1**
1	**feuille de menthe**	**1**
1	**feuille de sauge**	**1**
1	**pincée de gingembre moulu, miel au goût**	**1**

1. Dans un bocal en métal ou en verre teinté, mélanger le thym, la menthe, la sauge et le gingembre. Ranger dans un endroit frais et sec, à l'abri de la lumière.

2. Préparation de la tisane : Moudre finement une petite quantité du mélange. Compter 1 c. à thé (5 ml) de mélange par tasse (250 ml) d'eau. Déposer le mélange dans une théière en céramique préalablement ébouillantée, ajouter 1 c. à thé (5 ml) « pour la théière » et verser l'eau bouillante. Couvrir, boucher le bec verseur et laisser infuser pendant environ 15 minutes. Filtrer au-dessus des tasses et sucrer avec un peu de miel.

Tisane relaxante

Calme et relaxe les muscles.

2	**feuilles de scutellaire**	**2**
2	**fleurs de tilleul**	**2**
2	**feuilles de mélisse**	**2**
1	**pimbina**	**1**
1	**verveine citronnelle**	**1**
1	**passiflore**	**1**
1	**fleur de lavande**	**1**

1. Dans un bocal en métal ou en verre teinté, mélanger la scutellaire, les fleurs

de tilleul, la mélisse, le pimbina, la verveine citronnelle, la passiflore et les fleurs de lavande. Ranger dans un endroit frais et sec, à l'abri de la lumière.

2. Préparation de la tisane : Moudre finement une petite quantité du mélange. Compter 1 c. à thé (5 ml) de mélange par tasse (250 ml) d'eau. Déposer le mélange dans une théière en céramique préalablement ébouillantée, ajouter 1 c. à thé (5 ml) « pour la théière » et verser l'eau bouillante. Couvrir, boucher le bec verseur et laisser infuser pendant environ 15 minutes. Filtrer au-dessus des tasses.

Tisane rhume et grippe

4 tasses (1 litre) de tisane

Un antibiotique et un antiviral puissant qui combat la grippe. L'ail frais est un des ingrédients majeurs de ce mélange, ne le remplacez pas par de la poudre d'ail qui n'a pas la même valeur médicinale.

2	**c. à t. de feuilles de thym ou 1 c. à t. (5 ml) de thym séché**	**10 ml**
1	**c. à t. de feuilles de mélisse ou 1/2 c. à t. (2 ml) de mélisse séchée**	**5 ml**
1	**gousse d'ail, finement hachée**	**1**
1/2	**c. à t. de racine de gingembre, finement hachée ou 1/4 c. à t. (1 ml) de gingembre moulu**	**2 ml**
1/2	**c. à t. de racine de réglisse, séchée et hachée ou 1/4 c. à t. (1 ml) de réglisse moulue**	**2 ml**
4	**t. d'eau bouillante**	**1 litre**

1. Dans une théière autre qu'en métal, mélanger le thym, la mélisse, l'ail, le gingembre et la réglisse. Verser l'eau bouillante et laisser infuser 15 minutes. Filtrer et verser dans un contenant muni d'une couvercle. Conserver au réfrigérateur pendant 2 jours. Boire de 1/2 à 1 tasse (125 à 250 ml) de tisane quatre fois par jour.

Tisane surrénales plus

2	feuilles de bourrache	2
2	feuilles d'ortie	2
2	paille d'avoine	2
1	feuille de basilic	1
1	feuille de gotu kola	1
1/2	racine de gingembre, séchée et hachée ou 1 pincée de gingembre moulu	1/2
1/2	racine de réglisse, séchée et hachée	1/2

1. Dans un pot en métal ou en verre teinté, mélanger la bourrache, l'ortie, la paille d'avoine, le basilic, le gotu kola, le gingembre et la réglisse. Ranger dans un endroit sec et frais, à l'abri de la lumière.
2. Préparation du thé : Moudre finement une petite quantité du mélange. Compter 1 c. à thé (5 ml) de mélange par tasse (250 ml) d'eau. Déposer le thé dans une théière en céramique préalablement ébouillantée, ajouter 1 c. à thé (5 ml) « pour la théière » et verser l'eau bouillante. Couvrir, boucher le bec verseur et laisser infuser 15 minutes. Filtrer au-dessus des tasses.

Les toniques

Par définition, les toniques stimulent et fortifient l'organisme. Bues chaudes ou froides, les tisanes toniques à base d'herbes purifient le sang et présentent des propriétés reconstituantes. Le soda tonique contenant de la quinine pour prévenir la malaria compte parmi les premières boissons toniques. Dans certaines régions de l'Amérique du Nord, on avait l'habitude de faire une cure printanière à base de boissons toniques pour nettoyer l'organisme après le long hiver passé à manger de la viande en conserve et peu de fruits et de légumes frais. Toniques et jeûnes printaniers préparaient le corps à absorber les végétaux frais et faisaient partie de l'hygiène de vie au même titre que le grand ménage du printemps.

Selon le type de plantes utilisées, une cure visera tantôt un ou plusieurs organes spécifiques, ou l'ensemble du corps. Il suffit de choisir la plante qui augmentera ou diminuera, stimulera ou déprimera les processus biologiques sur lesquels on souhaite agir. Les toniques augmentent le tonus des tissus, donnent de la force et de la vitalité en améliorant la digestion et la circulation et en accroissant l'oxygénation des tissus.

Les tisanes toniques peuvent être consommées tous les jours sans danger, sauf durant la grossesse (voir page 309). Voici quelques herbes qui présentent des propriétés toniques.

Luzerne (*Medicago sativa)*, voir page 44. Nutritive et tonique du système musculo-squelettique.

Astragale (*Astragalus membranaceus)*, voir page 24. Favorise la régénération tissulaire, est un tonique cardiaque et un puissant stimulant du système immunitaire.

Pissenlit (*Taraxacum officinale)*, voir page 53. Tonique du foie et du système digestif.

Griffe du diable (*Harpagophytum procumbens)*. Tonique du foie.

Échinacée (*Echinacea angustifolia* ou *E. purpurea)*, voir page 36. Tonique du système immunitaire.

Ginseng (*Panex cinquefolium)*, voir page 40. Un adaptogène qui apaise le stress.

Racine de gingembre (*Glycyrrhiza glabra)*, voir page 38. Le gingembre est considéré comme l'une des meilleures plantes toniques, parce qu'il contient des nutriments utiles à de nombreux organes.

Persil (*Petroselinum crispum), voir* page 52. Tonique général.

Adaptogène

1	racine de ginseng, séchée et hachée	1
1	racine d'astragale, séchée, moulue ou hachée	1
1	c. à t. de feuilles de persil	5 ml
1	c. à t. de luzerne (parties aériennes)	5 ml
1/4	racine de réglisse, séchée, hachée ou moulue	1/2

1. Dans un pot en métal ou en verre teinté, mélanger le ginseng, l'astragale, le persil, la luzerne et la réglisse. Ranger dans un endroit frais et sec, à l'abri de la lumière.

2. Préparation du thé : Moudre finement une petite quantité du mélange. Compter 1 c. à thé (5 ml) de mélange par tasse (250 ml) d'eau. Déposer le thé dans une théière en céramique préalablement ébouillantée, ajouter 1 c. à thé (5 ml) « pour la théière » et verser l'eau bouillante. Couvrir, boucher le bec verseur et laisser infuser 5 minutes. Filtrer au-dessus des tasses.

Eau d'orge

1/4	t. de flocons d'orge ou d'épeautre	50 ml
1	t. d'eau filtrée	250 ml
1	c. à s. de jus de citron	15 ml
2	t. d'eau pétillante	500 ml
	une pincée de muscade moulue	

1. À feu moyen-vif, amener à ébullition l'orge et l'eau. Baisser le feu et laisser mijoter doucement pendant 10 minutes en brassant de temps en temps.

2. Éteindre le feu et laisser la préparation refroidir sur l'élément. Incorporer le jus de citron, l'eau pétillante et la muscade. Verser dans un bocal hermétique et conserver au réfrigérateur pas plus de 3 jours.

Fer Plus

Durant la puberté, le corps a besoin de plus de fer pour faire face aux changements rapides qui surviennent.

6	**brins de menthe fraîche**	**6**
4	**brins d'ortie (parties aériennes) de 4 à 6 po (10 à 15 cm)**	**4**
1	**racine fraîche de patience crépue**	**1**
1	**petite feuille fraîche de bardane, hachée**	**1**
1/2	**t. de cerfeuil musqué, frais et haché**	**125 ml**
3	**t. d'eau bouillante**	**750 ml**

1. Dans une théière autre qu'en métal ou un bocal résistant à la chaleur, mélanger la menthe, l'ortie, la patience crépue, la bardane et le cerfeuil. Verser l'eau bouillante, couvrir et laisser infuser pendant au moins 12 heures (ce temps est nécessaire pour extraire les minéraux des plantes). Filtrer et boire 1/2 tasse (125 ml) deux fois par jour. Conservez dans un bocal hermétique au réfrigérateur pas plus de 3 jours.

Tonique général

Une tisane qui nourrit les cellules et stimule le système immunitaire. On peut la consommer quotidiennement quel que soit l'âge. Vous pouvez la préparer à l'avance et la conserver dans un contenant hermétique au réfrigérateur pendant 2 jours. Ajoutez 1 tasse (250 ml) de liquide aux soupes, aux bouillons ou remplacez les bouillons par la tisane. Ce tonique peut être donné aux personnes atteintes du cancer, avant, pendant et après les traitements.

1	**racine d'astragale, séchée et hachée**	**1**
1	**c. à s. de feuilles de persil**	**15 ml**
1	**c. à s. de luzerne (parties aériennes)**	**15 ml**

1. Dans un pot en métal ou en verre teinté, mélanger l'astragale, le persil et la luzerne. Ranger dans un endroit frais et sec, à l'abri de la lumière.
2. Préparation du thé : Moudre finement une petite quantité du mélange. Compter 1 c. à thé (5 ml) de mélange par tasse (250 ml) d'eau. Déposer le thé dans une théière en céramique préalablement ébouillantée, ajouter 1 c. à thé (5 ml) « pour la théière » et verser l'eau bouillante. Couvrir, boucher le bec verseur et laisser infuser 5 minutes. Filtrer au-dessus des tasses.

1 Portion

Tonique nerveux

** Omettez le millepertuis si vous prenez des médicaments d'ordonnance.*

1	**fleur de camomille allemande**	1
1	**feuille de mélisse**	1
1	**fleur de tilleul**	1
1	**fleur de millepertuis***	1

1. Dans un pot en métal ou en verre teinté, mélanger la camomille, la mélisse, le tilleul et le millepertuis. Ranger dans un endroit frais et sec, à l'abri de la lumière.
2. Préparation du thé : Moudre finement une petite quantité du mélange. Compter 1 c. à thé (5 ml) de mélange par tasse (250 ml) d'eau. Déposer le thé dans une théière en céramique préalablement ébouillantée, ajouter 1 c. à thé (5 ml) « pour la théière » et verser l'eau bouillante. Couvrir, boucher le bec verseur et laisser infuser 5 minutes. Filtrer au-dessus des tasses.

3 tasses (750 ml)

Tonique printanier

3	**t. d'eau filtrée**	**750 ml**
2	**po de racine fraîche de ginseng, hachée**	**5 cm**
2	**po de racine fraîche de pissenlit, hachée**	**5 cm**
2	**po de racine fraîche de bardane, hachée**	**5 cm**
2	**c. à t. de feuilles de persil, hachées**	**10 ml**
2	**c. à t. d'ortie (parties aériennes), hachée**	**10 ml**
1/4	**t. de sève d'érable**	**50 ml**

1. À feu moyen-vif, dans une casserole autre qu'en métal, amener à ébullition l'eau, le ginseng, le pissenlit et la bardane. Éteindre le feu et laisser infuser 5 minutes à couvert.

2. Ajouter le persil et l'ortie. Couvrir et laisser infuser 10 minutes. Filtrer dans un pichet transparent. Ajouter la sève. Servir immédiatement ou conserver au réfrigérateur dans un contenant hermétique pas plus de 2 jours.

Appendices et bibliographie

APPENDICE A

LES ALLERGIES ALIMENTAIRES

Certains aliments peuvent déclencher ou aggraver certaines affections. Entre autres, chez les adultes, l'asthme, le syndrome de fatigue chronique, la dépression, les problèmes digestifs, l'eczéma, les maux de tête, l'urticaire, le syndrome du côlon irritable, les migraines, la polyarthrite rhumatoïde et la colite ulcéreuse et, chez les enfants, les infections aux oreilles et l'épilepsie.

L'allergie et l'intolérance alimentaire provoquent les symptômes suivants : inflammation ou infection chronique, diarrhée, fatigue, anxiété, dépression, douleurs aux articulations, irruptions cutanées, yeux cernés ou pochés, démangeaisons dans le nez ou la gorge, rétention d'eau et inflammation des ganglions.

La réaction allergique classique est le résultat d'une mauvaise interprétation du système immunitaire qui identifie une substance bénigne (par exemple les noix) comme un ennemi et qui déclenche une série de réactions visant à l'éliminer.

L'intolérance aux aliments est différente de l'allergie en ce qu'elle ne provoque pas de réaction immédiate. Les tests de dépistage d'allergie parviennent rarement à dépister les intolérances alimentaires. Si vous pensez être intolérant à un aliment, éliminez l'aliment suspect de votre alimentation pendant quelque temps. Si vos problèmes de santé disparaissent, vous avez sans doute mis le doigt sur le coupable.

Les allergies et les intolérances alimentaires sont le résultat d'un affaiblissement du système immunitaire et de problèmes digestifs. Le simple fait d'éliminer de la diète l'aliment en cause permet d'améliorer la digestion (voir Indigestion, page 117) et de renforcer le système immunitaire (voir Déficit immunitaire, page 98). Mais le principal facteur demeure le foie (voir Troubles hépatiques, page 146). La pratique régulière d'activités physiques et la pratique de la relaxation, du yoga ou de la méditation permettent de renforcer le système immunitaire.

Les produits laitiers, le blé, le maïs, la caféine, la levure et les agrumes comptent parmi les aliments allergènes les plus courants. Les aliments raffinés, les additifs, les agents de conservation, les œufs, les fraises, le porc, les tomates, les arachides et le chocolat sont des aliments qui provoquent souvent des réactions allergiques. L'oignon et la pomme de terre déclenchent fréquemment des crises chez les personnes atteintes du syndrome du côlon irritable. Les produits laitiers sont souvent en cause chez les enfants qui souffrent d'otites à répétition.

Certains aliments réduisent la réaction allergique :

- Les fruits et les légumes, à cause de leurs propriétés antioxydantes.
- Les ferments actifs contenus dans le yogourt. Ils contribuent à rétablir la flore bactérienne digestive.
- Les flavonoïdes présents dans la peau de certains fruits et légumes, notamment le citron.
- Les acides gras essentiels contenus dans les poissons gras (hareng, saumon, sardine, maquereau), l'huile de poisson, la graine de lin et l'huile d'onagre ont des propriétés anti-inflammatoires et contribuent à apaiser les réactions allergiques.
- La vitamine C diminue les réactions allergiques. Le brocoli, le jus de citron et la tisane d'églantine sont peu allergènes et constituent une bonne source de vitamine C.

LA DIÈTE PAR ÉLIMINATION

Préparation

Avant de commencer une diète par élimination, consultez votre médecin afin d'écarter la possibilité d'une affection plus sérieuse qui demanderait des soins médicaux. Si votre médecin ne décèle aucune affection, parlez-lui de votre intention de suivre cette diète.

Choisir les aliments à éliminer

Afin d'améliorer la digestion et de renforcer le système immunitaire, commencez par appliquer les Consignes pour une alimentation saine (pages 14-15) et par éliminer les aliments raffinés et transformés. Évitez aussi les aliments qui contiennent des agents de conservations et des additifs, ceux-ci provoquent souvent des réactions allergiques. Si avez l'habitude de boire du café ou de l'alcool quotidiennement et que vous cessez brusquement d'en consommer, il se peut que vous ayez des maux de tête. Pour éviter cet effet secondaire, diminuez votre consommation graduellement.

Vous pouvez éliminer un ou plusieurs aliments à la fois, à condition de maintenir une alimentation équilibrée et variée. Commencez par éliminer les aliments reconnus pour susciter des réactions allergiques (voir page précédente).

Les étapes de la diète par élimination

1. Tenez un journal alimentaire. Notez tous les aliments et boissons que vous ingérez quotidiennement et inscrivez tous les symptômes que vous ressentez quotidiennement.

2. Pendant une semaine, éliminez complètement un aliment de votre diète. Choisissez un aliment reconnu pour causer des allergies et que vous consommez régulièrement. Si vous choisissez les œufs, bannissez de votre alimentation les gâteaux, les sauces à salade et tous les plats susceptibles de contenir des œufs. Si vous éliminez les produits laitiers, évitez les aliments qui contiennent du lactose, de l'acide lactique ou du lactosérum (petit-lait). La margarine contient souvent ces ingrédients.

3. Si vos symptômes se sont estompés pendant la semaine, passez à l'étape 4 pour vérifier si les aliments éliminés sont bel et bien à la source de vos malaises. Si vous ne ressentez aucune amélioration, reportez-vous aux Consignes pour une alimentation saine et choisissez un autre aliment à éliminer.

4. Réintroduisez l'aliment banni à raison de deux portions par jour pendant trois jours consécutifs. Si les symptômes reviennent, cessez immédiatement de consommer l'aliment en question pendant six mois, le temps de renforcer votre immunité, votre système digestif et vos fonctions hépatiques.

Réintroduction de l'aliment ayant causé des réactions

Après cette période de six mois, vous pourrez progressivement réintégrer l'aliment sans causer d'effets indésirables.

APPENDICE B

LES COMBINAISONS ALIMENTAIRES

La méthode des combinaisons alimentaires consiste à consommer les aliments dans un certain ordre ou selon certaines combinaisons. Elle est utilisée comme traitement à court terme des problèmes digestifs. Selon cette méthode, pour permettre une meilleure digestion, les aliments contenant des protéines, les glucides et les fruits ne devraient pas être consommés en même temps.

La digestion des protéines — viande rouge, volaille, poisson, œuf, noix, graine, produit laitier, produit à base de soja — requiert beaucoup de temps et d'énergie.

Les aliments à base de glucides contiennent des sucres et de l'amidon et fournissent l'énergie dont le corps a besoin pour maintenir son activité. Les courges, les légumineuses, les céréales (blé, avoine, riz, seigle, etc.), les pâtes, la betterave, le panais, la carotte, la patate douce et la citrouille sont des aliments qui contiennent beaucoup d'amidon. Les glucides se digèrent plus rapidement que les protéines, mais moins rapidement que les fruits. Les fruits ont une teneur très élevée en sucre, c'est pourquoi ils doivent être consommés seuls.

Étant donné que la digestion des fruits requiert moins de temps et d'énergie, il est grandement préférable de les consommer avant le repas ou au moins deux heures après avoir mangé. Les fruits ainsi absorbés favorisent la digestion en agissant comme un nettoyant de l'estomac. Les fruits pris durant le repas provoquent des problèmes digestifs. Le melon et la banane ne doivent pas en être consommés en même temps que d'autres fruits.

Voici les meilleures combinaisons alimentaires :

- Fruits seuls. Plusieurs fruits, consommés de préférence au petit déjeuner.

- Protéines en combinaison avec des légumes ne contenant pas d'amidon : légumes-feuilles, asperge, brocoli, chou, céleri, concombre, oignon, poivron, algues, tomate, zucchini.

• Céréales en combinaison avec des légumes ne contenant pas d'amidon.

Les personnes souffrant d'allergie, d'intolérance alimentaire, d'indigestion, du syndrome de côlon irritable, de flatulences, de fatigue et d'ulcère sont celles qui bénéficient le plus d'une alimentation basée sur la méthode des combinaisons alimentaires.

Manger des protéines et des glucides en même temps

Les aliments qui contiennent des protéines séjournent dans l'estomac pendant trois ou quatre heures. La digestion des protéines requiert un milieu acide puisque la pepsine, l'enzyme qui amorce le processus de digestion des protéines, n'est active qu'en milieu acide.

L'amidon (lequel est brisé en sucre lors de la digestion) et les sucres (sucre, miel, mélasse, etc.) séjournent entre 20 et 45 minutes dans l'estomac avant d'être digérés de nouveau dans le petit intestin. La digestion de l'amidon requiert un milieu alcalin. La ptyaline (amylase salivaire) qui amorce sa digestion est active en milieu alcalin seulement, et l'acide chlorhydrique de l'estomac la détruit.

Lorsque les protéines et l'amidon sont consommés en même temps, l'acide gastrique détruit la ptyaline et nuit à la digestion salivaire de l'amidon. Celui-ci ne passe pas immédiatement dans le petit intestin et provoque flatulences et ballonnements. L'amidon non digéré resté dans l'estomac nuit à la digestion et à l'absorption des protéines. Les protéines non digérées sont évacuées dans les selles, ce qui peut éventuellement conduire à une carence en protéines.

Le corps peut produire suffisamment d'acide chlorhydrique pour pallier ce processus, mais certains sujets, entre autres les individus de plus de 35 ans, ne produisent pas suffisamment d'acide chlorhydrique.

APPENDICE C

LES PLANTES À ÉVITER DURANT LA GROSSESSE

Durant la grossesse, certaines plantes ne doivent pas être consommées. Ou, du moins, doit-on éviter de les consommer à des doses thérapeutiques, sauf sur avis d'un médecin ou d'une sage-femme. Voici les plantes les plus courantes à éviter :

Absinthe *(Artemesia absinthum)*
Achillée millefeuille *(Achillea millefolium)*
Acore *(Acorus calamus)*
Actée à grappes noires *(Cimicifuga racemosa)*
(sauf sur avis médical)
Aloès *(Aloe vera)* (usage externe seulement)
Angélique *(Angelica archangelica)*
Angélique chinoise *(Angelica sinensis)*
Armoise annuelle *(Artemesia vulgare)*
Armoise aurore *(Artemesia arboratum)*
Asclépiade tubéreuse *(Aesclepius tuberosa)*
Bourdaine *(Rhamnus frangula)*
Bryone *(Bryonia dioica)*
Buchu *(Barosma betulina)*
Café *(Coffea arabica)*
Cascara *(Rhamnus purshiana)*
Chou palmiste *(Serenoa serrulata)*
Cohosh bleu *(Caulophyllum thalacthroides)* (sauf sur avis médical)
Colchique d'automne *(Colchicum autumnale)*
Cornouiller de la Jamaïque *(Piscidia erythrina)*
Cotonnier *(Gossypium herbaceum)*
Datura officinal *(Datura stramonium)*
Éphédra chinois *(Ephedra sinensis)*
Épine-vinette *(Berberis vulgaris)*
Fenugrec *(Trigonella foennum-graecum)*
Fougère mâle *(Dryopteris felix-mas)*
Genêt à balai *(Sarothamnus scoparius)*
Genévrier commun *(Juniperus communis)*
Gentiane jaune *(Gentiana lutea)*

Gingembre *(Zingiber officinale)* (à petites doses)
Ginkgo biloba *(Ginkgo biloba)*
Ginseng *(Panax ginseng, P. quinquefolium, Eleutherococcus senticosus)*
Grande aunée *(Inula helenium)*
Grande chélidoine *(Chelidonium majus)*
Grande consoude *(Symphytum officinale)*
Gui *(Viscum album)*
Houblon *(Humulus lupulus)*
Huiles essentielles *(à l'exception, à petites doses, des huiles florales)*
Hydraste du Canada *(Hydrastis canadensis)*
Hysope *(Hyssopus officinalis)*
Indigo sauvage *(Artemesia absinthum)*
Jasmin jaune *(Gelsemium sempervirens)*
Livèche *(Ligusticum porterii)*
Lobélie *(Lobelia inflata)*
Lomatium *(Lomatium)*
Marrube blanc *(Marrubium vulgare)*
Menthe pouliot *(Menthe pulegium)*
Muscade *(Myristica officinalis)* (à petites doses)
Nerprun officinal *(Rhamnus cathartica)*
Origan *(Berberis aquafolia)*
Patience crépue *(Rumex crispus)*
Pavot officinal *(Papiver somniferum)*
Persil *(Petroselinum crispum)* (à petites doses)
Phytolaque d'Amérique *(Phytolacca decandra)*
Piment de Cayenne *(Capsicum minimum)* (à petites doses)
Podophylle pelté *(Podophyllum peltatum)*
Quinquina *(Cinchona spp.)*
Raifort *(Amoracia lapathifolia)*
Réglisse *(Glycyrrhiza glabra)*
Rhubarbe chinoise *(Rheum palmatum)*
Rue des jardins *(Ruta graveolens)*
Sanguinaire du Canada *(Sanguinaria canadensis)*
Sauge *(Salvia officinalis)*
Senné *(Cassia sena)*
Serpentaire de Virginie *(Polygala senega)*

Tanaisie *(Tanacetum vulgare)*
Thuya d'Occident ou cèdre blanc *(Thuja occidentalis)*
Thym *(Thymus vulgaris)*
Trèfle d'eau *(Menyanthes trifoliata)*
Trillium *(Trillium)* (toutes les espèces de trillium)
Tussilage *(Tussilago farfara)*
Verveine *(Verbena officinalis)*

GLOSSAIRE

Acide ellagique. Substance aux puissantes propriétés anticancéreuses et antivieillissement que l'on trouve à l'état naturel dans certaines plantes. Des recherches indiquent qu'elle empêche les sites récepteurs des cellules d'accepter les substances cancérogènes.

Acides gras essentiels. Une alimentation saine comporte des matières grasses essentielles au maintien de la santé du corps. Pour maintenir ses fonctions, le corps a besoin d'une vingtaine d'acides gras essentiels. Ces gras participent à la régénération de la peau et des cheveux, au transport des vitamines liposolubles, comme les vitamines A, D, E et K, et envoient le signal de la satiété au cerveau. Les trois acides gras les plus importants sont les oméga-3, les oméga-6 et les acides gamma-linoléiques. Des recherches démontrent que l'augmentation de l'apport de ces acides gras dans l'alimentation renforce le système immunitaire et réduit les risques de maladie cardiaque, d'hypertension et d'arthrite. La graine de lin demeure la meilleure source végétale d'oméga-3. La graine de chanvre, les noix, l'olive, l'avocat et les poissons gras sont aussi d'excellentes sources d'acides gras essentiels.

Adaptogène. Qui améliore la résistance au stress en équilibrant les fonctions glandulaires et la réponse immunitaire, renforçant par le fait même le système immunitaire, le système nerveux et le système glandulaire. Les adaptogènes sont énergisants. *Exemple : astragale et ginseng.*

Allergie au lait. Certaines personnes, notamment les bébés et les enfants en bas âge, sont allergiques aux protéines du lait. Les principaux symptômes de l'allergie sont : une respiration sifflante, de l'eczéma, des éruptions cutanées, d'importantes sécrétions (asthme).

Altératif. Qui soulage la douleur par son action sur le système neveux, ses propriétés antiseptiques et révulsives. *Exemples : camomille allemande, muscade, reine-des-prés et saule.*

Amers. Voir pages 251.

Analgésique. Qui soulage la douleur. *Exemple : clou de girofle.*

Antibiotique. Le terme antibiotique signifie littéralement « contre la vie ». Les antibiotiques sont des substances qui détruisent les agents infectieux, dont les bactéries et les champignons, sans mettre en danger la vie du malade. *Exemples : ail, thé vert, lavande, sauge et thym.*

Anti-inflammatoire. Contrôle ou réduit l'enflure, la rougeur, la douleur et la chaleur produites par le corps en réaction à une blessure ou à une infection. *Exemples : camomille allemande, millepertuis.*

Antioxydant. Un composé qui protège les cellules en prévenant l'oxydation des acides gras polyinsaturés de la membrane cellulaire en neutralisant les radicaux libres. La vitamine C et E ainsi que la bêta-carotène sont des antioxydants, et les aliments qui en contiennent ont des propriétés antioxydantes. *Exemples : ail, cresson, feuille de betterave, feuille de pissenlit, luzerne, persil et thym.*

Antiseptique. Prévient ou entrave la croissance des germes infectieux. *Exemples : ail, calendula, camomille allemande, chou, clou de girofle, curcuma, miel, muscade, menthe poivrée, oignon, persil, romarin, sel, thym et vinaigre.*

Antispasmodique. Soulage les crampes ou les spasmes musculaires, dont les coliques. *Exemples : camomille allemande, gingembre, menthe poivrée et réglisse.*

Astringent. Assèche et resserre les tissus et contribue à réduire les sécrétions. *Exemples : cannelle, citron, sauge et thym.*

Bêta-carotène. Agent colorant naturel (caroténoïdes) qui confère aux fruits et aux légumes (comme les carottes) leur coloration orange. La bêta-carotène est transformée en vitamine A par l'organisme. Les aliments riches en bêta-carotène aident à prévenir le cancer, diminuent les risques de maladie cardiaque, renforcent le système immunitaire, diminuent les risques de cataractes et stimulent le fonctionnement mental. *Exemples : courge, carotte, igname, patate douce et poivron rouge.*

Carminatif. Qui détend les muscles de l'estomac et apaise les gaz et les coliques. *Exemples : ail, aneth, carvi, clou de girofle, fenouil, gingembre, menthe poivrée, persil, piment de la Jamaïque, sauge et thym.*

Cathartique. Qui a un effet laxatif. *Exemples : persil, pissenlit et réglisse.*

Cholagogue. Qui stimule la sécrétion de bile, aide la digestion et favorise l'élimination. *Exemples : patience crépue, racine de pissenlit et réglisse.*

Combinaisons alimentaires. Voir Appendice B, page 307.

Décoction. Solution obtenue en faisant bouillir dans l'eau, de 10 à 20 minutes, les graines, les racines ou l'écorce des plantes.

Diaphorétique. Qui provoque la sudation. *Exemples : camomille allemande, cannelle, gingembre, piment de Cayenne, raifort.*

Digestif. Qui aide la digestion. Voir Indigestion, page 117 et le chapitre intitulé Les apéritifs, les digestifs et les dépuratifs, page 243.

Diurétique. Augmente la sécrétion d'urine. Les plantes diurétiques ne doivent pas être utilisées pendant une longue période. *Exemples : bardane, citron, concombre, feuille et racine de pissenlit, graine de citrouille et de fenouil, persil, tilleul.*

Dose thérapeutique. Quantité recommandée par les herboristes pour traiter efficacement une affection. La dose thérapeutique est généralement plus importante que la dose utilisée en cuisine.

Dysménorrhée. Règles douloureuses accompagnées de crampes douloureuses qui sont parfois incapacitantes.

Élixir. Tonique revigorant ou fortifiant qui stimule ou restaure les fonctions corporelles.

Émétique. Qui provoque le vomissement. Souvent utilisé en cas d'ingestion de poison. *Exemples : moutarde, muscade et sel.*

Emménagogue. Qui favorise l'apparition des règles. *Exemples : calendula et camomille allemande.*

Enzymes. Molécules que l'on trouve dans les aliments qui agissent comme catalyseur des réactions chimiques qui se produisent dans le corps. Elles favorisent la digestion et l'assimilation des aliments ainsi que la croissance des tissus. Les enzymes sont détruites par la chaleur, mais elles ne sont pas altérées par leur passage dans la centrifugeuse. Les jus accélèrent leur assimilation.

Expectorant. Qui soulage la congestion due au rhume. *Exemples : ail, gingembre, hysope, molène (bouillon blanc), sureau, thym et tussilage.*

Fébrifuge. Réduit la fièvre. *Exemples : achillée millefeuille, camomille allemande, sauge.*

Fibres. Glucides qui ne peuvent être digérés. Les fibres sont essentielles au bon fonctionnement de l'intestin. Meilleures sources : fruits et légumes crus, graines et céréales de grains entiers.

Flatulences. Gaz qui sont la conséquence d'une mauvaise digestion. Voir, Carminatif, page 313.

Fruits. Les pommes, les petits fruits, les agrumes, les légumes et les pois secs contiennent de la *pectine*, un type de fibre qui aide à réduire les risques de maladie cardiaque (en abaissant le taux de cholestérol) et qui favorise l'élimination des toxines. La *cellulose* est un autre type de fibres qui provient de la pelure des fruits et des légumes. C'est pourquoi il est préférable d'acheter des produits de culture biologique pour ne pas avoir à les peler. La cellulose prévient les varices, la constipation, la colite et protège contre le cancer du côlon. *L'hémicellulose* contenue dans les fruits, les légumes et les grains favorise la perte de poids, prévient la constipation, abaisse les risques de cancer du côlon et favorise l'élimination des toxines potentiellement cancérogènes qui se forment dans l'intestin. La *lignine* est un type de fibre reconnu pour abaisser le taux de cholestérol, prévenir la formation de calculs biliaires et qui s'avère très utile aux diabétiques. On la trouve dans les noix du Brésil, les fruits et les légumes crus.

Lors de l'extraction du jus, les fibres des végétaux demeurent dans la pulpe, il est donc important de consommer les fruits et les légumes entiers ou de consommer des jus à base de pulpe.

Glucides. Il existe deux grands types de glucides : les glucides simples (comme le sucre) et les glucides complexes composés de plusieurs sucres simples. Les principales sources de glucides se trouvent dans les grains, les légumes et les fruits. Les sucres, les édulcorants naturels et les divers sirops constituent aussi d'importantes sources de glucides.

Hépatique. Qui renforce et stimule les fonctions hépatiques. *Exemples : chardon-Marie, curcuma, mélisse, pissenlit, romarin.*

Huiles volatiles. Composés provenant des parties aériennes des plantes. Souvent extraites sous forme d'huile essentielle, les huiles volatiles sont antiseptiques, faciles à assimiler et stimulent les zones du corps où elles sont appliquées.

Hypotensif. Qui abaisse la tension artérielle. *Exemples : achillée millefeuille, ail, aubépine et tilleul.*

Intolérance au lactose. Survient lorsque l'organisme souffre d'une carence en lactase, une enzyme chargée de la digestion du lactose, sucre contenu dans le lait. Ces sucres fermentent alors dans l'intestin causant des ballonnements, de la diarrhée, de la douleur abdominale et des gaz.

Isoflavone. Les isoflavones sont des phytoestrogènes ou des œstrogènes d'origine végétale. Présents dans les noix, les fèves de soja et les légumineuses, les isoflavones aident à prévenir plusieurs cancers, dont les cancers du pancréas, du côlon, du sein et de la prostate en préservant la vitamine C dans l'organisme et en agissant comme un antioxydant.

Laxatif. Qui stimule l'intestin. La prise de laxatifs doit demeurer un traitement à court terme. *Exemples : patience crépue, racine de pissenlit, racine de réglisse et rhubarbe.*

Macrobiotique. Mode d'alimentation axé sur la consommation d'aliments locaux (en saison) et non transformés. Les grains entiers, les légumes et les fruits (sauf les fruits tropicaux), les légumineuses, le poisson, la viande biologique en petite quantité, les algues, les noix et les graines sont des aliments qui conviennent à une alimentation macrobiotique nord-américaine.

Mucilage. Substance épaisse et collante présente en forte concentration dans certaines plantes. Le mucilage apaise l'inflammation et contribue à diffuser les substances actives des plantes. *Exemples : grande consoude, orme rouge et racine de guimauve.*

Nervin. Qui calme le stress et l'anxiété et renforce les fibres nerveuses. *Exemples : avoine, camomille allemande, mélisse, millepertuis, scutellaire, thym, valériane et verveine.*

Organosulfides. Composés reconnus pour réduire la tension artérielle, le taux de cholestérol et la formation de caillots sanguins. *Exemples : ail et oignon.*

Phytochimique. Substance chimique présente dans les plantes.

Protéines. Constituant essentiel des tissus du corps humain. Les protéines sont indispensables à la croissance et à la réparation des cellules. Elles contribuent également à la défense contre les infections. Les protéines se composent de 22 acides aminés, dont 8 sont appelés acides aminés essentiels parce qu'ils ne peuvent être produits par l'organisme.

Un aliment qui contient les 8 acides aminés essentiels se compose de protéines complètes. Les protéines animales (viande, poisson, produits laitiers) sont complètes. La seule source végétale de protéines complètes est la fève de soja, mais de nouvelles recherches indiquent que les protéines des légumineuses seraient assez complètes pour remplacer les protéines animales.

Un aliment qui contient des protéines sans toutefois présenter les 8 acides aminés essentiels constitue une source de protéines incomplètes. Les noix et les graines, les légumineuses et les céréales sont des sources de protéines incomplètes. Lors de la digestion, l'organisme peut combiner deux protéines incomplètes pour produire des protéines complètes. Dans certaines cultures, on a l'habitude de manger des légumineuses avec des grains entiers. De fait, cette combinaison constitue une source de protéines complètes puisque les légumineuses comptent peu de méthionine et beaucoup de lysine, tandis que les grains entiers sont riches en méthionine et pauvres en lysine. Ingérés ensemble, ces deux types d'aliments donnent des protéines complètes. Les noix et les graines doivent, pour former des protéines complètes, être consommées avec des produits laitiers ou du soja.

Purgatif. Qui favorise l'élimination des matières fécales et augmente le péristaltisme intestinal. *Exemple : patience crépue.*

Radicaux libres. Composé très instable qui s'attaque à la membrane des cellules et les endommage. Les radicaux libres sont responsables du vieillissement et fragilisent l'organisme en le rendant plus vulnérable à certaines maladies. Des facteurs environnementaux, comme l'exposition aux rayons UV, le tabagisme, l'ozone et la prise de certains médicaments favorisent la formation de radicaux libres. Les radicaux libres sont aussi le produit du métabolisme énergétique du corps. Voir aussi Antioxydant, page 312.

Rhizome. Tige souterraine généralement épaisse et charnue. *Exemples : curcuma et gingembre.*

Rubéfiant. Substance qui stimule la circulation sanguine et réchauffe les tissus lorsqu'elle est appliquée sur la peau. *Exemples : ail, gaulthérie, gingembre, graine de moutarde, huile de romarin, menthe poivrée, piment de Cayenne, raifort et thym.*

Sédatif. Qui calme le système nerveux, réduit la tension et favorise le sommeil. *Exemples : camomille allemande, laitue, lavande, tilleul et valériane.*

Stimulant. Qui favorise la concentration et augmente l'activité physique. *Exemples : basilic, cannelle, menthe poivrée, piment de Cayenne et romarin.*

Styptique. Qui provoque la contraction des capillaires et permet d'arrêter les hémorragies superficielles. *Exemples : calendula et piment de Cayenne.*

Tannin. Composé chimique astringent (voir Astringent, page 312) qui aide à arrêter les saignements internes. *Exemples : café, hamamélis, thé et verveine.*

Teinture. Extrait liquide obtenu en faisant tremper des plantes dans un solvant (le plus souvent de l'alcool) dans le but d'en extraire les composés actifs. Certains herboristes croient que les teintures constituent le meilleur moyen de profiter des bienfaits des plantes parce que ces préparations contiennent un grand éventail de composés chimiques faciles à absorber.

Thé. Boisson préparée en versant de l'eau très chaude sur des feuilles et des tiges de thé fermenté (vert ou noir) auxquels on ajoute parfois des pétales de fleurs ou des épices.

Tisane. Boisson à base de plantes que l'on fait infuser dans de l'eau bouillante.

Tonique. Voir page 298.

Ustensile de cuisine autre qu'en métal. Les acides des aliments réagissent parfois avec certains métaux, ce qui cause l'oxydation des nutriments et la décoloration des casseroles ou ustensiles de cuisine. Le verre, la fonte émaillée ou l'acier inoxydable émaillé conviennent très bien pour les tisanes et les décoctions. Bien que l'acier inoxydable ne soit pas à proprement parler réactif, il n'est pas recommandé pour les tisanes. Les poêles en fonte brute, idéales pour la cuisson des aliments ne conviennent pas non plus (soit dit en passant, un plat préparé dans une poêle en fonte brute peut fournir jusqu'à 20 % de l'apport quotidien recommandé en fer).

Vasodilatateur. Qui relaxe les vaisseaux sanguins et améliore la circulation sanguine des bras, des mains, des jambes, des pieds et du cerveau. *Exemples : menthe poivrée et sauge.*

Vulnéraire. Substance qui favorise la guérison des blessures et réduit l'inflammation. *Exemples : aloès, calendula, consoude, poudre d'écorce d'orme rouge et racine de guimauve.*

BIBLIOGRAPHIE

A Field Guide to Medical Plants and Herbs, Steven Foster et James A. Duke, New York : Houghton-Mifflin Company, 1990.

Bartram's Encyclopedia of Herbal Medicine, Thomas Bartram, Dorset : Grace Publishers, 1995.

Encyclopedia of Natural Medicine, Michael Murray, N.D. et Joseph Pizzorno, N.D., Rocklin, CA : Prima Publishing, 1991.

Food : Your Miracle Medicine, Jean Carper, New York : Harper Collins Publisher Inc., 1993.

Healing Plants, A Medicinal Guide to Native North American Plants and Herbs. Ana Nez Heatherley, Toronto : Harper Collins Publishers Ltd., 1998.

Healing Wise, Susun Weed, Woodstock, NY : Ash Tree Publishing, 1989.

Healing with Herbal Juices, Siegfried Gursche, Vancouver : Alive Books, 1993.

Healing with Whole Foods : Oriental Traditions and Modern Nutrition, Paul Pitchford, Berkeley : North Atlantic Books, 1993.

Herbal Remedies for Women, Amanda McQuade Crawford, Rocklin, CA : Prima Publishing, 1997.

Herbal Tonics Therapies, Daniel B. Mowrey, Ph.D., New Canaan, CT : Keats Publishing Inc., 1993.

Identifying and Harvesting Edible and Medicinal Plants, Steve Brill avec Evelyn Dean, New York: Hearst Books, 1994.

Meals that Heal, Lisa Turner, Rochester, VT : Healing Arts Press, 1996.

Nutritional Healing, Denise Mortimer, Boston : Element of Books Inc., 1998.

The New Holistic Herbal, David Hoffman, Rockport, MA : Element Inc., 1992.

Nutrional Influences on Illness, Melvyn Werbach M.D., Tarzana, CA : Third Line Press, 1996.

Rodale's Basic Natural Foods Cookbook, Charles Gerras, Editor, Emmaus, PA : Rodale Press, 19117.

The Complete Book of Ayurvedic Home Remedies, Vasant Lad, New York : Three Rivers Press, 1998.

The Complete Woman's Herbal, Anne McIntyre, New York : Henry Holt et al., 1995.

The Green Pharmacy, James Duke, Ph.D., Emmaus, PA : Rodale Press, 1997.

The Healing Herbs Cookbook, Pat Crocker, Toronto : Robert Rose, 1996.

The Lactose-Free Family Cookbook, Jan Main, Toronto : Macmillan Canada, 1996.

The Multiple Sclerosis Diet Book, Dr. Roy Swank et Barbara Brewer Dugan, New York : Bantam Doubleday Dell Publishing Group Inc., 1977.

The Natural Pregnancy Book, Aviva Jill Romm, Freedom, CA : The Crossing Press Inc., 1997.

INDEX

A

D

G

H

S

Achevé d'imprimer au Canada
en septembre deux mille cinq
sur les presses de Quebecor World Lebonfon
Val-d'Or (Québec)